U0513529

中国古代名著全本译注丛书

晏子春秋

译注

卢守助 译注

图书在版编目(CIP)数据

晏子春秋译注／卢守助译注. —上海：上海古籍
出版社，2023.5
（中国古代名著全本译注丛书）
ISBN 978-7-5732-0707-4

Ⅰ.①晏… Ⅱ.①卢… Ⅲ.①先秦哲学②《晏子春秋
》—译文③《晏子春秋》—注释 Ⅳ.①B229.9

中国国家版本馆 CIP 数据核字(2023)第 075918 号

中国古代名著全本译注丛书

晏子春秋译注

卢守助　译注

上海古籍出版社出版发行

（上海市闵行区号景路 159 弄 1－5 号 A 座 5F　邮政编码 201101）

（1）网址：www.guji.com.cn

（2）E-mail：guji1@guji.com.cn

（3）易文网网址：www.ewen.co

江阴市机关印刷服务有限公司印刷

开本 890×1240　1/32　印张 11　插页 5　字数 264,000

2023 年 5 月第 1 版　2023 年 5 月第 1 次印刷

ISBN 978－7－5732－0707－4

K·3375　定价：58.00 元

如有质量问题,请与承印公司联系

前　言

　　《晏子春秋》是诸多的先秦子书中不很显眼的一部，在思想学术或资料文献角度上，并没有受到人们太多的关注，不像庄、老、墨、儒那样炫人眼目。但是，如若我们能默静地走近这部两千年前就已存在的卷册，不存先见地加以审视，我们会发现，这是一部不平常的书。在它身上的确闪烁着唯有先秦时代，特别是战国那段时期所特有的率真的华采。

　　最早著录《晏子春秋》（亦称《晏子》）的古代典籍，是东汉班固所编撰的《汉书·艺文志》。班固把《晏子春秋》列入"子书部"中，奉为"儒家者流"的首篇，并认为就是晏婴本人所撰。在更早些时候，西汉司马迁也阅读过《晏子春秋》，并为之佩服到恨不得"为之执鞭"。司马迁是个有主见的史家，在他所撰的《史记》中，把这个"粟乃实廪，豆不掩肩"，"俭节力行"的晏婴和那个同为齐国重臣，却曾为"孔子小之"，而且"富拟于公室"，有"三归"、"树塞"、"反坫"之污名的管仲同列一传，据其自述，是因为"既见其著书，欲观其行事，故次其传"（《史记·管晏列传》）。到了中唐时，也许是出于某种卫道的心理，大文人柳宗元指斥司马迁"莫知其（指《晏子春秋》）所以为书"，指出《晏子春秋》非晏子本人所作，并断言该书是"非儒、明鬼"又"非孔子"的墨家之徒编撰的，还对刘向刘歆、班彪班固父子录之于"儒家"，表示不满。从此揭起了对《晏子春秋》的作者、成书，乃至思想归属诸问题的争议。后人更有以《晏子春秋》可能早已佚失为由，断言今日流传在世的《晏子春秋》是"六朝人好作伪者"所仿作的伪书。

其实，晏婴本人非《晏子春秋》的撰人，不待柳宗元倡言就可以认定。因为，《晏子春秋》的末后篇章已经述及晏子将死以及死后的事件。至于六朝伪作之说，当1972年山东临沂一号汉墓竹简《晏子》的出土，也就不攻自破了。现在学术界的一般共识是：《晏子春秋》当是撰成于战国期间，撰人应是齐人或久居齐地的人。

至于《晏子春秋》为何在著录初期，会被阑入"儒家之流"的问题，那也是事出有因的。晏婴与孔丘同时而稍早。当时，正是各诸侯国政治权力下移，大夫左右国政的时期：鲁国出现"三桓"擅政，甚至大夫家臣弄权；齐国也是国君衰靡，而觊觎政权的田氏势力日益强盛。在这政治体制将发生遽变的时刻，孔丘固持以"礼乐"为拯时治国的不易之计，是众所周知的；而作为奴隶制大国的救弱之相，晏婴在议政为政时也同样不可能放弃"礼乐"这个根本。难怪古人会暂时忘却，晏、孔两人在世之时，尚未有"儒家"这个称谓的事实，匆匆地把《晏子春秋》阑入"儒家之流"。不过，虽然看起来孔丘和晏婴都讲"礼乐"，而实际上一个是出自内心的对"礼乐"的向往和信仰，一个则是出于应付时艰的手段；一旦事走极端时，晏婴就会转向"卑而不失尊，曲而不失正"的迂曲方式，不过其底线是"以民为本"（见《晏子春秋》卷四叔向问处世其行正曲第二十一）。晏婴曾说过："意（道德）莫高于乐民，行（行为）莫大于乐民。"这种思想，恐怕可以称作战国时代才开始流行的民本思想的滥觞，与口口声声"郁郁乎文哉，吾从周"的政治观念，相去实在太远了。在"独尊儒说，罢黜百家"气氛下的后来儒者，急急乎要与晏婴这样的人、这样的意念划清畛野，是完全可以理解的。

很少有子书像《晏子春秋》那样，其主体人物会与圣人孔丘有如此多的纠葛，就如很少有史书像《史记》那样，如此直述圣人孔丘的行为与当时家臣反对大夫的"叛乱"有关（《史记》记公山不狃据费邑逐季氏，佛肸据中牟拒赵氏，都曾派人邀请孔丘，而孔丘都曾有赴请的念头）。当然，《晏子春秋》的作者，没有史家那样的胸怀气魄和权限手段。司马迁可以依据自己的史观，为陈涉、项羽立本纪，归入帝王的行列，也可以为后来被尊为"素王"的孔丘立"世家"，归入上低于帝王，下则高于大夫的诸侯行列。没有什么名头的《晏子春秋》的作者，说来也在写历史，写的是齐国贤相晏婴的历史（那时被泛称为"春秋"），而实际上只是一小篇一小篇地记录晏婴在相位上时，对其所奉侍的三个国君（顺序为齐灵公、齐庄公、齐景公）进行劝谏、议论时的一些言行观点。更有甚者，作者自己并不专擅对这些言行观点加以定评，往往要借助于君子、孔丘、墨翟之口来下判断。尽管如此，《晏子春秋》中的"长不满六尺"的晏婴，竟然与当时就有圣名的鲁国强力人物孔丘（孔丘曾为鲁中都宰和大司寇）发生"碰撞"，是有其不可避免的客观原因的：

齐鲁两国在有周一代，是各擅其长的大国。齐是太公吕尚之子丁公的封国，鲁是周公嗣子伯禽的采邑；而后齐国一直是东方强国，桓公称霸，其政治影响为他国所无法比拟，鲁国则承周公之惠泽，为礼乐传承之邦，在文化上也是别国所难以望其项背的。可是，到了春秋末叶，两国都露出衰败相来。齐国经历孝、昭、懿、惠、顷五代，在位者骄奢淫逸，国势日窘，渐渐只能自保，无力影响诸侯事务；到庄公时，大夫崔氏乱政，连国君也轻易被杀；景公即位，外来大夫田氏与国君公族争夺民心，已昭然于世，齐国正处危机四伏，国势飘摇的局面中。鲁国的情况也与齐国相差无几：公室衰微，大夫擅政，三桓僭越，致使一心维持西周"礼乐"的孔丘，发出"是可忍，孰不可忍"的愤慨来。然而，这一对命运相似的邻国，为各自的利益所驱，矛盾不断，时有纷争，甚至不惜兵戎相见。就以公元前 562 年（周灵王十年，鲁襄公十五年，齐灵公十五年）鲁国三桓（时为季孙氏、叔孙氏、孟孙氏三家)瓜分鲁公室三军开始，到公元前 500 年晏婴去世，孔丘任鲁国礼相为止，这六十年里，两国交手总有十余次之多，兹列大事如下：

前 557 年，齐攻鲁北鄙。

前 556 年，齐攻鲁北鄙，邾攻鲁南鄙以助齐。

前 555 年，齐又攻鲁北鄙，晋助鲁围齐都。

前 554 年，齐灵公死，崔杼立庄公，齐晋言和。

前 552 年，时鲁国多"盗"，齐庄公为勇爵，厚待勇士。

前 551 年，孔丘生。

前 548 年，崔杼杀庄公，晏婴哭庄公尸，齐景公立。

前 545 年，齐、陈、蔡、北燕、杞、胡、白狄之君会盟约定
朝晋；鲁、宋、陈、郑、许之君会盟约定朝楚。

前 532 年，齐世卿陈、鲍二氏攻栾、高，栾施、高彊奔鲁。

前 518 年，鲁昭公伐季氏，叔孙氏、孟孙氏救季氏，昭公败
奔齐。

前 516 年，齐攻鲁，取郓，使鲁昭公居之。孔丘初至齐，学
韶乐，并提出"君君、臣臣、父父、子子"之说。

前 503 年，齐以郓、阳关(今山东泰安西南)二邑还鲁，季氏
家臣阳虎居之，以专鲁政。

前 502 年，鲁侵齐，不得所愿。齐侵鲁西鄙，晋救鲁，时齐
师已去。是年，阳虎欲叛黜三桓，失败，奔
阳城。

前 501 年，鲁攻阳关，阳虎奔齐，为齐景公所囚，又逃晋依
赵氏。是年孔丘为中都宰，晏婴辞老不晚于
是年。

前 500 年，齐与鲁和，两国国君会于夹谷(今山东莱芜南)，
孔丘为鲁礼相，劝鲁定公带左右司马赴会。会上
齐人奏"四方之乐"，"旍旄羽被矛戟剑拨鼓噪而

至"，为孔丘所制止。是年，晏婴死。

有如此邦交记录的齐鲁两个邻国，双方的精英及其代表人物，对对手的一言一行的深切注视，是必然的也是必要的，这个道理古今皆然。而既然大家都是以"礼乐"来维护其理想或者其所效力的家国，那么有时对方的某些颇合自己脾胃的言行，表示一下赞赏，也可能是由衷的。或有机缘，看到对方有失误，或稍不利于自己，则不失时机地公然给对方一下打击，那又是合情合理的。如果不是这样，也许倒是真的有失历史感了。所以，《晏子春秋》中会有一些"尚同、兼爱、非乐、节用、非厚葬久丧者"的颇似墨家风味的言行。有如此内容的《晏子春秋》，竟然被列入"儒家者流"，确实是令人尴尬。

《晏子春秋》还记载过一则性情之变的轶事：齐景公是一个享乐至上、草菅人命的荒唐国君。但这不妨碍他对妻妾的痴迷爱恋。当爱妾婴子死去时，他哀伤之极，三日不进食，固守在妾尸旁，简直不知道爱妾已经死去，当然也忘却为君的诸多职责。此时，晏婴不动声色地诓称有术士和医者要来为婴子看病，景公大喜而起。晏婴趁机请求景公到别处去沐浴饮食，同时匆匆命人装殓死者入棺，事毕才告诉景公。景公发了一通怒气之后，晏婴才以古之圣王"畜私不伤行，敛死不失爱，送死不失哀"来勉励景公去处理国事。晏婴这样的做法，就是孔丘责备齐桓公和管仲的所谓"谲"。如此一来，晏婴自是难逃"君子之非"的口诛笔伐。

在这里陈述以上的事情，并不是为了专门究论晏、孔，乃至墨儒的异同优劣。而仅仅企图借此让刚拿起这部《晏子春秋》的读者，能约略领会那个诸子盛行的时代，各种思想观念的自由交往、相互磋切而又不致相互戕伤的情况；"孔子"也好，"墨子"也好，"晏子"也好，都能以其本来面目，裸然相见，互为"非议"。当然，这一切都是在当时的历史条件下出现的。因为，在当时的历史背景下，诸子们只会在各自的特定位置上作出真实的不由自主的反应来。这一点，恰恰是向现代读者推出这样一本读物的理由。再要说明的是，本书不是学术意义上的子书译注，而只是一般的简注直译，让读者足以拿来了解、走近那个孕育这部子书的背景和在这部子书中出现过的人物，从而得到阅读本书所能带来的快乐。

卢守助

目　　录

内篇谏上第一

庄公矜勇力不顾行义晏子谏第一

庄公奋乎勇力[1]，不顾于行义[2]。勇力之士，无忌于国[3]，贵戚不荐善[4]，逼迩不引过[5]。故晏子见公。

公曰："古者亦有徒以勇力立于世者乎？"

晏子对曰："婴闻之，轻死以行礼谓之勇[6]，诛暴不避强谓之力[7]。故勇力之立也，以行其礼义也。汤武用兵而不为逆[8]，并国而不为贪[9]，仁义之理也。诛暴不避强，替罪不避众[10]，勇力之行也。古之为勇力者，行礼义也。今上无仁义之理，下无替罪诛暴之行，而徒以勇力立于世，则诸侯行之以国危，匹夫行之以家残[11]。昔夏之衰也[12]，有推侈、大戏[13]；殷之衰也[14]，有费仲、恶来[15]。足走千里，手裂兕虎[16]，任之以力，凌轹天下[17]，威戮无罪[18]，崇尚勇力，不顾义理，是以桀纣以灭，殷夏以衰。今公自奋乎勇力，不顾乎行义，勇力之士，无忌于国，身立威强，行本淫暴，贵戚不荐善，逼迩不引过，反圣王之德，而循灭君之行[19]，用此存者，婴未闻有也。"

【注释】

〔1〕庄公：齐庄公，春秋末期齐国国君。姜姓，名光。齐灵公之子。公元前553—前548年在位，被崔杼弑杀，谥"庄"。奋：骄夸，崇尚。

〔2〕顾：顾及。

〔3〕无忌：无所顾忌。

〔4〕贵戚：指公族显贵。荐善：进忠言。

〔5〕逼迩：近臣。引过：指出过失。

〔6〕轻死：不怕死。礼：规定社会行为的法则、规范、仪式的总称。

〔7〕诛暴：诛灭凶暴。

〔8〕汤武：汤指商汤。武指周武王。

〔9〕并国：吞并他国。

〔10〕替罪：消灭罪恶。

〔11〕匹夫：普通百姓。

〔12〕夏：夏朝，我国历史上第一个王朝。

〔13〕推侈、大戏：人名，均夏桀时的力士。

〔14〕殷：朝代名，又称为商。

〔15〕费仲、恶来：人名，均殷纣王时的力士和佞臣。

〔16〕兕：古代犀牛一类的兽名。

〔17〕凌轹：欺压。

〔18〕威戮无罪：滥施淫威，杀戮无辜的人。

〔19〕循：顺着。

【译文】

庄公崇尚勇猛勇力，却不想去实行礼义。于是勇猛有力之人横行不法，显贵的大夫不进忠言，身边的近臣也不劝谏过失，所以晏子去觐见庄公。

庄公问晏子："古时候也有仅凭勇力就能在世上有所成就的人吗?"

晏子回答说："我听说，为了使自己行为符合公认的准则而不怕死叫作勇，诛灭凶暴而不避强悍叫作力。所以勇力的树立，是为了推行礼义这样的准则。商汤、周武王兴兵不被看作叛逆，吞并了暴君的国土不被看作贪婪，因为这符合仁义的原则。诛灭凶暴不畏惧强悍，消灭罪恶不害怕势众，这就是勇力的行为。古时候被称为勇力的人，奉行的是礼义。现在君王没有仁义的原则，臣下没有消灭罪恶诛灭凶暴的行动，而仅仅凭勇力想在世上能有所建树，那么，诸侯这样做国家就会有危险，普通百姓这样做就会破家。从前夏朝衰落的时候，有推侈、大戏；殷朝衰落的时候，有费仲、恶来。这些人能步行千里，徒手撕裂猛兽，因为有勇力而得到任用，就欺压天下百姓，杀害无辜。崇尚勇力，不顾及仁义道德，所以夏桀、商纣因此灭亡，商朝、夏朝因此衰败。现在您崇尚勇力，不顾及实行仁义。有勇力的人，对国家法令制度毫无顾忌，他们靠威权强力立身，行为归于凶邪残暴。同姓的公卿不敢上陈忠言，亲近的臣子不敢劝谏过失，违背了古圣先王的美德，而遵循亡国之君的行为，想用这种做法来求得国家永存，我没有听说过。”

景公饮酒酣愿诸大夫无为礼晏子谏第二

景公饮酒酣[1]，曰：“今日愿与诸大夫为乐饮，请无为礼[2]。”

晏子蹴然改容曰[3]：“君之言过矣[4]！群臣固欲君之无礼也。力多足以胜其长[5]，勇多足以弑其君[6]，而礼不使也[7]。禽兽以力为政[8]，强者犯弱，故日易主。今君去礼，则是禽兽也。群臣以力为政，强者犯弱，而日易主，君将安立矣？凡人之所以贵于禽兽者，以有礼也，故《诗》曰：‘人而无礼，胡不遄死[9]。’礼不可无也。”

公湎而不听[10]。少间，公出，晏子不起；公入，不起；交举则先饮[11]。公怒色变，抑手疾视[12]，曰：“向者夫子之教寡人无礼之不可也[13]。寡人出入不起，交举则先饮，礼也？"

晏子避席^[14]，再拜稽首而请曰^[15]："婴敢与君言而忘之乎？臣以致无礼之实也。君若欲无礼，此是已。"

公曰："若是，孤之罪也。夫子就席，寡人闻命矣^[16]。"觞三行^[17]，遂罢酒。

盖是后也，饬法修礼以治国政^[18]，而百姓肃也^[19]。

【注释】

〔1〕景公：齐景公，春秋时齐国国君，名杵臼。齐庄公异母弟。公元前547—前490年在位。崔杼弑庄公后，立他为君。酣：酒喝得正畅快。

〔2〕无为礼：不要拘执于礼节。

〔3〕蹴然：心神不安的样子。

〔4〕过：过失，错误。

〔5〕胜：克制。

〔6〕弑：臣杀君、子杀父母为"弑"。

〔7〕使：当作"便"，形近而讹，利于。

〔8〕为政：当首领。

〔9〕语见《诗经·鄘风·相鼠》。遄，急速。

〔10〕洎：背向。

〔11〕交举：相互举杯敬酒。

〔12〕抑手疾视：手按几桌，瞋目而视。抑，按。

〔13〕向者：刚才。

〔14〕避席：离开座位，表示郑重或敬意。

〔15〕稽首：古时一种跪拜礼，叩头到地，是九拜中最为恭敬者。

〔16〕闻命：听命。

〔17〕觞三行：举杯三次。

〔18〕饬：整顿。

〔19〕肃：恭敬。

【译文】

景公与群臣饮酒到畅快的时候，说："今天我要和众位大夫痛快地饮酒，请大家不要拘于礼节。"

晏子神色不安地变了脸色说："君王的话错了。所有的臣子当然希望君王不讲礼节。这样，力气大的人足以克制尊长，勇猛的人足以弑杀国君，而礼治就不便于推行了。禽兽就是以体力强的为首领，强大的侵犯弱小的，所以每天都在改换首领。现在君王废弃礼法，就是肯定禽兽的行为了。所有的臣子都凭借勇力来处理国事，强大的侵凌弱小的，天天更换君主，君王将置身何处呢？人之所以比禽兽高贵，是因为有礼仪的约束，所以《诗经》说：'人如果没有礼仪，为什么不快快死去。'礼仪不可以没有呀。"

景公背过身子不听晏子的劝谏。过了一会儿，景公出去，晏子不起身相送；景公回来，晏子不起立相迎；相互举杯祝酒时，晏子先于景公而饮。景公大怒，变了脸色，手按几桌瞋目看着晏子说："刚才先生教导我，人不可没有礼仪。我出入你不起立致意，相互举杯，你却先于我而饮，这合乎礼仪吗？"

晏子离开座席，叩头到地说："我怎么敢对君王讲礼仪而自己却忘了礼仪呢？我只是用这种做法来表现没有礼仪的实情。君王如果想废除礼仪，不要礼仪的实际情况就是这样。"

景公说："如此说来，这是我的过错了。先生请入座，我听从你的劝告了。"君臣举杯三次，就结束酒宴。

从此以后，景公便整顿法度，修明礼治，以此来治理国家政事，因而百姓也恭敬有礼了。

景公饮酒醉三日而后发晏子谏第三

景公饮酒醉[1]，三日而后发[2]。

晏子见曰："君病酒乎？"

公曰："然。"

晏子曰："古之饮酒也，足以通气合好而已矣〔3〕。故男不群乐以妨事〔4〕，女不群乐以妨功〔5〕。男女群乐者，周觞五献〔6〕，过之者诛〔7〕。君身服之〔8〕，故外无怨治〔9〕，内无乱行。今一日饮酒而三日寝之，国治怨乎外，左右乱乎内。以刑罚自防者，劝乎为非〔10〕；以赏誉自劝者，惰乎为善。上离德行，民轻赏罚，失所以为国矣，愿君节之也！"

【注释】

〔1〕醒：醉酒。

〔2〕发：酒醒起身。

〔3〕通气好合：疏通气脉，调和精神。

〔4〕事：农耕。

〔5〕功：女工。

〔6〕周觞五献：轮番往酒杯里斟酒五次。

〔7〕诛：责备。

〔8〕服：躬行。

〔9〕怨治：积压下来的政事。怨，通"蕴"，积聚。

〔10〕劝：尽力。

【译文】

景公饮酒大醉，三天后才酒醒起身。

晏子拜见景公说："君主醉酒了吗？"

景公回答说："是的。"

晏子说："古时候的人饮酒，能够疏通气脉调和精神就足够了。所以男子不聚会饮酒作乐以致妨碍本业，妇女不聚会饮酒作乐以致妨碍女工。男子、妇女聚会饮酒作乐，只轮番敬五杯酒，超过限度就会受到责备。君主身体力行，所以朝上没有积压下来的政事，宫内没有昏乱的行为。现在君主一天饮酒，三天醉卧，国家的政事在朝堂上积压下来，君主左右的人在宫内作乱。原本以刑罚来防止干坏事的人，自己尽力干坏事；原本以赏赐、荣誉作为勉励做好事的人，自己懒于做善事。君主违背道德，百姓看轻赏罚，这就丧失了用来治理国家的根本了。希望君主节制饮酒。"

景公饮酒七日不纳弦章之言晏子谏第四

景公饮酒，七日七夜不止。

弦章谏曰[1]："君欲饮酒七日七夜，章愿君废酒也！不然，章赐死。"

晏子入见，公曰："章谏吾曰：'愿君之废酒也！不然，章赐死。'如是而听之，则臣为制也；不听，又爱其死[2]。"

晏子曰："幸矣，章遇君也！令章遇桀纣者，章死久矣。"于是公遂废酒。

【注释】

〔1〕弦章：又作"弦商"，人名，齐景公时大臣。

〔2〕爱：舍不得。

【译文】

景公饮酒，饮了七天七夜还不停止。

弦章劝谏说："君主饮酒已经七天七夜，我希望君主停止饮酒，不然的话，就赐我死。"

晏子进宫拜见景公，景公说："弦章劝谏我说：'希望君主停止饮酒，不然的话，就赐我死。'就这样听从他的劝谏，那就是被臣子制约了；不听从他的劝谏，又舍不得他死。"

晏子说："弦章遇上君主真是幸运啊！假如弦章遇上的是夏

桀、商纣那样的君王，弦章早就死了。"于是景公停止饮酒。

景公饮酒不恤天灾致能歌者晏子谏第五

　　景公之时，霖雨十有七日[1]。公饮酒，日夜相继。晏子请发粟于民，三请，不见许。公命柏遽巡国[2]，致能歌者。晏子闻之，不说[3]，遂分家粟于氓[4]，致任器于陌[5]，徒行见公曰："十有七日矣！怀宝乡有数十[6]，饥氓里有数家，百姓老弱，冻寒不得短褐[7]，饥饿不得糟糠[8]，敝撤无走[9]，四顾无告，而君不恤，日夜饮酒，令国致乐不已，马食府粟，狗餍刍豢[10]，三保之妾[11]，俱足粱肉。狗马保妾，不已厚乎？民氓百姓，不亦薄乎？故里穷而无告，无乐有上矣；饥饿而无告，无乐有君矣。婴奉数之策[12]，以随百官之吏，民饥饿穷约而无告，使上淫湎失本而不恤，婴之罪大矣。"再拜稽首[13]，请身而去，遂走而出。

　　公从之，兼于途而不能逮[14]，令趣驾追晏子[15]，其家，不及。粟米尽于氓，任器存于陌，公驱及之康内[16]。公下车从晏子曰："寡人有罪，夫子倍弃不援[17]，寡人不足以有约也[18]，夫子不顾社稷百姓乎[19]？愿夫子之幸存寡人[20]，寡人请奉齐国之粟米财货，委之百姓[21]，多寡轻重，惟夫子之令。"遂拜于途，晏子乃返。

　　命禀巡氓[22]，家有布缕之本而绝食者[23]，使有终月之委[24]；绝本之家，使有期年之食[25]；无委积之

氓[26]，与之薪橑[27]，使足以毕霖雨。令柏巡氓，家室
不能御者，予之金；巡求氓寡用财乏者，死三日而
毕[28]，后者若不用令之罪。

公出舍，损肉撤酒，马不食府粟，狗不食饫肉[29]，
辟拂嗛齐[30]，酒徒减赐。三日，吏告毕上：贫氓万七
千家，用粟九十七万钟[31]，薪橑万三千乘；怀宝二千
七百家，用金三千。公然后就内退食，琴瑟不张，钟鼓
不陈。

晏子请左右与可令歌舞足以留思虞者退之[32]，辟
拂三千，谢于下陈[33]，人待三[34]，士待四[35]，出之关
外也[36]。

【注释】
〔1〕霖雨：连绵不止的雨。
〔2〕柏遽：人名，景公近臣。
〔3〕说：通"悦"，高兴。以下同。
〔4〕家粟：指晏子自己禄田所产之粟。　家：春秋时诸侯以封邑立
国，大夫以禄田立家。　氓：百姓。
〔5〕任器：指装载粮食用的器具。
〔6〕怀宝：当为"坏室"之误。
〔7〕短褐：古时平民所穿粗布之衣。
〔8〕糟糠：谷皮。喻粗劣的食物。
〔9〕敝撒：行走困难。
〔10〕餍：饮食。　刍豢：牛羊猪狗之类的家畜。
〔11〕保：当作"室"，后宫。
〔12〕数：计。　策：古代用竹片或木片著书记事，成编的叫"策"。
〔13〕再拜：一拜而又拜，表示恭敬的礼节。
〔14〕兼于途：兼程，加倍赶路。　逮：赶上。
〔15〕趣：通"趋"，赶快。
〔16〕康内：大路。

〔17〕倍：通"背"。

〔18〕约：屈驾。

〔19〕社稷：古代帝王、诸侯祭祀的土神与谷神，用作国家的代称。

〔20〕存：省问。

〔21〕委：交付。

〔22〕禀：人名。

〔23〕布缕之本：农桑。此指农耕的种籽。　绝食：断炊。

〔24〕终月：整月。

〔25〕期年：一周年。

〔26〕委积：刍米菜薪。

〔27〕薪橑：柴火。

〔28〕死：当作"比"，及，等到。

〔29〕饪肉：拌着肉的饭。

〔30〕辟拂：歌舞者。　嗛：通"歉"，减少。　齐：通"资"，钱财。

〔31〕钟：古代容量单位，六斛四斗一钟。

〔32〕虞：通"娱"，娱乐。

〔33〕下陈：古代宫殿陈列礼器、站立侯从侍妾的地方。

〔34〕人待：当作"人侍"，受宠爱的姬妾。

〔35〕士待：当作"士侍"，受宠爱的近臣。

〔36〕关外：宫门之外。

【译文】

　　景公时，连续下了十七天大雨，景公却夜以继日地饮酒。晏子请求向百姓发放救济粮食，多次请求都没有得到景公的允许。景公命令柏遽巡视全国，寻找善于唱歌的人。晏子听到这件事，很不高兴，于是把自己封邑禄田所得的粮食分发给百姓，并把装载粮食的器具陈放在路旁，自己步行去见景公说："雨下了十七天了，房屋损坏的每个乡有数十家，忍饥挨饿的每个闾里有数家，百姓中老人儿童，受冻而没有粗布衣裳御寒，饥饿而没有糟糠充饥；难以行走的人，四处顾盼，没有诉说求援的地方。君王不赈济他们，反而日夜饮酒，不停地命令全国选送能歌善舞者，宫中的马匹吃着府库里的粮食，猎狗饱食家畜之肉，后宫姬妾都有充足的粮肉美食。对待犬马姬妾不是太优厚了吗？对待百姓不是太刻薄了吗？所以间里内的百姓贫穷而无处求告，就不会喜欢有这样的官府了；饥饿而无处求告，也就不会喜欢有这样的国君了。我拿着记事简策，跟随在百官之后充数供职，却让百姓饥饿贫困而无处求告，使君王沉迷于饮酒作乐失去民心而不知忧虑，我的罪过太大了。"说完拜了两拜，叩头到地，请求辞官归去，接着快步走出宫门。

景公跟在晏子后边，加倍赶路也追赶不上，就命令驾车追赶晏子一直追到晏子家，也没有追赶上。只见晏子家里的粮食已全部分给了灾民，装载粮食的器具陈放在路旁。景公又驾车在大路上追上了晏子。景公下车跟在晏子后边说："我有罪过，先生抛弃我不匡助我，我是不足以屈驾先生的，难道先生就不顾国家和百姓了吗？希望先生顾念我，我愿意拿出齐国的粮食、钱财，分发给老百姓，给多给少，谁轻谁重，全听先生的意见。"景公就在道旁躬身恳请，晏子于是返回。

晏子命令禀去巡视百姓，有农桑种籽而没有粮食吃的人家，发给足够一个月用的粮食；没有种籽的人家，发给足够一年食用的粮食；没有积蓄柴火的人家，发给他们柴草，使他们足以度过霖雨之灾。晏子又命令柏遽巡视百姓，房屋塌坏不能抵御风雨的，发给金钱；视察寻找缺少生活费用的百姓，限三天内办完，超过限期就是巡视官吏不用心执行命令，应当治罪。

景公不居住在宫室，减少肉食，撤除宴饮，马匹不再吃府库里的粮食，猎狗不再吃拌了肉的饭，削减歌舞者的待遇，减少对酒徒的赏赐。过了三天，巡视的官吏报告完成任务的情况：贫苦灾民共有一万七千家，分发用粮九十七万钟，柴草一万三千车；房屋毁坏的有二千七百家，分发救济金三千金。景公这才回到宫内居住，减少食用，不弹琴瑟，不击钟鼓。

晏子请求将左右近臣和那些能歌善舞足以令人留恋娱乐的人都离开，歌舞伎人三千名从后宫侍从的队列中斥退，姬妾三人，近臣四人，遣送出宫门之外。

景公夜听新乐而不朝晏子谏第六

晏子朝，杜扃望羊待于朝[1]。晏子曰："君奚故不朝?"对曰:"君夜发不可以朝[2]。"晏子曰:"何故?"对曰:"梁丘据扃入歌人虞[3],变齐音[4]。"

晏子退朝,命宗祝修礼而拘虞[5]。公闻之而怒曰:"何故而拘虞?"

晏子曰:"以新乐淫君。"

公曰:"诸侯之事,百官之政,寡人愿以请子。酒醴之味[6],金石之声[7],愿夫子无与焉[8]。夫乐,何必夫故哉?"

对曰:"夫乐亡而礼从之,礼亡而政从之,政亡而国从之。国衰,臣惧君之逆政之行。有歌,纣作《北里》[9],幽厉之声[10],顾夫淫以鄙而偕亡[11],君奚轻变夫故哉?"

公曰:"不幸有社稷之业,不择言而出之,请受命矣。"

【注释】

〔1〕杜扃:人名,齐景公侍臣。 望羊:远望。
〔2〕夜发:夜里没睡觉。
〔3〕梁丘据:人名,景公近臣。 扃:关闭,引申为秘密。 虞:人名。
〔4〕变齐音:弹唱改变齐国音乐声调的乐曲。
〔5〕宗祝:官名,主祭祀祈祷。 修礼:依据礼仪规定。
〔6〕酒醴:美酒。
〔7〕金石:钟磬之类乐器的总称。此处作音乐解。
〔8〕与:参与,干涉。
〔9〕北里:殷纣王创作的《北里》舞曲,后泛指靡靡之音。
〔10〕幽厉:西周厉王及其孙幽王,都因荒淫暴虐而身死国亡。
〔11〕顾:不过。

【译文】

晏子上朝，看见杜扃待在朝堂上往远处看。晏子问："君王为什么不上朝呢？"杜扃回答说："君王昨夜没有睡觉，所以不能上朝。"晏子说："君王为什么不睡觉？"杜扃回答说："梁丘据秘密地进献一个名叫虞的歌唱者，弹唱改变了齐国音乐声调的乐曲。"

晏子退朝回去，命令宗祝根据礼法规定拘捕了那个名叫虞的歌唱者。景公听到这个消息后大怒说："为什么拘捕虞？"

晏子说："因为他用新的音乐迷乱君王。"

景公说："诸侯间往来的事务，管理百官的政事，我愿意托付给您。品尝美酒，欣赏音乐这类事，希望先生不要干涉。音乐，为什么一定要旧的呢？"

晏子回答说："音乐衰亡了，礼仪会跟着衰亡；礼仪衰亡了，政治也会跟着衰亡；政治衰亡了，国家也会跟着衰亡。我害怕君王背离政治教化的行为会导致国家衰亡。有关于歌乐之事，殷纣王的《北里》舞曲，周幽王、周厉王的乐曲，他们只不过创制了淫靡鄙下的乐曲，却都因此导致国家灭亡，君王为什么要看轻改变旧的音乐这件事呢？"

景公说："我不幸拥有国家这份基业，不加考虑而说出了那些话，我愿接受您的教诲。"

景公燕赏无功而罪有司晏子谏第七

景公燕赏于国内[1]，万钟者三，千钟者五，令三出，而职计莫之从[2]。公怒，令免职计，令三出，而士师莫之从[3]。公不说。

晏子见，公谓晏子曰："寡人闻君国者[4]，爱人则能利之，恶人则能疏之。今寡人爱人不能利，恶人不能疏，失君道矣。"

晏子曰："婴闻之，君正臣从谓之顺，君僻臣从谓之逆。今君赏谗谀之民，而令吏必从，则是使君失其道，臣失其守也[5]。先王之立爱，以劝善也，其立恶，以禁暴也。昔者三代之兴也[6]，利于国者爱之，害于国者恶之，故明所爱而贤良众，明所恶而邪僻灭，是以天下治平，百姓和集[7]。及其衰也，行安简易[8]，身安逸乐，顺于己者爱之，逆于己者恶之，故明所爱而邪僻繁，明所恶而贤良灭，离散百姓，危覆社稷。君上不度圣王之兴，下不观惰君之衰。臣惧君之逆政之行，有司不敢争[9]，以覆社稷，危宗庙[10]。"

公曰："寡人不知也，请从士师之策。"国内之禄，所收者三也。

【注释】

〔1〕燕赏：设宴赏赐。

〔2〕职计：官职名，掌管财物。

〔3〕士师：官职名，掌管法律及刑罚。

〔4〕君：君临，统治。

〔5〕守：职守。

〔6〕三代：夏、商、周三个朝代。

〔7〕和集：和睦安定。

〔8〕简易：简慢轻忽。

〔9〕有司：有关官吏。古代设官分职，各有专司，所以称职官为"有司"。

〔10〕宗庙：古代天子、诸侯祭祀祖先的地方。

【译文】

景公设宴赏赐国内臣子，赏赐万钟俸禄的有三人，千钟俸禄的有五人，命令发出多次，但是职计都没有听从。景公大怒，下令罢免职计的官职，命令发出多次，但是士师也都不听从。景公很不高兴。

晏子觐见景公，景公对晏子说："我听说统治国家的君主，喜爱谁就能让谁得利，厌恶谁就能疏远谁。现在我喜爱的人不能得利，我厌恶的人不能疏远，已经失去了作为国君应有的准则了。"

晏子说："我听说，君主为政平正而臣子服从叫作顺从，君主行为乖张而臣子服从叫作背逆。现在君王赏赐谗佞谄谀的人，却命令有关官吏一定要服从，那就是使君王丧失准则，臣子放弃职守了。先王之所以要确认所喜爱的人，是为了用来勉励人们从善，之所以要确认所厌恶的人，是为了用来禁止暴戾行为。从前夏、商、周三代之所以兴盛，是因为对国家有利的人就爱他，对国家有害的人就厌恶他，所以明确什么样的人是被喜爱的，贤良的人就增多了，明确什么样的人是被厌恶的，奸邪的人就灭迹了，因此天下大治、政治清平，百姓和睦安定。等到了夏、商、周三代衰败的时候，君主的行为安于简慢轻忽，自身安于放纵享乐，顺从自己的人就喜爱他，违背自己的人就厌恶他，所以明确什么样的人是被喜爱的，奸邪的人就增多了，明确什么样的人是被厌恶的，贤良的人就灭迹了，这就使百姓流离失散，国家面临灭亡的危险。君王上不思考圣明的君主兴盛的原因，下不审察荒怠的君主衰亡的教训。我担心君王有违背正道的行为的时候，有关的官吏不敢争谏，因而使国家倾覆，危及宗庙。"

景公说："我不明智啊，请按士师的办法办。"国内赏赐的禄米，收回了不少。

景公信用谗佞赏罚失中晏子谏第八

景公信用谗佞[1]，赏无功，罚不辜[2]，晏子谏曰："臣闻明君望圣人而信其教，不闻听谗佞以诛赏。今与左右相说颂也[3]，曰：'比死者勉为乐乎[4]！吾安能为仁而愈黯民耳矣[5]！'故内宠之妾，迫夺于国[6]；外宠之臣，矫夺于鄙[7]；执法之吏，并荷百姓[8]。民愁苦约病〔9〕，而奸驱尤伏〔10〕，隐情奄恶〔11〕，蔽诒其上，故虽有至圣大贤，岂能胜若谗哉！是以忠臣之常有灾伤也。臣闻古者之士，可与得之，不可与失之；可与进之，不可与退之。臣请逃之矣。"遂鞭马而出。

公使韩子休追之〔12〕，曰："孤不仁，不能顺教，以至此极，夫子休国焉而往，寡人将从而后。"晏子遂鞭马而返。其仆曰："向之去何速？今之返又何速？"晏子曰："非子之所以知也，公之言至矣。"

【注释】

〔1〕谗：善进谗言。　佞：巧言谄媚。

〔2〕辜：罪。

〔3〕说：通"悦"，欢悦。　颂：通"容"，宽容。

〔4〕比：将要。

〔5〕黥：古代的一种肉刑，在面额上刺字并涂上墨。

〔6〕迫夺：强行掠夺。　国：都城。

〔7〕矫夺：官吏假托上命抢夺百姓的财物。　鄙：边远的地方，这里指地方上。

〔8〕荷：通"苛"，苛虐。

〔9〕约：贫困。

〔10〕奸驱：当作"奸慝"，奸邪的人。　尤伏：即"溢尤"，更甚。

〔11〕奄：通"掩"，掩盖。

〔12〕韩子休：人名，景公的臣子。

【译文】

景公信任重用善进谗言和巧言谄媚的人，赏赐没有功劳的人，惩罚没有罪过的人。晏子进谏说："我听说贤明的君主仰慕圣人的德行而信奉他们的教诲，没有听说过听信善进谗言和巧言谄媚的人来实行惩罚和赏赐。现在君王与身边的人相互取悦包容，说：'将要死的人尚且尽力寻求欢乐！我怎能为了仁义而生活得仅仅超过罪犯呢?'所以官内受宠的姬妾在都城里强行掠夺,朝廷上受宠的臣子在地方上假托上命抢夺百姓的财物,执掌法令的官吏,一起苛虐百姓。百姓愁苦贫困,而奸邪的人更加猖狂,隐瞒真情,掩盖罪恶,蒙蔽迷惑君王,所以即使有最为圣明和贤德的人,又怎么能克制这些善进谗言的人呢!故此忠诚的臣子常常会蒙受灾祸。我听说古代的士人,国君可亲近就得到他们,国君不可亲近就失去他们;国君可亲近,他们就进身,国君不可亲近,他们就隐退。我请求去职了。"说完就用鞭子赶着马出去了。

景公命韩子休追赶晏子,传话给晏子说:"我不仁德,不能顺从先生的教诲,以致到了这种地步。先生弃国而去,我将跟随先生一起这么做。"晏子听了这些话,就用鞭子赶着马返回了。晏子的仆人问:"刚才离开得为什么那么急速?现在返回得为什么又这样急速?"晏子说:"这些道理不是你所能知道的,君主的话说得太好了。"

景公爱嬖妾随其所欲晏子谏第九

翟王子羡臣于景公[1],以重驾[2],公观之而不说也。嬖人婴子欲观之[3],公曰:"及晏子寝病也[4]。"居圂中台上以观之[5],婴子说之,因为之请曰:"厚禄之!"公许诺。

晏子起病而见公[6],公曰:"翟王子羡之驾,寡人甚说之,请使之示乎?"

晏子曰:"驾御之事,臣无职焉。"

公曰:"寡人一乐之,是欲禄之以万钟,其足乎?"

对曰:"昔卫士东野之驾也[7],公说之,婴子不说,公曰不说,遂不观。今翟王子羡之驾也,公不说,婴子说,公因说之;为请,公许之,则是妇人为制也。

且不乐治人，而乐治马，不厚禄贤人，而厚禄御夫。昔者先君桓公之地狭于今[8]，修法治，广政教，以霸诸侯。今君，一诸侯无能亲也，岁凶年饥[9]，道途死者相望也。君不此忧耻，而惟图耳目之乐，不修先君之功烈，而惟饰驾御之伎[10]，则公不顾民而忘国甚矣。且《诗》曰：'载骖载驷，君子所诫[11]。'夫驾八，固非制也[12]，今又重此，其为非制也，不滋甚乎！且君苟美乐之，国必众为之，田猎则不便，道行致远则不可，然而用马数倍，此非御下之道也。淫于耳目，不当民务，此圣王之所禁也。君苟美乐之，诸侯必或效我，君无厚德善政以被诸侯，而易之以僻，此非所以子民、彰名、致远、亲邻国之道也。且贤良废灭，孤寡不振，而听嬖妾以禄御夫以蓄怨，与民为仇之道也。《诗》曰：'哲夫成城，哲妇倾城[13]。'今君不免成城之求[14]，而惟倾城之务，国之亡日至矣。君其图之！"

公曰："善。"遂不复观，乃罢归翟王子羡，而疏嬖人婴子。

【注释】

〔1〕翟王子羡：翟王之子名羡。

〔2〕重驾：十六匹马驾车。

〔3〕婴子：景公的姬妾。

〔4〕寝病：卧病。

〔5〕囿：古代帝王畜养禽兽的园林。

〔6〕起病：病愈。

〔7〕东野：人名，卫国一个善于驾车的人。

〔8〕桓公：即齐桓公，春秋时齐国国君。姜姓，名小白。公元前

685—前 643 年在位。

〔9〕凶：年成坏。　饥：灾荒。

〔10〕伎：通"技"，技术，技艺。

〔11〕语见《诗经·小雅·采菽》。载，发语词，无义。骖，一车驾三马。驷，一车驾四马。诚，原诗作"届"，极至。

〔12〕驾八，固非制也：驾八匹马本来就不符合礼仪制度。夏制，天子驾六马。

〔13〕语见《诗经·大雅·瞻卬》。哲夫，才能见识超越常人的男子。成城，立国。城指国。哲妇，指幽王的宠妃褒姒。

〔14〕免：当作"思"，考虑。

【译文】

　　翟王子羡当了齐景公的臣子，用十六匹马驾车，景公看后并不高兴。景公的宠妾婴子想看翟王子羡驾车，景公说："等到晏子卧病的时候吧。"于是在园林中的高台上观看翟王子羡驾车，婴子看了以后很高兴，因而为翟王子羡请求说："给他优厚的俸禄！"景公答应了。

　　晏子病愈后觐见景公。景公说："翟王子羡驾车，我很是喜欢，让他驾给你看吗？"

　　晏子说："驾御车马的事，不是我的职责。"

　　景公说："我很喜欢，想赐他万钟俸禄，大概够了吧？"

　　晏子回答说："过去卫国人东野驾车，君王很喜欢，因为婴子不喜欢，所以君王也说不喜欢，于是就不再看他驾车。现在翟王子羡驾车，君王不喜欢，因为婴子喜欢，君王因此也跟着喜欢；婴子为翟王子羡请求俸禄，君王就答应了，这就是被妇人制约了。况且不乐于治理百姓，而乐于调养马匹，不给贤德的人优厚的俸禄，却给驾车人优厚的俸禄。从前先君桓公的国土比现在狭小，他修明法纪，推行政治教化，因此而称霸诸侯。现在君王您，不能使任何一个诸侯来亲附，年成不好，道路上饿死的人随处可见。君王并不以此感到忧虑羞愧，却只图声色之乐，不继承先君的功业，却只讲求驾驭车马的技艺，那么君王不关心百姓、忘记国家大事已经很严重了。况且《诗经》中说：'三套车、四套车，君子的荣耀到顶头。'而用八匹马驾车，本来就不符合礼仪制度，现在又在此上加了一倍，这样不合礼仪制度，不是更加严重了么！况且君王如果以此为美，以此为乐，国内必定有很多人要这样做，用这样的车驾去打猎就不方便，出行到远方也不行，可是使用的马匹却多了数倍，这不是驾御臣民的方法。过分追求声色之乐，不管治理百姓的政事，这是圣贤的君主所禁忌的。君王如果以此为美以此为乐，诸侯一定有人效法，君王没有淳厚的道德和美好的政治来导引诸侯，却用邪僻的行为来影响他们，这不是用来爱护百姓、使声名播扬、使远方的人归附、亲善邻国的做法啊。况且贤良的人被废弃，孤儿寡妇得不到救济，却听信宠妾的话增加驾车人的俸禄，加深百姓的怨恨，这是与老百姓为仇敌的做法啊。《诗经》中说：'男子有才能立国，妇女有才毁社稷。'现在君王不考虑使国家稳固的事情，却只干使国家倾覆的事情，国家灭亡的日子就要来到了。希望君王好好考虑！"

景公说："说得好。"于是不再去看驾车表演，黜退了翟王子羡，而且疏远了婴子。

景公敕五子之傅而失言晏子谏第十

景公有男子五人[1]，所使傅之者[2]，皆有车百乘也[3]，晏子为一焉。

公召其傅曰："勉之！将以而所傅为子[4]。"

及晏子，晏子辞曰："君命其臣，据其肩以尽其力[5]，臣敢不勉乎！今有之家，此一国之权臣也，人人以君命命之曰：'将以而所傅为子。'此离树别党[6]，倾国之道也，婴不敢受命，愿君图之！"

【注释】

〔1〕男子五人：五个儿子，指公子嘉、公子驹、公子黔、公子鉏、公子阳生，当时太子荼尚未出生。

〔2〕傅：作老师。

〔3〕百乘：一百辆兵车。

〔4〕而：你。 子：太子。

〔5〕据其肩：责任压在肩上。

〔6〕离树别党：离间而树立朋党。

【译文】

景公有五个儿子，派去做他们的老师的那些人，都是拥有一百辆兵车的大夫，晏子就是其中的一个。

景公分别召见这些老师说："请尽力！我将把你所教的孩子立为太子。"

等到召见晏子时，晏子推辞说："君王命令您的臣子，根据自己肩负的责任尽力而为，臣子怎么敢不尽心尽力呢！现在拥有百辆兵车的大夫，都是全国有权势的臣子，对他们每人都说：'我将把你所教的孩子立为太子。'这是从中离间、树立朋党、使国家倾覆的做法，我不敢从命。希望君王好好考虑。"

景公欲废适子阳生而立荼晏子谏第十一

淳于人纳女于景公〔1〕，生孺子荼〔2〕，景公爱之。

诸臣谋欲废公子阳生而立荼〔3〕。公以告晏子。晏子曰："不可，夫以贱匹贵，国之害也；置大立少，乱之本也。夫阳生，生而长。国人戴之〔4〕，君其勿易！夫服位有等〔5〕，故贱不陵贵；立子有礼，故孽不乱宗〔6〕。愿君教荼以礼而勿陷于邪，导之以义而勿湛于利。长少行其道，宗孽得其伦。夫阳生敢毋使荼餍粱肉之味，玩金石之声，而有患乎？废长立少，不可以教下；尊孽卑宗，不可以利所爱。长少无等，宗孽无别，是设贼树奸之本也。君其图之！古之明君，非不知繁乐也[7]，以为乐淫则哀，非不知立爱也，以为义失则忧，是故制乐以节，立子以道。若夫恃谗谀以事君者，不足以责信[8]。今君用谗人之谋，听乱夫之言也。废长立少，臣恐后人之有因君之过以资其邪[9]，废少而立长以成其利者。君其图之。"公不听。

景公没，田氏杀君荼[10]，立阳生；杀阳生，立简公[11]；杀简公而取齐国[12]。

【注释】

〔1〕淳于：淳于国，在今山东安丘市东北二十里。

〔2〕荼：景公少子。景公死，立为齐君。《史记》称"晏孺子"。在位一年即被田乞所杀。

〔3〕公子阳生：景公子，即齐悼公。

〔4〕戴：拥戴。

〔5〕服位：指身份地位。

〔6〕孽：庶子，即妾媵所生之子。　宗：宗子，嫡长子。

〔7〕繁乐：多乐，尽情享乐。

〔8〕责：要求。　信：诚信。

〔9〕资：助。

〔10〕田氏：指田乞，齐国大夫。

〔11〕简公：悼公之子，名壬，被田成子所杀。

〔12〕杀简公而取齐国：据《史记·齐太公世家》，田常弑简公，立平公，田常专齐国之政。康公十九年田常曾孙田和为诸侯。康公死后，田氏拥有齐国。

【译文】

淳于国人把美女进献给景公，生了孺子荼，景公十分宠爱他。

景公的众臣谋划要废掉公子阳生而立荼为太子。景公将此事告诉了晏子。晏子说："不行。让地位低贱的与地位尊贵的匹敌，是国家的祸害；废弃年长的而立年幼的，是祸乱的根源。阳生年长，国内的人都爱戴他，君王还是不要废长立幼！人的地位有等差，所以地位低贱的人不敢欺凌地位高贵的人；立太子有一定的礼仪制度，所以庶子不能扰乱嫡子。希望君王用礼仪来教导荼而不要让他陷于邪恶，用道义来引导他而不要让他沉湎于利欲。年长的年幼的都按各自的原则行事，嫡子、庶子的关系就符合伦常。阳生怎么会不让荼享受美味、欣赏音乐歌舞，而让他有祸患呢？废长子立少子，这样做不可能对臣下有教益；使庶子尊贵而使嫡子卑下，这样做不可能使君王所爱的人有利。长子少子没有等级，嫡子庶子没有差别，是留下灾害种下祸乱的根源。君王要好好考虑！古代圣明的君主，并不是不知道尽情享乐，而是他们知道享乐过度就会有悲哀，并不是不知道要确立自己所宠爱的人，而是知道丧失了道义就会有忧患。所以创作音乐有节制，确立太子必须遵循礼法。至于凭借进谗阿谀来侍奉君王的人，不能任用听信他们。现在君王采纳谗谀之人的主张，听信作乱之人的言论，废长子立少子，我担心以后的人会利用君王的过失而助长他们的邪念，废掉少子立长子来达到他们私利。希望君王好好考虑！"景公不听从晏子的劝谏。

景公死后，田氏杀掉已立为君的荼，立阳生为君；后来又杀掉阳生，立简公为君，又杀掉简公，最终夺取了齐国。

景公病久不愈欲诛祝史以谢晏子谏第十二

景公疥且疟[1]，期年不已[2]，召会谴、梁丘据、晏子而问焉[3]，曰："寡人之病病矣[4]，使史固与祝佗巡山川宗庙[5]，牺牲珪璧[6]，莫不备具，数其常多先君桓公，桓公一则寡人再。病不已，滋甚，予欲杀二子者以说于上帝，其可乎？"

会谴、梁丘据曰："可。"晏子不对，公曰："晏子何如?"晏子曰:"君以祝为有益乎?"公曰:"然。"

"若以为有益,则诅亦有损也。君疏辅而远拂[7],忠臣拥塞,谏言不出。臣闻之,近臣嘿[8],远臣暗[9],众口铄金[10]。今自聊、摄以东[11],姑、尤以西者[12],此其人民众矣,百姓之咎怨诽谤,诅君于上帝者多矣。一国诅,两人祝,虽善祝者不能胜也。且夫祝直言情,则谤吾君也;隐匿过,则欺上帝也。上帝神,则不可欺;上帝不神,祝亦无益。愿君察之也。不然,刑无罪,夏商所以灭也。"

公曰:"善解余惑,加冠!"

命会遣毋治齐国之政,梁丘据毋治宾客之事,兼属之乎晏子。晏子辞,不得命,受相退,把政改月而君病悛[13]。

公曰:"昔吾先君桓公,以管子为有力[14],邑狐与穀[15],以共宗庙之鲜[16],赐其忠臣,则是多忠臣者。子今忠臣也,寡人请赐子州款[17]。"

辞曰:"管子有一美,婴不如也;有一恶,婴不忍为也,其宗庙之养鲜也。"终辞而不受。

【注释】

〔1〕疥:疥癣。 虐:疟疾。

〔2〕已:止,痊愈。

〔3〕会遣:人名,齐国大夫。

〔4〕病病矣:病痛苦极了。

〔5〕史固:史,官名;固,人名。《外篇》第七章作"祝固"。 祝佗:祝,官名;佗,人名。《外篇》第七章作"史嚚"。

〔6〕牺牲:供祭祀用的纯色全体牲畜。

〔7〕辅：左辅。　拂：右弼。
〔8〕嘿：通"默"，不作声。
〔9〕喑：不能说话。
〔10〕众口铄金：众人的同声指责，足可以熔化金属。
〔11〕聊、摄：聊城与摄城，在齐国西部边界。
〔12〕姑、尤：姑水和尤水，绕流齐国东部边界。
〔13〕悛：止，指痊愈。
〔14〕管子：即管仲，名夷吾，名仲，帮助齐桓公成为春秋时期第一个霸主。
〔15〕狐：城邑名。　縠：縠城。
〔16〕鲜：野兽。
〔17〕州款：齐地名。

【译文】

　　景公患疥癣病和疟疾，整整一年还没有痊愈，于是召见会谴、梁丘据、晏婴，问他们说："我的病痛苦极了，派遣太史固与太祝佗巡祭山川之神和宗庙，祭祀用的牲畜、璧玉，无不齐备，供品的数量比先君桓公还多，桓公用一份祭品，而我用两份。但是我的病不见好，反而加重了，我想杀掉这两个人来取悦天帝，这样做可以吗？"

　　会谴、梁丘据说："可以。"晏子不回答。景公说："晏子你认为怎样？"晏子回答说："君王认为祝告上天有好处吗？"景公说："是的。"

　　晏子说："如果认为祝祷上天有好处，那么诅咒也会有损害了。君王疏远左右股肱之臣，忠臣言路被阻塞，劝谏的话没有人说。我听说君王身边的臣子默不作声，远离君王的臣子有话不能说。众人同声指责，足可以熔化金子。现在从聊城、摄城以东，到姑水、尤水以西广大地区，人口众多，百姓憎恶怨恨，向上天诅咒您的人很多。全国人诅咒您，两个人为您祝祷，即使是善于祝祷的人也不能祝祷成功。况且如果祝祷的人直言讲实情，就是诽谤我们的君王；如果隐瞒您的过失，就是欺骗天帝。天帝如果真的有神灵，就不可以欺骗；天帝如果没有神灵，那么祝祷也没有用处。希望君王能明察。不然的话，杀戮无罪的人，就是导致夏朝、商朝灭亡的原因啊。”

景公说：“先生善于消解我的迷惑，应该加官晋爵！”

景公下令会谴不再管理齐国的政事，梁丘据不再管理迎送宾客的任务，这些事情都由晏子兼管。晏子推辞，没有得到允许，就接受了相国的职位而退下，主持国政，到了下个月，景公的病痊愈了。

景公说：“从前我们的先君桓公认为管仲有功劳，把狐和穀两邑封给他，以便供给祭祀宗庙用的野兽，赏赐忠臣，就是嘉奖忠臣。您是当今的忠臣，让我把州款这个地方赏赐给您。”

晏子辞谢说：“管仲有一优点，我比不上；管仲有一缺点，我不忍心那样做，就是他为了宗庙祭祀用的野兽而受封地。”晏子最终坚决辞谢，没有接受封地。

景公怒封人之祝不逊晏子谏第十三

景公游于麦丘[1]，问其封人曰[2]：“年几何矣？”对曰：“鄙人之年八十五矣。”公曰：“寿哉！子其祝我。”封人曰：“使君之年长于胡[3]，宜国家[4]。”公曰：“善哉！子其复之。”曰：“使君之嗣，寿皆若鄙臣之年。”公曰：“善哉！子其复之。”封人曰：“使君无得罪于民。”公曰：“诚有鄙民得罪于君则可，安有君得罪于民者乎？”

晏子谏曰：“君过矣！彼疏者有罪，戚者治之[5]，贱者有罪，贵者治之；君得罪于民，谁将治之？敢问：桀纣，君诛乎，民诛乎？”

公曰：“寡人固也[6]。”于是赐封人麦丘以为邑。

【注释】

〔1〕麦丘：齐地名。

〔2〕封人：春秋时管理国家疆界的官吏。此指邑人。

〔3〕胡：指齐国先君胡公静，以其享国久，所以封人以为祝辞。

〔4〕宜：有利于。

〔5〕戚者：亲近的人。

〔6〕固：固陋，不通达。

【译文】

景公出游到了麦丘，问邑人说："你年岁多大了？"邑人回答说："我八十五岁了。"景公说："真是长寿啊！你为我祝福吧！"邑人说："祝愿君王比齐国先君胡公静还长寿，为国家造福。"景公说："好啊！你再为我祝福吧！"邑人说："祝愿君王的子孙都像我一样长寿。"景公说："好啊！你再为我祝福吧！"邑人说："祝愿君王不要得罪百姓。"景公说："只有百姓得罪君王，哪有君王得罪百姓的呢？"

晏子进谏说："君王的话错了。那些远在地方上的官员犯了罪，有朝廷的大臣代君去惩治他；地位低贱的人犯罪，有地位尊贵的人去惩治他；国君得罪了百姓，谁来惩治他呢？请问：夏桀、商纣，是当国君的去惩处他，还是百姓去惩处他？"

景公说："我太固陋了。"于是将麦丘赏赐给那个邑人作食邑。

景公欲使楚巫致五帝以明德晏子谏第十四

楚巫微导裔款以见景公〔1〕，侍坐三日，景公说之。楚巫曰："公，明神之主，帝王之君也。公即位十有七年矣，事未大济者，明神未至也。请致五帝〔2〕，以明君德。"景公再拜稽首。楚巫曰："请巡国郊以观帝位。"至于牛山而不敢登〔3〕，曰："五帝之位，在于国南，请斋而后登之。"公命百官供斋具于楚巫之所，裔款视事〔4〕。

晏子闻之而见于公曰："公令楚巫斋牛山乎?"

公曰："然。致五帝以明寡人之德，神将降福于寡人，其有所济乎?"

晏子曰："君之言过矣! 古之王者，德厚足以安世，行广足以容众，诸侯戴之，以为君长; 百姓归之，以为父母。是故天地四时和而不失，星辰日月顺而不乱。德厚行广，配天象时[5]，然后为帝王之君，明神之主。古者不慢行而繁祭[6]，不轻身而恃巫。今政乱而行僻，而求五帝之明德也。弃贤而用巫，而求帝王之在身也。夫民不苟德[7]，福不苟降，君之帝王，不亦难乎! 惜乎! 君位之高，所论之卑也。"

公曰："裔款以楚巫命寡人曰:'试尝见而观焉。'寡人见而说之，信其道，行其言。今夫子讥之，请逐楚巫而拘裔款。"

晏子曰："楚巫不可出。"公曰："何故?"对曰:"楚巫出，诸侯必或受之。公信之，以过于内，不知[8]; 出以易诸侯于外，不仁。请东楚巫而拘裔款。"

公曰："诺。"故曰送楚巫于东[9]，而拘裔款于国也。

【注释】

〔1〕楚巫微：楚国名叫微的巫师。巫，以替人祈祷鬼神为职业的人。导：引导。　裔款：齐大夫。

〔2〕五帝：黄帝、颛顼、帝喾、帝尧、帝舜。

〔3〕牛山：山名，在临淄南。

〔4〕视事：主持这件事。

〔5〕配天象时：顺乎天意，合乎时宜。

〔6〕慢：懈怠。

〔7〕苟：这里指草率。

〔8〕知：通"智"，明智。

〔9〕故曰："曰"字衍。

【译文】

楚国有个叫微的巫师通过裔款的引导而见到景公，在景公身边陪坐了三天，景公很喜欢他。楚巫对景公说："您是英明圣德的君主，是能成就帝业的国君啊。您在位已有十七年了，事业没有取得明显的成就，这是因为您的英明与圣德还没有显现出来。请让我致告五帝之神，以此来彰明您的圣德。"景公向楚巫拜了两拜，叩头到地。楚巫微说："请让我到都城的郊外去巡行，以便观察五帝之神的方位。"景公和楚巫微到了牛山却不敢登上去，楚巫微说："五帝之神的方位，在国都的南边，请斋戒以后再登上去。"景公命令百官在楚巫微居住的地方供奉斋祭的用品，由裔款主持这件事。

晏子听到这件事后，便去见景公说："您让楚巫斋祭牛山吗？"

景公说："是的。我想致告五帝以此昭明我的德行，神灵将会降福于我，这样做会有好处吧！"

晏子说："君王的话错了！古时候的王者，道德淳厚，足以使国家安定，胸怀宽广，足可以包容大众。诸侯拥戴他，把他作为领袖；百姓归附他，把他当作父母。所以天地四时和谐而不失序，日月星辰依次运行而不混乱。道德淳厚，心胸宽广，顺乎天意，合乎时宜，然后才能成为称帝称王的国君，成为英明神圣的君主。古时候的明君不会做事懈怠而祭祀频繁，不轻视自己的力量而去依赖神巫求福。现在政治昏乱，行为乖僻，却想达到五帝的圣明德业。弃置贤德的人而依赖巫师，却想求得成就帝王之业。百姓不会随便对君主感恩戴德，福也不会随便降临，君王想成为帝王，不是很困难的事吗！可惜啊！君王的地位如此之高，所说的话却如此低浅啊。"

景公说："裔款把楚巫微推荐给我说：'您姑且见他一见，看看他究竟如何。'我见了楚巫微就喜欢他,相信了他所说的一套,按照他的话去做。现在先生指责这件事,请让我驱逐楚巫微,拘捕裔款。"

晏子说:"不能把楚巫微驱逐出齐国。"景公说:"为什么呢?"晏子说:"将楚巫微驱逐出齐国,必定有其他诸侯收留他。君王听信他,因而在国内造成过错,这是不明智;把他驱逐出去转嫁给齐国以外的其他诸侯,就是不仁义。请把楚巫微放逐到东面滨海边地,把裔款囚禁起来。"

景公说:"好吧。"因此把楚巫微放逐到东面滨海边地,把裔款囚禁在国都。

景公欲祠灵山河伯以祷雨晏子谏第十五

齐大旱逾时[1],景公召群臣问曰:"天不雨久矣,民且有饥色。吾使人卜,云:'祟在高山广水[2]。'寡人欲少赋敛以祠灵山,可乎?"群臣莫对。

晏子进曰:"不可!祠此无益也?夫灵山固以石为身,以草木为发,天久不雨,发将焦,身将热,彼独不欲雨乎?祠之无益。"

公曰:"不然,吾欲祠河伯[3],可乎?"

晏子曰:"不可!河伯以水为国,以鱼鳖为民,天久不雨,泉将下,百川竭,国将亡,民将灭矣,彼独不欲雨乎?祠之何益!"

景公曰:"今为之奈何?"

晏子曰:"君诚避宫殿暴露[4],与灵山河伯共忧,其幸而雨乎。"

于是景公出,野居暴露,三日,天果大雨,民尽得种时[5]。景公曰："善哉！晏子之言，可无用乎！其维有德。"

【注释】

〔1〕时：这里指时令节气。

〔2〕祟：鬼怪作祸。

〔3〕河伯：水神。

〔4〕暴露：露宿。

〔5〕时：通"蒔"，栽种。

【译文】

齐国发生大旱灾，过了下雨的季节仍不下雨，景公召见群臣问道："老天已经很久不下雨了，老百姓都已面带饥色。我让人占卜，回答说：'是高山大河作祟。'我想稍稍征收些赋税，用来祭祀灵山，可以吗？"群臣没有人回答。

晏子上前说："不可以！祭祀灵山没有什么好处。灵山本来以石头作为身体，以草木作为毛发，老天很久不下雨，它的毛发将会枯焦，身体将会发热，难道它不希望下雨吗？祭祀它没有用处。"

景公说："如果不祭祀灵山，我想祭祀河伯，可以吗？"

晏子说："也不可以！河伯以水作为自己的国土，以鱼鳖作为自己的臣民，老天很久不下雨，水源将会减少，所有的河流将会干涸，河伯的水国将会消失，它的臣民将会灭绝，难道它不希望下雨吗？祭祀它有什么用处！"

景公问："现在该怎么办？"

晏子说："君王如果离开宫殿，到野外露宿，与灵山、河伯共忧患，或许侥幸能下雨吧。"

景公于是离开宫殿到野外露宿，过了三天，老天果然下了大雨，老百姓全都得以及时栽种。景公说："好啊，晏子的话可以不听取吗！他是有德行的人呀。"

景公贪长有国之乐晏子谏第十六

景公将观于淄上[1]，与晏子闲立。公喟然叹曰："呜呼！使国可长保而传于子孙，岂不乐哉？"

晏子对曰："婴闻明王不徒立[2]，百姓不虚至[3]。今君以政乱国，以行弃民久矣，而声欲保之[4]，不亦难乎！婴闻之，能长保国者，能终善者也。诸侯并立，能终善者为长；列士并学[5]，能终善者为师。昔先君桓公，其方任贤而赞德之时，亡国恃以存，危国仰以安[6]，是以民乐其政而世高其德。行远征暴，劳者不疾[7]；驱海内使朝天子，而诸侯不怨。当是时，盛君之行不能进焉[8]。及其卒而衰，怠于德而并于乐[9]，身溺于妇侍而谋因竖刁[10]，是以民苦其政，而世非其行，故身死乎胡宫而不举[11]，虫出而不收[12]。当是时也，桀纣之卒不能恶焉。《诗》曰：'靡不有初，鲜克有终[13]。'不能终善者，不遂其君[14]。今君临民若寇仇[15]，见善若避热，乱政而危贤，必逆于众，肆欲于民，而诛虐于下，恐及于身。婴之年老，不能待于君使矣，行不能革[16]，则持节以没世耳[17]。"

【注释】
〔1〕将：衍字。　淄：淄水。
〔2〕徒：凭空。
〔3〕虚：白白地。
〔4〕声：声言。

〔5〕列士：众多的学子。 并：一起。
〔6〕仰：仰仗。
〔7〕疾：怨恨。
〔8〕进：超过。
〔9〕并：从。
〔10〕竖刁：齐桓公时的宦官。
〔11〕胡宫：齐桓公居住的宫室。 举：发丧。
〔12〕虫出而不收：指齐桓公死后多日，尸体腐坏，虫出于户，才知道齐桓公已死。
〔13〕语见《诗经·大雅·荡》。靡，无。鲜，少。克，能。
〔14〕遂：成就。
〔15〕临：君临，统治。
〔16〕革：改革。
〔17〕没世：终生，一辈子。

【译文】

景公在淄水边观赏，与晏子悠闲地站在岸边。景公感慨地叹息说："唉！假使国家可以长期保持住并且传给子孙，岂不是很快乐吗？"

晏子回答说："我听说圣明的君主不是凭空确立的，百姓也不会白白地来归附。现在君王用政令使国家混乱，用行为背弃百姓已经很久了，而您却说想长久保持住国家，不是很困难吗！我听说，能够长期保持住国家的人，是那些能善始善终的人。各国诸侯并存，能善始善终的成为领袖；众多学子在一起学习，能善始善终的成为老师。从前先君桓公，当他任用贤能、崇尚道德的时候，被颠覆了的国家依靠他才得以保存，处境危险的国家仰仗他才得以安定，所以百姓喜欢他的德政而天下人推崇他的德行。他去远方征伐残暴的人，劳苦的士卒不怨恨；他统率天下的诸侯去朝拜周天子，而诸侯都没有怨言。那个时候，盛德之君的品行没有能再超过他的了。等到他最后衰微的时候，道德荒怠，纵情享乐，自身沉溺于女色，而国家大事则依赖竖刁这些人，所以百姓在他的统治下苦不堪言，天下人也非议他的行为，他自己死于胡宫而不能发丧，尸体腐烂生了虫而没有人去收殓。那时候，夏桀、商纣的死也不能比他更惨。《诗经》中说：'万事大多有个好开头，但是很少能有好收场。'不能始终为善的国君，不会最终保持君位。现在君王统治百姓就像对待仇敌一样，看见善行就像躲避炎热一样。扰乱国政而危害贤良的人，必定违背民心，随心所欲地搜刮百姓，残暴诛杀臣下，恐怕要危及自身。我年纪大了，不能再听候君主使唤了，如果您的行为不能改变，那么我就坚守自己的节操直到死亡。"

景公登牛山悲去国而死晏子谏第十七

景公游于牛山，北临其国城，而流涕曰："若何滂滂去此而死乎[1]！"艾孔、梁丘据皆从而泣[2]，晏子独笑于旁。公刷涕而顾晏子曰[3]："寡人今日游悲，孔与据皆从寡人而涕泣，子之独笑，何也？"

晏子对曰："使贤者常守之，则太公、桓公将常守之矣[4]；使勇者常守之，则庄公、灵公将常守之矣[5]。数君者将守之，则吾君安得此位而立焉？以其迭处之[6]，迭去之，至于君也，而独为之流涕，是不仁也。不仁之君见一，谗谀之臣见二，此臣之所以独窃笑也。"

【注释】

〔1〕滂滂：堂堂，盛大。
〔2〕艾孔：人名，齐国大夫。
〔3〕刷：擦拭。
〔4〕太公：齐太公吕尚，齐国始君。
〔5〕灵公：齐庄公之父，名环。
〔6〕迭：更迭。

【译文】

景公出游到牛山，向北眺望齐国的都城，流着眼泪说："为什么要离开这盛大的都城而死去啊！"艾孔、梁丘据都跟随景公一起哭泣，只有晏子在一旁独自发笑。景公擦掉泪水，回头看着晏子说："我今天出游很伤心，艾孔与梁丘据都跟着我一起哭泣，先生却独自发笑，这是为什么？"

晏子回答说："假使贤德的人能永远守住国家，那么太公、桓公将永远守住国家了；假使勇武的国君能永远守住国家，那么庄公、灵公将永远守住国家了。这几位君王将永远守住国家，那么您怎么得到这个位置而为国君呢？因为他们交替着当君主，交替着离开君位，才会传到您这里，而您却为此流泪，这是不仁德的。我看到一个不仁德的君主，看到了两个谗谀的臣子，这就是我独自暗笑的原因啊。"

景公游公阜一日有三过言晏子谏第十八

景公出游于公阜[1]，北面望睹齐国曰："呜呼！使古而无死，何如？"晏子曰："昔者上帝以人之殁为善[2]，仁者息焉[3]，不仁者伏焉[4]。若使古而无死，丁公、太公将有齐国[5]，桓、襄、文、武将皆相之[6]，君将戴笠衣褐，执铫耨[7]，以蹲行畎亩之中，孰暇患死[8]！"公忿然作色，不说。

无几何而梁丘据御六马而来，公曰："是谁也？"晏子曰："据也。"公曰："何如？"曰："大暑而疾驰，甚者马死，薄者马伤，非据孰敢为之！"公曰："据与我和者夫[9]！"晏子曰："此所谓同也。所谓和者，君甘则臣酸，君淡则臣咸。今据也甘君亦甘，所谓同也，安得为和？"公忿然作色，不说。

无几何，日暮，公西面望睹彗星，召伯常骞[10]，使禳去之[11]。晏子曰："不可！此天教也[12]。日月之气，风雨不时，彗星之出，天为民之乱见之[13]，故诏之妖祥[14]，以戒不敬。今君若设文而受谏[15]，谒圣贤人，虽不去彗，星将自亡。今君嗜酒而并于乐，政不饰而宽于小人[16]，近谗好优[17]，恶文而疏圣贤人，何暇在彗？茀又将见矣[18]。"公忿然作色，不说。

及晏子卒，公出背而泣曰[19]："呜呼！昔者从夫子而游公阜，夫子一日而三责我，今谁责寡人哉！"

【注释】

〔1〕公阜：齐国地名。

〔2〕殁：死。

〔3〕息：安息。

〔4〕伏：藏伏，消失。

〔5〕丁公：名伋，太公之子。

〔6〕桓、襄、文、武：指齐桓公、齐襄公、齐文公、齐武公，均为齐国国君。

〔7〕铫耨：大锄和小锄，田器。

〔8〕患：担忧。

〔9〕和：和谐。

〔10〕伯常骞：人名，齐国大臣。

〔11〕禳：祭祷消灾。

〔12〕教：谴告。

〔13〕见：通"现"。

〔14〕诏：诏告。　妖祥：凶兆和吉兆。

〔15〕文：礼乐制度。

〔16〕饰：通"饬"，整治。

〔17〕优：优伶。

〔18〕茀：通"孛"，彗星的一种。

〔19〕背：当作"屏"，屏门。

【译文】

景公在公阜巡游，向北望去，看见了齐国的都城，说："唉！如果从古至今人不会死，将会怎么样？"晏子说："从前，天帝认为人死是好事，仁德的人得到安息，不仁德的人从此消亡。如果自古以来人不死，太公、丁公将永远拥有齐国，桓公、襄公、文公、武公只能做他们的相，您将会戴斗笠穿粗衣、拿着锄头蹲在田间劳动，哪有空闲去担心死呢！"景公气愤得变了脸色，很不高兴。

没多久，梁丘据驾着六马拉的车而来，景公问："是谁来了？"晏子说："是梁丘据。"景公说："你怎么知道？"晏子说："大热天驾着车子奔驰，重则马累死，轻则马累伤，不是梁丘据谁还敢这样做！"景公说："梁丘据和我是非常和谐的人吧！"晏子说："这只能说是同。所谓的和，是指君王是甜的而臣子是酸的，国君是淡的而臣子是咸的。现在梁丘据是甜的而君王也是甜的，所以只能说是同，怎么能称得上是和呢？"景公气愤得变了脸色，很不高兴。

没多久，日色暗下来，景公向西望去，看见了彗星，立即召见伯常骞，叫他祈祷消除灾害。晏子说："不能这样做！这是上天的告诫啊。日月出现圆晕，风雨失调，出现彗星，都是上天因为百姓的离乱而显现的，所以用不祥的征兆来警戒人们不恭敬的行为。现在君王如果推行礼乐采纳谏言，求教圣贤的人，即使不祈祷除去彗星，彗星也会自行消失。现在君王好酒纵乐，不整治国政，宽容小人，亲近阿谀奉承的人，喜好歌舞乐工，厌恶礼乐制度，疏远圣贤的人，岂止彗星会出现，茀星也将出现了。"景公气愤得变了脸色，很不高兴。

等到晏子死后，景公设朝从屏风后走出来，哭着说："唉！从前我和晏子一起巡游公阜，他一天之中三次谏责我，现在还有谁来谏责我呢！"

景公游寒途不恤死胔晏子谏第十九

景公出游于寒途，睹死胔[1]，默然不问。晏子谏

曰：“昔吾先君桓公出游，睹饥者与之食，睹疾者与之
财，使令不劳力。籍敛不费民[2]。先君将游，百姓皆说
曰：‘君当幸游吾乡乎！’今君游于寒途，据四十里之
氓，殚财不足以奉敛[3]，尽力不能周役[4]，民氓饥寒
冻馁[5]，死胔相望，而君不问，失君道矣。财屈力
竭[6]，下无以亲上；骄泰奢侈[7]，上无以亲下。上下交
离，君臣无亲，此三代之所以衰也。今君行之，婴惧公
族之危[8]，以为异姓之福也[9]。”

公曰：“然！为上而忘下，厚籍敛而忘民，吾罪大
矣。”于是敛死胔，发粟于民，据四十里之氓，不服政
其年[10]，公三月不出游。

【注释】
　〔1〕胔：肉还没有烂尽的骨殖。
　〔2〕籍敛：又作“藉敛”，收敛钱财。　费：耗费。
　〔3〕殚：竭尽。
　〔4〕周：完成。
　〔5〕冻馁：又冷又饿。
　〔6〕屈：枯竭。
　〔7〕骄泰：傲慢奢侈。
　〔8〕公族：国君家族的子弟。
　〔9〕异姓：别姓，这里指田氏。
　〔10〕其：通“期”，一年。

【译文】
　　景公出宫在寒冷的路上巡游，看见路边有死后尚未完全腐烂
的尸体，默默无言，不予理会。晏子进谏说：“过去我们的先君桓
公出游，看见饥饿的人就给他们食物，看见有病的人就给他们钱
财，役使百姓，不让他们过于劳苦，征收税赋不让百姓耗费过多

的钱财。先君桓公将要出游的时候，百姓都说：'君王应该会巡游我们乡里吧！'现在君王在寒冷的路上巡游，居住在周围四十里内的百姓，把钱财全部拿出来也不够上缴税赋，使尽全力还不能服完劳役，百姓饥寒交迫，腐尸一个挨着一个，而君王却不予理会，您已失去当国君的原则了。钱财耗尽，人力枯竭，百姓就不会爱戴君王；骄奢淫逸，君王也不会爱惜百姓。君王和百姓互相离心离德，国君臣子互不亲近，这就是三代之所以衰亡的原因。现在君王正在这样做，我担心王室会有倾覆的危险，而成为异族他姓的福分啊！"

景公说："是！作为君王而忘了百姓，加重赋税而忘了百姓，我的罪过太大了。"于是下令收敛死尸，发放粮食给百姓，周围四十里的百姓，一年不用服役，景公也三个月不出去巡游。

景公衣狐白裘不知天寒晏子谏第二十

景公之时，雨雪三日而不霁[1]，公被狐白之裘[2]，坐堂侧陛。

晏子入见，立有间，公曰："怪哉！雨雪三日而天不寒。"晏子对曰："天不寒乎？"公笑。

晏子曰："婴闻古之贤君，饱而知人之饥，温而知人之寒，逸而知人之劳，今君不知也。"

公曰："善！寡人闻命矣。"乃令出裘发粟，与饥寒。令所睹于途者，无问其乡；所睹于里者，无问其家；循国计数，无言其名。士既事者兼月[3]，疾者兼岁。

孔子闻之曰[4]："晏子能明其所欲，景公能行其所善也。"

【注释】

〔1〕雨：降，落。　霁：本指雨停，引申为风雪止，天气放晴。

〔2〕被：通"披"，穿着。

〔3〕既事：已经担任职务。　兼月：两个月。

〔4〕孔子：孔丘，字仲尼。儒家创始人。

【译文】

齐景公在位的时候，大雪下了三天还不停止，景公披着白色的狐皮裘衣，坐在殿堂侧边的台阶上。

晏子进宫拜见景公，站了一会儿，景公说："怪啊！大雪下了三天而天气竟然不寒冷。"晏子回答说："天气果真不寒冷吗?"景公笑了。

晏子说："我听说古代贤明的君主，吃饱的时候能知道有人在挨饿，穿得暖暖的时候能知道有人在受冻，安逸的时候能知道有人在劳苦。现在君王不知道这些啊！"

景公说："说得对！我受教了。"景公于是下令拿出裘衣和粮食，发放给饥寒交迫的人。下令在路上看到这些人，不要问他是哪个乡的，在闾里里看到这些人，不要问他是哪一家的，按照国家规定发给，不必报出他们的姓名。已经任公职的人发给两个月救济粮，有病的人发给两年的救济粮。

孔子听到这件事以后说："晏子能够明白自己应该做的事情，景公能做他所高兴做的善事。"

景公异荧惑守虚而不去晏子谏第二十一

景公之时，荧惑守于虚〔1〕，期年不去。公异之，召晏子而问曰："吾闻之，人行善者天赏之，行不善者天殃之〔2〕。荧惑，天罚也。今留虚，其孰当之〔3〕?"晏子曰："齐当之。"

公不说，曰："天下大国十二〔4〕，皆曰诸侯，齐独何以当?"

晏子曰:"虚,齐野也[5]。且天之下殃,固于富强,为善不用,出政不行,贤人使远,谗人反昌,百姓疾怨,自为祈祥,录录强食[6],进死何伤[7]!是以列舍无次[8],变星有芒,荧惑回逆,孽星在旁[9],有贤不用,安得不亡!"

公曰:"可去乎?"

对曰:"可致者可去,不可致者不可去。"

公曰:"寡人为之若何?"

对曰:"盍去冤聚之狱[10],使反田矣[11];散百官之财,施之民矣;振孤寡而敬老人矣。夫若是者,百恶可去,何独是孽乎!"

公曰:"善。"行之三月,而荧惑迁。

【注释】

〔1〕荧惑:火星。 虚:二十八宿的虚宿。

〔2〕殃:降祸。

〔3〕当:承当。

〔4〕大国十二:指晋、秦、齐、楚、吴、越、鲁、卫、宋、郑、陈、蔡,春秋时国力比较强盛的诸侯国。

〔5〕野:分野,指古代星角占术所认为与天上二十八宿相对应的地域。

〔6〕录录:平庸,无所作为。录,通"碌"。 食:通"饰",掩饰。

〔7〕进死何伤:进入死地而不知悲伤。

〔8〕列舍:众星宿。 次:次序。

〔9〕孽星:灾星。

〔10〕盍:何不。

〔11〕反:通"返",返回。

【译文】

　　景公在位的时候，荧惑停留在虚宿的位置上，整整一年没有离去。景公感到很奇怪，召见晏子询问他说："我听说，人做善事，上天就降福于他，人做恶事，上天就降灾于他。荧惑的出现，是上天施行惩罚的先兆。现在它停留在虚宿的位置上，谁将承受惩罚呢？"晏子说："齐国将承受惩罚。"

　　景公很不高兴，说："天下大国有十二个，都是诸侯，为什么单单要由齐国来承当？"

　　晏子说："虚宿，是齐国的分野。况且上天降下灾祸，本来就是要降给富强的国家。现在的齐国，做善事的人不被任用，发出的政令得不到执行，圣贤的人被疏远，谗谀小人反而气焰嚣张。老百姓痛恨怨恶，这是自我制造妖祥，庸碌无为却强行狡辩，掩饰过错，走向灭亡而不知悲伤！所以众星宿都乱了次序，灾星发出光芒，荧惑去而复返，灾星就在荧惑之旁。有贤能的人不任用，怎么能不灭亡！"

　　景公说："可以消除吗？"

　　晏子说："能实行消除的办法就能消除，不能实行消除的办法就不能消除。"

　　景公说："我应该怎么做呢？"

　　晏子说："为什么不免除冤狱，使受冤的人返回田间；散发百官的钱财，施舍给百姓；救济孤儿寡妇，敬养老人。如果这样做了，可以消除百恶，何止是这个灾星呢！"

　　景公说："说得好啊！"这样实行了三个月，荧惑就离开了齐国。

景公将伐宋梦二丈夫立而怒晏子谏第二十二

　　景公举兵将伐宋[1]，师过泰山，公梦见二丈夫立而怒，其怒甚盛，公恐，觉。辟门召占梦者[2]，至，公曰："今夕吾梦二丈夫立而怒，不知其所言，其怒甚盛，吾犹识其状,识其声。"占梦者曰:"师过泰山而不用事,故泰山之神怒也。请趣召祝使祠乎泰山则可。"公曰:"诺。"

明日,晏子朝见,公告之如占梦之言也。公曰:"占梦者之言曰:'师过泰山而不用事,故泰山之神怒也。'今使人召祝使祠之。"

晏子俯有间[3],对曰:"占梦者不识也,此非泰山之神,是宋之先汤与伊尹也[4]。"公疑,以为泰山神。晏子曰:"公疑之,则婴请言汤、伊尹之状也。汤质皙而长[5],颜以髯[6],兑上丰下[7],倨身而扬声[8]。"公曰:"然,是已。""伊尹黑而短,蓬而髯[9],丰上兑下,偻身而下声[10]。"公曰:"然,是已。今若何?"晏子曰:"夫汤、太甲、武丁、祖乙[11],天下之盛君也,不宜无后。今惟宋耳,而公伐之,故汤、伊尹怒,请散师以平宋[12]。"

景公不用,终伐宋。晏子曰:"伐无罪之国,以怒明神,不易行以续蓄[13],进师以近过,非婴所知也。师若果进,军必有殃。"军进再舍[14],鼓毁将殰[15],公乃辞乎晏子[16],散师,不果伐宋[17]。

【注释】
〔1〕宋:春秋时期的诸侯国名。
〔2〕辟:开。
〔3〕俯:低头。
〔4〕汤:又称天乙、成汤,商王朝的建立者。
〔5〕皙:皮肤白。

〔6〕颜以髯：面有胡须。

〔7〕兑：通"锐"。 丰：宽大。

〔8〕倨身：身体微曲。

〔9〕蓬而髯：头发蓬松，面有胡须。

〔10〕偻：曲背。

〔11〕太甲、武丁、祖乙：均为商朝国君。

〔12〕散：解散，撤回。

〔13〕续蓄：续好。蓄，通"畜"，指交好。

〔14〕舍：行军三十里为一舍。

〔15〕殪：死亡。

〔16〕辞：谢罪。

〔17〕果：成为事实。

【译文】

景公兴兵将要攻打宋国，军队经过泰山，景公梦见两个男子站在他面前发怒，他们怒气极盛，景公很害怕，惊醒了。打开门召见占梦的人，占梦的人来到，景公说："今天夜里我梦见两个男子站在我的面前发怒，不知道他们说了些什么，他们怒气极盛，我还能记得他们的形象，记得他们的声音。"占梦的人说："军队经过泰山而不祭祀，所以泰山的山神发怒了。请您赶快召来祝史让他祭祀泰山山神，这样就可以了。"景公说："好吧。"

第二天，晏子朝见景公，景公把占梦人说的话告诉了晏子。景公说："占梦人的话是这样说的：'军队经过泰山而不祭祀，所以泰山的山神发怒了。'现在已经派人召祝史让他去祭祀泰山。"

晏子低头沉思了一会儿说："占梦的人不认识梦里的人，这两人不是泰山的山神，而是宋国的祖先成汤和伊尹。"景公表示怀疑，认为是泰山的山神。晏子说："君王怀疑我的话，那么就请让我说说成汤和伊尹的形象吧。成汤皮肤白皙，身材高大，脸长而长满胡须，面部上小下大，身子稍曲而声音洪亮。"景公说："是，是的。"晏子又说："伊尹皮肤黝黑，身材矮小，头发蓬松，面有胡须，面部上大下小，脊背佝偻，声音低沉。"景公说："是，是的，现在应该怎么办？"晏子说："成汤、太甲、武丁、祖乙，都是天下有盛德的国君，不应该没有后人。现在唯一的后人只有宋国了，而君王攻打他们，所以成汤、伊尹要发怒，请撤回军队，与宋国和好。"

景公不采纳晏子的建议，终于攻打宋国。晏子说："攻打没有罪过的国家，会惹怒神明，不改变攻打宋国的行动，维持两国的和好关系，相反却进军走向灾祸，这不是我所能理解的。军队如果真的前进，将士必定会有祸殃。"齐国军队前进了六十里，就战鼓毁坏，将帅死亡。景公这才向晏子谢罪，撤回了军队，攻打宋国没有成为事实。

景公从畋十八日不返国晏子谏第二十三

景公畋于署梁[1]，十有八日而不返，晏子自国往见公。比至，衣冠不正，不革衣冠[2]，望游而驰[3]。公望见晏子，下而急带曰："夫子何为遽[4]？国家无有故乎？"

晏子对曰："不亦急也！虽然，婴愿有复也。国人皆以君为安野而不安国，好兽而恶民，毋乃不可乎？"

公曰："何哉？吾为夫妇狱讼之不正乎？则泰士子牛存矣[5]；为社稷宗庙之不享乎[6]？则泰祝子游存矣[7]；为诸侯宾客莫之应乎？则行人子羽存矣[8]；为田野之不僻[9]，仓库之不实？则申田存焉[10]；为国家之有余不足聘乎？则吾子存矣[11]。寡人之有五子，犹心之有四支[12]，心有四支故心得佚焉[13]。今寡人有五子，故寡人得佚焉，岂不可哉！"

晏子对曰："婴闻之，与君言异。若乃心之有四支，而心得佚焉，可，得令四支无心，十有八日，不亦久乎!"公于是罢畋而归。

【注释】

〔1〕畋：田猎。　署梁：齐国地名。

〔2〕革：用皮带束系。

〔3〕游：旌旗上的飘带。

〔4〕遽：急。

〔5〕泰士：大士，官职名，主管狱讼之事。　子牛：人名。

〔6〕享：献给鬼神的祭品。

〔7〕泰祝：太祝，主管祭祀祈祷之事。　子游：人名。

〔8〕行人：官职名，主管朝觐聘问之事。　子羽：人名。

〔9〕僻：通"辟"，开辟。

〔10〕申田：官职名，主管农田仓库之事。

〔11〕吾子：对对方的尊称。

〔12〕支：通"肢"。

〔13〕佚：通"逸"，安乐。

【译文】

景公到署梁打猎，过了十八天还没有返回。晏子从国都前往署梁觐见景公。等到了署梁，晏子不正衣冠，不用皮带将衣服、帽子束系好，就望着旌旗飘动的地方奔去。景公看见晏子跑来，下了车，赶紧束扎好衣带说："先生为何这样匆忙？国家该不会有变故吧？"

晏子回答说："您不也太着急了吧！虽然如此，我希望向您禀告。百姓都认为君王乐于在野外打猎而不愿在朝理事，喜好野兽而讨厌百姓，这恐怕不可以吧？"

景公说："您指的是什么呢？我为百姓审理案件不公正吗？那泰士子牛在呀；为国家与宗庙的祭祀缺少供奉吗？那泰祝子游在呀；为诸侯宾客没有人接待吗？那行人子羽在呀！为土地田亩还没有开垦、仓库不充实吗？那申田在呀；为国家的盈余或不足无人主管吗？那有先生您在呀。我有你们五位，就好像心有了四肢一样，因为心有了四肢，所以心能得到逸乐。现在我有五位大臣，所以我能够得到逸乐，难道不行吗!"

晏子回答说："我所说的和君王所说的不同。如果说心有四肢，心当然可以得到逸乐，但是叫四肢十八天没有心，时间不是太长了吗?"景公于是停止打猎，回去了。

景公欲诛骇鸟野人晏子谏第二十四

景公射鸟，野人骇之[1]，公怒，令吏诛之。

晏子曰："野人不知也。臣闻赏无功谓之乱，罪不知谓之虐。两者，先王之禁也。以飞鸟犯先王之禁，不可! 今君不明先王之制，而无仁义之心，是以从欲而轻诛[2]。夫鸟兽，固人之养也，野人骇之，不亦宜乎!"

公曰："善! 自今已后，弛鸟兽之禁[3]，无以苛民也。"

【注释】
〔1〕野人：庶民百姓。 骇：惊。
〔2〕从欲：放纵私欲。"从"通"纵"。
〔3〕弛：解除。

【译文】
景公正要射鸟，一个乡间百姓把鸟惊飞了。景公大怒，命令官吏处死他。

晏子说："乡间百姓不知道您要射鸟呀。我听说赏赐没有功劳的人叫作混乱，惩罚不了解实情的人叫作暴虐。这两件事，都是先王所禁止的。因为惊飞鸟的事而违犯先王的禁令，是不可以的! 现在君王不了解先王制定的法令，而又无仁义之心，所以放纵私欲而随意杀人。鸟与兽，本来就是人饲养的，乡间百姓把它吓走了，不也是应该的吗!"

景公说："对。从今以后，解除射鸟捕兽的有关禁令，不要用它来苛待百姓了。"

景公所爱马死欲诛圉人晏子谏第二十五

景公使圉人养所爱马[1]，暴死。公怒，令人操刀解养马者[2]。是时晏子侍前，左右执刀而进，晏子止而问于公曰："尧舜支解人，从何躯始[3]？"公矍然曰[4]："从寡人始。"遂不支解。公曰："以属狱[5]。"晏子曰："此不知其罪而死，臣为君数之，使知其罪，然后致之狱。"公曰："可。"

晏子数之曰："尔罪有三，公使汝养马而杀之，当死罪一也；又杀公之所最善马，当死罪二也；使公以一马之故而杀人，百姓闻之必怨吾君，诸侯闻之必轻吾国，汝杀公马，使怨积于百姓，兵弱于邻国，汝当死罪三也。今以属狱。"

公喟然叹曰："夫子释之! 夫子释之! 勿伤吾仁也。"

【注释】

〔1〕圉人：官名，掌管养马放牧等事。

〔2〕解：肢解。

〔3〕躯：躯体。

〔4〕矍然：吃惊的样子。

〔5〕属狱：交付官吏治罪。

【译文】

　　景公让圉人饲养他所喜爱的马，马突然死了。景公大怒，命令人拿刀肢解圉人。当时晏子正侍从在景公身边，景公左右的人拿着刀向养马人走去，晏子让他们停下，问景公说："尧舜肢解人，不知从身体的哪一个部位开始？"景公猛然醒悟，说："肢解人的事从我开始。"于是就不再肢解圉人。景公说："把他交给狱吏治罪。"晏子说："这样他不知道自己犯了什么罪而被处死，我替君王列举他的罪状，使他知道自己的罪行，然后再把他交给狱吏治罪。"景公说："可以。"

　　晏子数说圉人说："你的罪行有三条，君王让你养马而你却把马养死了，是你该死的第一条罪状；你养死的是君王最喜爱的马，是你该死的第二条罪状；你让君王因为死了一匹马的缘故而杀人，百姓知道这件事情后，一定会怨恨我们的君王，诸侯知道这件事后，必定会轻视我们齐国，你养死了君王的马，使百姓对君王心存怨恨，使军队示弱于邻国，这是你该死的第三条罪状。现在把你交给狱吏治罪。"

　　景公长叹一声说："先生放了他！先生放了他！不要损害我的仁爱。"

内篇谏下第二

景公藉重而狱多欲托晏子晏子谏第一

景公藉重而狱多[1]，拘者满圄[2]，怨者满朝。晏子谏，公不听。公谓晏子曰："夫狱，国之重官也，愿托之夫子。"

晏子对曰："君将使婴救其功乎[3]？则婴有一妄能书足以治之矣[4]。君将使婴救其意乎？夫民无欲残其家室之生，以奉暴上之僻者，则君使吏比而焚之而已矣。"

景公不说，曰："救其功则使一妄，救其意则比焚，如是，夫子无所谓能治国乎！"

晏子曰："婴闻与君异。今夫胡、貉、戎、狄之蓄狗也[5]，多者十有余，寡者五六，然不相害伤。今束鸡豚妄投之[6]，其折骨决皮，可立得也。且夫上正其治，下审其论[7]，则贵贱不相逾越。今君举千钟爵禄，而妄投之于左右，左右争之，甚于胡狗，而公不知也。寸之管无当[8]，天下不能足之以粟。今齐国丈夫耕[9]，女子织，夜以接日，不足以奉上，而君侧皆雕文刻镂之观，此无当之管也，而君终不知。五尺童子，操寸之烟[10]，天下不能足以薪。今君之左右，皆操烟之徒，而君终不知。钟鼓成肆[11]，干戚成舞[12]，虽禹不能禁

民之观。且夫饰民之欲〔13〕，而严其听〔14〕，禁其心，圣
人所难也，而况夺其财而饥之，劳其力而疲之，常致其
苦而严听其狱，痛诛其罪〔15〕，非婴所知也。"

【注释】

〔1〕藉：赋敛。

〔2〕圉：监狱。

〔3〕敕：整饬。

〔4〕妄：旧注认为当作"妾"。但即作"率意"、"胡乱"解亦通。

〔5〕胡、貊、戎、狄：对我国北方少数民族的泛称。

〔6〕豚：小猪。

〔7〕论：通"伦"，等级。

〔8〕当：底。

〔9〕耕：原作"畊"，古耕字。

〔10〕烟：火炷，火把。

〔11〕肆：列。

〔12〕干：盾。 戚：斧。

〔13〕饰：整治，引申为抑制。

〔14〕听：指治办案件。

〔15〕痛：尽情，彻底。

【译文】

景公在位时赋敛沉重，刑案繁多，被拘捕的人挤满了监狱，怨恨的人充满全国。晏子劝谏，景公不听从。景公对晏子说："掌管刑狱，是国家的重要职官，我希望将它托付给先生。"

晏子回答说："君王打算让我整顿刑狱的事吗？那么我有一个胡乱会书写的人，就足够把刑狱治理好了。君王打算让我整顿民心吗？百姓没有谁想毁掉自己家室的生计，来供奉残暴之君的嗜好的，那么君王派遣官吏挨家挨户诛灭他们就可以了。"

景公听了很不高兴，说："让你整顿刑狱，你认为胡乱派一个人就行了，让你整顿民心，你就说一家家地诛灭，如此说来，先生就不是所说的能够治理国家的人了！"

晏子说："我听说的与君王不同。那些胡、貉、戎、狄等部落的人养狗，多的人家养十几条，少的人家也养五六条，但是这些狗都不会互相伤害。现在把鸡猪捆扎起来，随便丢入狗群之中，它们互相争夺咬断骨头撕破皮肉的情景，可以马上看到。君王要是端正治国的政策，臣下认真对待等级伦常，那么尊贵与贫贱就不会互相错位。现在君王将千钟的爵禄，随意赐给您身边的人，这些人互相争夺赏赐，比胡人的狗斗得还凶，而您竟然没有意识到。一寸粗的管子如果没有底，普天下的粮食都不能把它填满。现在齐国的男子耕田，女子纺织，夜以继日地劳作，也不够供奉君王；而君王身旁用的一切，都雕刻着精致的花纹图案，这就是没有底的管子，而君王竟然没有意识到。小小的孩童，拿着很短的火把，普天下的柴草都不够烧的。现在君王身边的人，全都是拿着火把的人，而君王竟然没有意识到。排列好钟鼓等乐器奏乐，拿着盾牌和斧子舞蹈，即使大禹也不能禁止百姓去观看。况且抑制百姓的欲望，严格控制他们的听闻，禁锢他们的思想，即使是圣人也难以办到，何况掠夺他们的财产使他们受饥挨饿，征用他们的劳力使他们疲惫不堪，经常给他们带来痛苦，却严厉地处理他们的案件，狠狠地治他们的罪，这些做法不是我所能理解的。"

景公欲杀犯所爱之槐者晏子谏第二

景公有所爱槐，令吏谨守之[1]，植木县之[2]。下令曰："犯槐者刑，伤之者死。"有不闻令，醉而犯之者，公闻之曰："是先犯我令。"使吏拘之，且加罪焉[3]。

其女子往辞晏子之家[4]，托曰："负郭之民贱妾[5]，请有道于相国，不胜其欲，愿得充数乎下陈。"

晏子闻之，笑曰："婴其淫于色乎？何为老而见奔[6]？虽然，是必有故。"令内之。女子入门，晏子望见之，曰："怪哉！有深忧。"进而问焉，曰："所忧何也？"

对曰："君树槐县令，犯之者刑，伤之者死。妾父不仁，不闻令，醉而犯之，吏将加罪焉。妾闻之，明君莅国立政[7]，不损禄，不益刑，又不以私恚害公法[8]，不为禽兽伤人民，不为草木伤禽兽，不为野草伤禾苗。吾君欲以树木之故杀妾父，孤妾身，此令行于民而法于国矣。虽然，妾闻之，勇士不以众强凌孤独，明惠之君不拂是以行其所欲[9]。此譬之犹自治鱼鳖者也，去其腥臊者而已。昧墨与人比居庚肆[10]，而教人危坐[11]。今君出令于民，苟可法于国，而善益于后世，则父死亦当矣，妾为之收亦宜矣[12]。甚乎！今之令不然，以树木之故，罪法妾父，妾恐其伤察吏之法[13]，而害明君之义也。邻国闻之，皆谓吾君爱树而贱人，其可乎？愿相国察妾言以裁犯禁者。"

晏子曰："甚矣！吾将为子言之于君。"使人送之归。

明日早朝，而复于公曰："婴闻之，穷民财力以供嗜欲谓之暴，崇好玩，威严拟乎君谓之逆[14]，刑杀不辜谓之贼。此三者，守国之大殃。今君穷民财力，以羡饴食之具[15]，繁钟鼓之乐，极宫室之观，行暴之大者；崇玩好，县爱槐之令，载过者驰[16]，步过者趋，威严拟乎君，逆之明者也；犯槐者刑，伤槐者死，刑杀不称[17]，贼民之深者。君享国[18]，德行未见于众，而三辟著于国，婴恐其不可莅国子民也[19]。"

公曰："微大夫教寡人〔20〕，几有大罪以累社稷，今子大夫教之，社稷之福，寡人受命矣。"

晏子出，公令趣罢守槐之役，拔置县之木，废伤槐之法，出犯槐之囚。

【注释】

〔1〕谨：谨慎，小心。

〔2〕植：埋植，竖立。　县：通"悬"，悬挂。

〔3〕加罪：治罪。

〔4〕辞：陈词。

〔5〕负廓：负郭，靠近城郊。

〔6〕奔：私奔。

〔7〕莅：临。这里指在位。

〔8〕恚：愤怒。

〔9〕拂：违背。

〔10〕昧墨：黑暗。　比居：并居。　庾：露天的积谷处。肆：市。

〔11〕危坐：端坐。

〔12〕收：收敛尸体。

〔13〕察：明辨是非。

〔14〕拟：类似。

〔15〕羡：丰饶。　馁：当作"饮"。

〔16〕载：驾车。

〔17〕称：相称。

〔18〕享国：享有国家。

〔19〕子民：统治百姓。

〔20〕微：没有，不是。

【译文】

景公有一株心爱的槐树，命令官吏小心看护，并在槐树旁竖了一根柱子，悬挂上一条禁令说："碰了槐树的人受刑，伤了槐树的人处死。"

有个人不知道禁令，酒醉后碰了槐树，景公知道这事后说："这个人首先触犯了我的禁令。"于是命令官吏把他拘禁起来，将要治他的罪。

犯禁令者的女儿跑到晏子家，托人传话说："我是住在外城的小民，有话要对相国说，我有不尽的心愿，愿意在相国的后宅当个侍妾。"

晏子听到这些话以后，笑着说："我是个好淫贪色的人吗？为什么老了还有女子私奔相投？虽说如此，这里面一定有原因。"于是下令让她入内。女子进了晏子家门，晏子远远地望着她，说："奇怪！她有深深的忧愁。"于是上前问女子，说："你为什么事而忧伤？"

女子回答说："君王种植了槐树，在旁边悬挂禁令，碰了槐树的人受刑，伤了槐树的人处死。我的父亲不好，不知道禁令，酒醉后碰了槐树，官吏将要治他的罪。我听说，圣明的君主君临全国，制定政策，不轻易减少俸禄，不随意加重刑罚，又不因私怨损害国法，不为了禽兽伤害百姓，不为了草木伤害禽兽，不为了野草去伤害禾苗。我们的国君将为了树木而杀死我的父亲，使我成为孤儿，这条禁令已经对百姓实行并且成为国家的法令了。虽说如此，我听说，勇士不凭借人多势众去欺侮弱小孤单的人，圣明贤德的国君不违背正确的原则来做自己想做的事。这就好比亲自烹饪鱼鳖的人，只是去掉鱼鳖的腥味罢了；又好比在黑暗之中让人身处谷堆之中，却要人端端正正地坐着，人们都会手足无措。现在国君向百姓发出命令，如果可以成为国家的法令，而且对后世有好处，那么我的父亲即使死了也是值得的，我为他收尸也是应该的。太过分了！现在的命令却不是这样，因为树木的缘故，治我父亲的罪，我担心这会破坏明辨是非的官吏的执法准绳，而损害了明德的国君的大义。邻国听到这件事后，都会说我们的国君喜爱槐树而轻贱百姓，这可以吗？希望相国明察我说的话以便裁处触犯禁令的人。"

晏子说："太过分了！我将为你向国君陈说。"于是派人送女子回家。

第二天早朝的时候，晏子向景公禀告说："我听说，耗尽百姓的财力来满足自己的嗜欲叫作暴虐，喜好玩物，使它们的威严与君主相似叫作逆理，处罚没有罪的人叫作残暴。这三条，是要想维持住国家的大祸患。现在君王耗尽百姓的财力，用来使饮食器具更加丰富，增加钟鼓乐器，将宫室建得极为壮观，这是最大的暴虐。喜好玩物，在喜爱的槐树旁悬挂禁令，驾车经过的人必须疾驰而过，步行路过的人要快跑，槐树的威严与国君相似，这是最明显的逆理行为；碰了槐树的人受刑，伤了槐树的人处死，判罚处死与所犯的罪不相称，这是最厉害的残害百姓的事了。君王拥有国家，好的德行还没有在百姓面前显示出来，而三种邪僻的行为在国内却很显著，我担心这种做法不可以统治国家以民为子了。"

景公说："不是先生教诲，我几乎犯下了大罪过而连累国家，现在先生教诲我，这是国家的福分，我听从您的教导了。"

晏子出朝，景公命令赶快撤去守护槐树的役吏，拔掉悬挂禁令的柱子，废除伤害槐树的禁令，解除对那个误碰了槐树的人的拘禁。

景公逐得斩竹者囚之晏子谏第三

景公树竹，令吏谨守之。公出，过之，有斩竹者焉，公以车逐，得而拘之，将加罪焉。

晏子入见，曰："君亦闻吾先君丁公乎？"

公曰："何如？"

晏子曰："丁公伐曲沃[1]，胜之，止其财，出其民。公日自莅之，有舆死人以出者[2]，公怪之，令吏视之，则其中金与玉焉。吏请杀其人，收其金玉。公曰：'以兵降城，以众图财，不仁。且吾闻之，人君者，宽惠慈众，不身传诛[3]。'令舍之。"

公曰："善！"晏子退，公令出斩竹之囚。

【注释】

〔1〕曲沃：当作"曲城"。

〔2〕舆：车。此处用作动词。

〔3〕不身传诛：不亲自传令杀人。

【译文】

景公栽种了一些竹子，命令管理小心守护。景公外出，路过竹林，看见有个人砍伐竹子，景公便驾着车去追赶，追上以后把他抓了起来，将治他的罪。

晏子进宫拜见景公，说："君王听说过我们先君的丁公的事吗？"

景公说："什么事？"

晏子说："丁公攻打曲城，取得了胜利，不妄动曲城人的钱财，只是让城里居住的人迁移出去。丁公每天亲自到曲城理事，看到有人用车子拉着死人出城，丁公感到奇怪，命令官吏去查看，发现车中装的全是金子和美玉。官吏请求杀掉这个拉车的人，没收他的金子和美玉。丁公说：'用武力使城池投降，又靠人多势众去夺取钱财，不仁厚。况且我听说，做国君的，对百姓应该宽厚仁慈，不亲自传令行刑杀人。'丁公下令释放了载金玉出城的人。"

景公说："好啊！"晏子退朝出去，景公下令释放了砍竹子的人。

景公以抟治之兵未成功将杀之晏子谏第四

景公令兵抟治〔1〕，当腊冰月之间而寒〔2〕，民多冻馁，而功不成。

公怒曰："为我杀兵二人。"晏子曰："诺。"

少间，晏子曰："昔者先君庄公之伐于晋也[3]，其役杀兵四人，今令而杀兵二人，是师杀之半也。"

公曰："诺！是寡人之过也。"令止之。

【注释】

〔1〕抟治：抟埴，用粘土制陶坯。

〔2〕腊：原作"臈"，前人认为当是"腊"字，指冬至后三戌举行的祭祀。　冰月：十一月。

〔3〕晋：晋国，春秋五霸之一。

【译文】

景公命令士兵制作陶器的坯子，正当寒冬腊月之间，天气十分寒冷，人们又饿又冷，因而未能完成。

景公大怒说："给我杀掉两个士兵。"晏子说："是。"

过了一会儿，晏子又说："过去我们的先君庄公攻打晋国，那一次战役只杀掉四个士兵，现在君王命令杀掉两个士兵，是那次出师杀死士兵的一半了。"

景公说："是！这是我的过错了。"下令制止行刑。

景公冬起大台之役晏子谏第五

晏子使于鲁，比其返也[1]，景公使国人起大台之役，岁寒不已，冻馁之者乡有焉。国人望晏子。

晏子至，已复事，公延坐[2]，饮酒乐。晏子曰："君若赐臣，臣请歌之。"歌曰："庶民之言曰：'冻水洗我，若之何！太上靡散我[3]，若之何！'"歌终，喟然叹而流涕。公就止之曰[4]："夫子曷为至此？殆为大台之役夫[5]！寡人将速罢之。"

晏子再拜，出而不言，遂如大台〔6〕，执朴鞭其不务者〔7〕，曰："吾细人也〔8〕，皆有盖庐〔9〕，以避燥湿，君为一台而不速成，何为?"国人皆曰："晏子助天为虐。"

晏子归，未至，而君出令趣罢役，车驰而人趋。

仲尼闻之，喟然叹曰："古之善为人臣者，声名归之君，祸灾归之身，入则切磋其君之不善，出则高誉其君之德义，是以虽事惰君，能使垂衣裳〔10〕，朝诸侯，不敢伐其功〔11〕。当此道者，其晏子是耶!"

【注释】

〔1〕返：据文义当作"出"。

〔2〕延：请。

〔3〕太上：上天。　靡散：离散，消灭。

〔4〕就：走向。

〔5〕殆：大概。

〔6〕如：往，到。

〔7〕朴：通"扑"，鞭子。

〔8〕细人：小民。

〔9〕盖庐：当作"阖庐"，住室。

〔10〕垂衣裳：穿着长大的衣服，无所事事的样子。喻指帝王无为而治。

〔11〕伐：自我夸耀。

【译文】

晏子出使鲁国，当他出国的时候，景公正让齐国百姓服役修筑大台，已到寒冬季节还未修筑完毕，而受冻挨饿的人每个乡都有。齐国的百姓盼望晏子回来。

晏子回到齐国，汇报完事情以后，景公请他入座，喝酒喝得很高兴。晏子说："如果蒙君王恩赐，请允许我唱一支歌。"于是歌唱道："平民百姓都这样说：'冰冻的雨水浇洗我，怎奈何！上天凋散离散我，怎奈何！'"唱完，晏子叹息着流下了泪水。景公挨近晏子劝止他说："先生为什么伤心到这种地步？大概是为了修筑大台这个事吧！我将很快停止修筑大台！"

晏子连连叩拜，走出宫廷，一言不发，接着就到了大台，他拿着鞭子抽打那些不努力干活的人，说："我们是些小民，都有房屋居住，用来躲避燥热潮湿，君王要建造一个大台而不能很快修筑好，这是为什么？"齐国人都说："晏子帮助老天干坏事。"

晏子回去，还未到家，而景公已下令赶快停止修筑大台，传令的车子飞驰而走，服役的人也很快散尽。

孔子听到这件事后，慨叹说："古代善于当臣子的人，好的名声都让给国君，祸害灾难都留给自己，入朝就帮助国君改正失误，出朝就盛赞国君的道德和仁义，所以即使侍奉的是昏君，也能使国君无为而治，使诸侯来朝拜，而不夸耀自己的功绩。能够符合这个原则的，大概只有晏子了吧！"

景公为长庲欲美之晏子谏第六

景公为长庲[1]，将欲美之。

有风雨作。公与晏子入坐饮酒，致堂上之乐，酒酣，晏子作歌曰："穗乎不得获，秋风至兮殚零落[2]。风雨之拂杀也[3]，太上之靡弊也。"歌终，顾而流涕，张躬而舞[4]。

公就晏子而止之曰："今日夫子为赐而诚于寡人，是寡人之罪。"遂废酒，罢役，不果成长庲。

【注释】
〔1〕长庲：台名。
〔2〕殚：全部。

〔3〕拂杀：击落，吹散。

〔4〕躬：通"肱"，手臂。

【译文】

景公修建长庲台，想要把它修建得非常华丽。

一天，刮起了大风，下起了大雨。景公和晏子一起入座饮酒，将宫里的乐工招来助兴。酒喝得正畅快时，晏子起身唱起歌来："禾苗有穗啊不能收获，秋风吹来啊全部散落。风雨吹拂摇散它啊，上天凋敝生民啊！"唱完，转过头流下了眼泪，又张开双臂跳起了舞。

景公走近晏子让他停下来，说："今天先生给我告诫，这是我的罪过。"于是撤去酒宴，停止劳役，不再修建长庲台。

景公为邹之长途晏子谏第七

景公筑路寝之台〔1〕，三年未息；又为长庲之役，二年未息；又为邹之长途〔2〕。

晏子谏曰："百姓之力勤矣〔3〕！公不息乎？"

公曰："途将成矣，请成而息之。"

对曰："明君不屈民财者，不得其利；不穷民力者，不得其乐〔4〕。昔者楚灵王作顷宫〔5〕，三年未息也；又为章华之台，五年又不息也；乾溪之役，八年，百姓之力不足而自息也。灵王死于乾溪，而民不与君归〔6〕。今君不遵明君之义，而循灵王之迹，婴惧君有暴民之行，而不睹长庲之乐也。不若息之。"

公曰："善！非夫子者，寡人不知得罪于百姓深也。"于是令勿委坏，余财勿收，斩板而去之〔7〕。

【注释】

〔1〕路寝：天子、诸侯的正室。

〔2〕邹：国名。

〔3〕勤：转指劳苦，繁重。

〔4〕这两句疑有衍误，王念孙谓此文本作“君屈民财者，不得其利；穷民力者，不得其乐”。今译文从之。

〔5〕楚灵王：名围，楚共王次子。 顷宫：宫室名。

〔6〕与：赞同。

〔7〕板：筑路用的模板。

【译文】

景公修筑路寝宫台，花了三年时间还没有停止；又修建长庥台，花了两年时间还没有停止；又修筑通往邹国的长路。

晏子劝谏说：“老百姓的劳役太繁重了！君王还不停止这些劳役吗？”

景公说：“路快要筑成了，请等到修成后再停止吧。”

晏子说：“君主耗尽民财，自己最终不能获得利益；使百姓精疲力竭，自己最终不能得到快乐。从前楚灵王修建顷宫，花了三年时间还不停止；又建章华台，花了五年时间还没有停止；伐吴的乾溪战役打了整整八年，因为百姓的力量不足而自动结束的。楚灵王死在乾溪，百姓不允许把他的尸体运回国。现在君王不遵循圣明君主的道义行事，却顺着楚灵王的足迹走，我害怕君王有残害百姓的行为，却不能看见长庥台建成的欢乐了。不如停止。”

景公说：“好！不是先生教导，我还没有意识到得罪百姓已经到了很严重的地步。”于是下令不要损坏已修好的路，剩下的赋税不再收敛，拆掉筑路的模板，让服役的人回家。

景公春夏游猎兴役晏子谏第八

景公春夏游猎，又起大台之役。

晏子谏曰：“春夏起役，且游猎，夺民农时，国家空虚，不可。”

景公曰：“吾闻相贤者国治[1]，臣忠者主逸。吾年无几矣，欲遂吾所乐[2]，卒吾所好[3]，子其息矣。”

晏子曰：“昔文王不敢盘于游田[4]，故国昌而民安；楚灵王不废乾溪之役，起章华之台，而民叛之。今君不革，将危社稷，而为诸侯笑。臣闻忠臣不避死，谏不违罪[5]。君不听臣，臣将逝矣[6]。”

景公曰：“唯唯，将弛罢之。”未几，朝韦囷解役而归[7]。

【注释】

〔1〕治：安定，治理得好。
〔2〕遂：满足。
〔3〕卒：达到。
〔4〕文王：周文王，姓姬名昌，周武王之父。　盘：安乐，游乐。
〔5〕违：避。
〔6〕逝：离开。
〔7〕朝：通“召”，召见。　韦囷：人名。

【译文】

景公在春夏之间出游打猎，又征发修筑大台的劳役。

晏子劝谏说：“春夏间征发劳役，又出游打猎，这样就使百姓失去耕种的时节，国家的仓库就会空虚，不可以这样做。”

景公说：“我听说相国贤能国家就安定，臣子忠心耿耿君主就闲逸。我的余年没有多少了，我想满足我的乐趣，实现我的愿望，先生还是不要管了吧。”

晏子说：“过去周文王不敢纵情游玩打猎，所以国家昌盛而百姓安乐；楚灵王不停止乾溪的战役，又兴建章华台，因而百姓叛离了他。现在君王如果不改正自己的行为，将会危及国家，被诸侯耻笑。我听说忠臣不怕死，劝谏不怕获罪。君王如果不听从我的劝谏，我将离开您了。"

景公说："是是，我将停止劳役。"没过多久，景公召见韦囿，派他去解除劳役让服劳役的百姓回家。

景公猎休坐地晏子席而谏第九

景公猎休，坐地而食，晏子后至，左右灭葭而席[1]。公不说，曰："寡人不席而坐地，二三子莫席，而子独搴草而坐之[2]，何也？"

晏子对曰："臣闻介胄坐陈不席[3]，狱讼不席，尸坐堂上不席。三者皆忧也，故不敢以忧侍坐。"

公曰："诺。"令人下席曰："大夫皆席，寡人亦席矣！"

【注释】
〔1〕左右：衍字。　灭：斩断。　葭：芦苇。
〔2〕搴：拔取。
〔3〕介胄：披甲戴盔。　陈：通"阵"。

【译文】
景公打猎休息，坐在地上吃饭，晏子后到，他拔取芦苇垫在地上当席子坐。景公不高兴，说："我没有垫席子，坐在地上，身边几个人也没有垫席子，而你独自拔取芦苇当席子坐在上面，这是为什么？"

晏子回答说："我听说披甲戴盔的人在阵前不坐席子，打官司的人不坐席子，尸体停放堂上守丧的人不坐席子。这三种情况都是表示忧伤的，所以我不敢用表示忧伤的方式侍坐。"

景公说："好吧。"于是命人铺下席子说："大夫都坐席子了，我也坐席子吧！"

景公猎逢蛇虎以为不祥晏子谏第十

景公出猎，上山见虎，下泽见蛇。归，召晏子而问之曰："今日寡人出猎，上山则见虎，下泽则见蛇，殆所谓不祥也[1]？"

晏子对曰："国有三不祥，是不与焉[2]。夫有贤而不知，一不祥；知而不用，二不祥；用而不任，三不祥也。所谓不祥，乃若此者。今上山见虎，虎之室也；下泽见蛇，蛇之穴也。如虎之室，如蛇之穴，而见之，曷为不祥也！"

【注释】
〔1〕殆：大概。　不祥：不吉祥。
〔2〕与：同类。

【译文】
景公出外打猎，上山看见了虎，走到草泽又看见了蛇。回来后，召见晏子问他说："今天我外出打猎，上山看见了虎，走到草泽看见了蛇，大概就是所谓不吉祥的征兆吧？"

晏子回答说："国家有三种不吉祥的事情，都与这些不同。国家有贤能的人而不识，这是一不祥；识得贤能的人而不任用他们，这是二不祥；任用了贤能的人而不能委以重任，这是三不祥。所谓不吉祥的事情，就是这三种情况。现在君王上山看见了虎，山本来就是虎的居处；下到草泽看见了蛇，草泽本来就是蛇的巢穴。到了虎的居处，到了蛇的巢穴，看见了它们，怎么是不吉祥呢？"

景公为台成又欲为钟晏子谏第十一

景公为台，台成，又欲为钟[1]。晏子谏曰："君国者不乐民之哀[2]。君不胜欲[3]，既筑台矣，今复为钟，是重敛于民，民必哀矣。夫敛民之哀，而以为乐，不祥，非所以君国者。"公乃止。

【注释】

〔1〕钟：古击乐器，青铜制。悬挂于架上，用槌叩击发音。

〔2〕君国：统治国家。

〔3〕不胜欲：不能克制自己的欲望。

【译文】

景公修筑高台，高台建成了，又想铸造大钟。晏子劝谏说："统治国家的君主不能把百姓的悲哀当作自己的欢乐。君王的欲望没有穷尽，已经修建了高台，现在又想铸造大钟，这样就要加重百姓的赋役，百姓一定感到很哀伤。加重百姓的赋役使他们哀伤，而以此来供自己享乐，这是不吉祥的，这不是统治国家的君主应该做的事。"景公于是打消了铸造大钟的念头。

景公为泰吕成将以燕飨晏子谏第十二

景公为泰吕成[1]，谓晏子曰："吾欲与夫子燕[2]。"

对曰："未祀先君而以燕，非礼也。"

公曰："何以礼为？"

对曰："夫礼者，民之纪[3]，纪乱则民失，乱纪失民，危道也。"

公曰："善。"乃以祀焉。

【注释】

〔1〕泰吕：大吕，钟名，音协大吕之律。古乐分十二律，阴阳各六，六阴皆称吕，第四为大吕。

〔2〕燕：通"宴"，宴饮。

〔3〕纪：纲纪。

【译文】

景公铸造成大吕钟，对晏子说："我想与先生一起宴饮。"

晏子说："还没有用它去祭祀先君却用来宴饮作乐，不符合礼仪。"

景公说："还讲什么礼仪？"

晏子说："礼仪，是约束百姓的纲纪，纲纪混乱就会失去百姓，纲纪乱失去百姓，这是危险的道路啊。"

景公说："说得好。"于是就用大吕钟祭祀齐国的先君。

景公为履而饰以金玉晏子谏第十三

景公为履[1]，黄金之綦[2]，饰以银，连以珠，良玉之绚[3]，其长尺，冰月服之以听朝。晏子朝，公迎之，履重，仅能举足。问曰："天寒乎？"

晏子曰："君奚问天之寒也？古圣人制衣服也，冬轻而暖，夏轻而清[4]，今君之履，冰月服之，是重寒也，履重不节[5]，是过任也[6]，失生之情矣。故鲁工不知寒温之节[7]，轻重之量，以害正生[8]，其罪一也；作服不常，以笑诸侯，其罪二也；用财无功，以怨百姓，其罪三也。请拘而使吏度之[9]。"

公苦，请释之。晏子曰："不可。婴闻之，苦身为善者，其赏厚；苦身为非者，其罪重。"公不对。

晏子出，令吏拘鲁工，令人送之境，使不得入。公撤履，不复服也。

【注释】

〔1〕履：鞋子。
〔2〕綦：鞋带。
〔3〕絇：古时鞋头上的装饰，有孔，可以穿结鞋带。
〔4〕清：凉。
〔5〕节：适度。
〔6〕任：承受。
〔7〕鲁工：鲁国的工匠。
〔8〕生：通"性"。
〔9〕度：量罪处罚。

【译文】

景公做了一双鞋子，用黄金做鞋带，用白银做装饰，用珍珠相连接，又用美玉装饰鞋头，鞋长一尺，在寒冷的月份穿着它来听取百官朝奏。晏子朝见景公，景公起身迎接他，鞋子太重，仅仅能抬起脚。景公问："天气寒冷吗？"

晏子说："君王为什么问天气寒冷呢？古代的圣人制作衣服，冬天的衣服质轻而暖和，夏天的衣服质轻而凉爽，现在君王的这双鞋子，冬月里穿上它，是双倍的寒冷，鞋子的重量不适当，脚的负担就过重，这是违背人的本性了。所以鲁国的工匠不知道鞋子要冷暖适度，轻重适量，用这样的鞋子来损害人的正常本性，这是他的第一条罪状；制作服饰不依照常情，因而被诸侯嘲笑，这是他的第二条罪状；耗费钱财但是没有功效，招致百姓怨恨，这是他的第三条罪状。请拘捕鞋匠让官吏量罪判刑。"

景公说鞋匠很劳苦，要求放过他。晏子说："不行。我听说自身苦而做善事的，对他的赏赐要丰厚；自身苦而做坏事的，对他的惩罚要加重。"景公不回答。

晏子出朝，命令官吏拘捕那个鲁国工匠，派人把他送出国境，不许他再进入齐国。景公脱下鞋，不再穿了。

景公欲以圣王之居服而致诸侯晏子谏第十四

景公问晏子曰："吾欲服圣王之服，居圣王之室，如此，则诸侯其至乎？"

晏子对曰："法其节俭则可[1]，法其服，居其室，无益也。三王不同服而王[2]，非以服致诸侯也。诚于爱民，果于行善，天下怀其德而归其义[3]。若其衣服节俭而众说也。夫冠足以修敬，不务其饰；衣足以掩形御寒，不务其美。衣不务于隅肌之削[4]，冠无觚羸之理[5]，身服不杂彩[6]，首服不镂刻[7]。且古者常有绂衣挛领而王天下者[8]，其义好生而恶杀，节上而羡下，天下不朝其服，而共归其义。古者常有处橧巢窟穴而不恶[9]，予而不取，天下不朝其室，而共归其仁。及三代作服，为益敬也。首服足以修敬，而不重也，身服足以行洁，而不害于动作。服之轻重便于身，用财之费顺于民。其不为橧巢者，以避风也；其不为窟穴者，以避湿也。是故明堂之制，下之湿润，不能及也；上之寒暑，不能入也。土事不文[10]，木事不镂[11]，示民知节也。及其衰也，衣服之侈过足以敬，宫室之美过避润湿，用力甚多，用财甚费，与民为仇。今君欲法圣王之服，不法其制，法其节俭也，则虽未成治，庶其有益也[12]。今君穷台榭之高，极污池之深而不止[13]，务于刻镂之巧，文章之观而不厌，则亦与民而仇矣。若臣之虑，恐国之危，而公不平也。公乃愿致诸侯，不亦难乎！公之言过矣。"

【注释】

〔1〕法：效法。

〔2〕三王：指夏禹、商汤、周文王。

〔3〕怀：思念，感念。

〔4〕隅：角。　胝：通"眦"，差，斜。

〔5〕觚羸：当作"解果"，冠的当中高，旁边狭。

〔6〕杂彩：五颜六色。

〔7〕首服：冠冕。

〔8〕绒：补缀。　挛领：卷领。

〔9〕橧巢：同"曾巢"，高巢，在高处作巢。

〔10〕土事：土建工程。　文：描绘花纹。

〔11〕木事：木建工程。　镂：雕刻图案。

〔12〕庶：庶几，差不多。

〔13〕污池：蓄水池。

【译文】

景公问晏子："我想穿上古时圣王的服饰，居住古时圣王的房屋，这样，诸侯会来朝吗？"

晏子回答说："如果效法古时圣王的节俭是可以的，效法他们穿的服饰、居住他们房屋，那没有什么好处。夏禹、商汤、周文王各穿不同的服饰而得到天下，不是因为服饰使诸侯归附的呀。诚心诚意地爱护百姓，实实在在地执行善政，天下的人都感念他们的恩德而归附他们的仁义。这就是衣服节俭而百姓喜欢的缘故。帽子只要能表示庄敬就行了，不必追求它的装饰；衣裳只要能蔽体御寒就行了，不必追求它的华美。衣服没有斜角削领，帽子不求高狭的形状，身上穿的衣服不必多彩艳丽，头上戴的帽子不必镂刻花纹。况且古人曾有穿缝缀简朴，衣领卷曲的服饰而统有天下的，他们的仁义在于喜好人的生存而厌恶杀戮，君上节俭而百姓丰饶有余，天下的人不是因为他们的服饰来朝拜，而是共同归附他的仁义。古时候曾有人居住橧巢和洞穴而不怨，给予百姓财物，却不向百姓索取，天下不朝拜他们的居室，而共同归附他们的仁义。到了三代创制衣服，是为了增加敬肃之意。头上戴的帽子能够表示敬肃就行了，而不求贵重，身上穿的衣服能够使行动方便就行了，而不要妨碍行动。衣服的厚薄轻重便于身体，使用钱财的多少顺应民意。后来不再建橧巢居住，是为了避风雨；不再筑洞穴居住，是为了避潮湿。所以他们修建官室的原则是，使地面的潮气不能上来，天上的寒暑之气不能侵入。用土建的房屋不描绘纹彩，用木头建的房屋不雕刻图案，向百姓示范要知道节俭。等到这种风气衰败的时候，衣服的奢侈已大大超过能表示敬意的原则，官室的华美大大超过避开潮湿的标准，使用的人力过多，使用的钱财太浪费，这是与百姓为仇敌。现在君王想效法古时候圣王的服饰，却不想效法他们的制度，但还效法他们的节俭，即使不能完全治理好国家，大概也是有好处的。现在君王您把楼台亭榭建得高之又高，池塘挖得深之又深，没有停歇的时候，追求刻镂的精巧、涂饰的华丽，没有满足的时候，那也是与百姓为仇敌啊。如果像我所忧虑的这样，恐怕国家就会有危险了，而君王也不得太平了。君王希望诸侯来朝，不是很困难吗？君王的话错了。"

景公自矜冠裳游处之贵晏子谏第十五

景公为西曲潢[1]，其深灭轨[2]，高三仞[3]，横木龙蛇[4]，立木鸟兽[5]。公衣黼黻之衣[6]，素绣之裳[7]，一衣而五彩具焉；带球玉而冠且[8]，被发乱首[9]，南面而立，傲然。

晏子见，公曰："昔仲父之霸何如[10]？"晏子抑首而不对[11]。

公又曰："昔管文仲之霸何如？"

晏子对曰："臣闻之，维翟人与龙蛇比[12]，今君横木龙蛇，立木鸟兽，亦室一就矣，何暇在霸哉！且公伐宫室之美，矜衣服之丽，一衣而五彩具焉，带球玉而乱首被发，亦室一容矣。万乘之君[13]，而一心于邪，君之魂魄亡矣，以谁与图霸哉？"

公下堂就晏子曰："梁丘据、裔款以室之成告寡人，是以窃袭此服[14]，与据为笑，又使夫子及，寡人请改室易服而敬听命，其可乎？"

晏子曰："夫二子营君以邪，公安得知道哉！且伐木不自其根，则蘖又生也[15]，公何不去二子者，毋使耳目淫焉。"

【注释】

〔1〕潢：积水池。

〔2〕灭轨：没过车轴。

〔3〕仞：古代长度单位，周制八尺为一仞。

〔4〕横木：梁。

〔5〕立木：柱。

〔6〕黼黻：古代礼服上绘绣的花纹。黼，黑白相次，作斧形，刃白身黑。黻，黑青相次，作亚形。

〔7〕裳：下裙。

〔8〕球：美玉的一种。　且：当作"组"，丝带。

〔9〕被：通"披"。

〔10〕仲父：指管仲。管仲辅佐齐桓公称霸诸侯，被尊为"仲父"。

〔11〕抑首：低头。

〔12〕翟：又作"狄"，古时对我国北方少数民族的泛称。

〔13〕万乘之君：拥有万辆兵车的国君。

〔14〕袭：穿。

〔15〕蘖：树木被砍伐后重生的枝条。

【译文】

　　景公建了一个回环曲折的西曲潢池，池水的深度可以淹没车轴，又在水池上修筑一座宫室，宫室高数丈，梁上雕刻着龙蛇的花纹，柱子上雕刻着鸟兽的花纹，景公穿着绣有黼黻花纹的上衣，白色绣花的下裳，一身衣服各种色彩都齐备；衣带上缀着美玉，帽子上系着丝带，披散着头发，面朝南站立，神态傲慢自得。

　　晏子拜见景公，景公说："从前管仲辅佐先君桓公称霸的时候是个什么样子？"晏子低头不回答。

　　景公又说："从前管仲辅佐先君桓公称霸的时候是个什么样子？"

　　晏子回答说："我听说，只有狄人把自己与龙蛇相比，现在君王在宫室的梁上雕刻龙蛇，柱子上雕刻鸟兽，不过是一间屋子的成就罢了，哪有时间去考虑霸业呢？况且君王夸耀宫室的华美，夸耀衣服的艳丽，一身衣服各种色彩都齐备，衣带上缀着美玉，披头散发，也不过在一间屋子里打扮罢了。拥有万辆战车的国君，而把心思用在这类邪僻的事情上，君王的魂魄都丢失了，还跟谁一起图谋霸业？"

　　景公下堂走近晏子说："梁丘据、裔款把宫室建成的事告诉我，所以偷偷穿上这身衣服，与梁丘据等取乐，不想被先生碰上，请让我到另外的房里换了衣服再来听先生的教诲，这样可以吗？"

　　晏子说："梁丘据、裔款二人用邪僻的东西来迷惑君王，君王哪里还能懂得治国的道理呢！砍伐树木不从根铲除，新的枝条又会长出来，君王为什么不黜退这两个人，不使自己的耳目再受到诱惑呢。"

景公为巨冠长衣以听朝晏子谏第十六

　　景公为巨冠长衣以听朝，疾视矜立〔1〕，日晏不罢[2]。

晏子进曰:"圣人之服中[3],俛而不疐[4],可以导众,其动作,俛顺而不逆,可以奉生,是以下皆法其服,而民争学其容[5]。今君之服,疐华不可以导众民,疾视矜立,不可以奉生,日晏矣,君不若脱服就燕[6]。"

公曰:"寡人受命。"退朝,遂去衣冠,不复服。

【注释】

〔1〕疾视:眼光快速扫视。　矜:威严。
〔2〕晏:晚。
〔3〕中:适中。
〔4〕俛:合适。　疐:盛饰。
〔5〕容:仪容。
〔6〕燕:通"晏",休息。

【译文】

景公戴着又高又大的帽子穿着长长的衣服设朝听政,他眼光快速扫视,傲然自得地站着,天快黑了还不退朝。

晏子进谏说:"圣人的服装讲求适中,合身而不过分装饰,可以引导百姓,行动起来合适顺当而不怪异,可以修身养性,所以下边的人都效法他们的穿着,而百姓竞相学习他们的仪容。现在君王的服装,过分华丽,不能用来引导百姓,目光迅速转动,傲然而立,不能修身养性,天晚了,君王不如脱掉这身衣服休息去吧。"

景公说:"我接受您的指教。"退朝后,景公就脱掉这身衣服,摘掉帽子,不再穿戴了。

景公朝居严下不言晏子谏第十七

晏子朝,复于景公曰:"朝居严乎[1]?"

公曰：“严居朝，则曷害于治国家哉？”

晏子对曰：“朝居严则下无言，下无言则上无闻矣。下无言则吾谓之喑[2]，上无闻则吾谓之聋。聋喑，非害国家而如何也？且合升斗之微以满仓廪[3]，合疏缕之绨以成帷幕[4]，大山之高，非一石也，累卑然后高；天下者，非用一士之言也。固有受而不用，恶有据而不受者哉[5]！”

【注释】

〔1〕严：严厉。

〔2〕喑：哑。

〔3〕斗：量器名，即斗。　仓廪：储藏米谷的仓库。

〔4〕绨：质地粗厚，平滑而有光泽的丝织品名。　帷幕：帐幕。

〔5〕恶：何，怎么。

【译文】

晏子入朝，向景公禀报说：“君王设朝听政时是否过于严厉了？”

景公说：“设朝严厉，这对于治理国家有什么害处呢？”

晏子回答说：“设朝严厉，那么臣下就不敢说话，臣下不敢说话，那么君王就不知道下情了。臣下不说话，我把它叫作哑，君王不知道下情，我把它叫作聋。一聋一哑，不是有害于治理国家又是什么呢？再说聚合一升一斗微少的粮食就可以装满粮仓，聚集一丝一缕的丝线就可以做成帷幕，巍峨的山之所以高大，不是一块石头形成的，而是无数石头从低处堆起来才形成它的高大；治理天下，不是只听取一个人的意见就可以成功的。固然有听取意见而不采纳的，哪有拒不听取意见的呢！”

景公登路寝台不终不悦晏子谏第十八

景公登路寝之台，不能终[1]，而息乎陛，忿然而作色，不说，曰："孰为高台？病人之甚也[2]！"

晏子曰："君欲节于身而勿高，使人高之而勿罪也。今高，从之以罪，卑亦从以罪，敢问使人如此可乎？古者之为宫室也，足以便生，不以为奢侈也，故节于身，谓于民[3]。及夏之衰也，其王桀背弃德行，为璇室玉门[4]；殷之衰也，其王纣作为顷宫灵台，卑狭者有罪，高大者有赏，是以身及焉。今君高亦有罪，卑亦有罪，甚于夏、殷之王，民力殚乏矣，而不免于罪。婴恐国之流失，而公不得享也！"

公曰："善！寡人自知诚费财劳民，以为无功，又从而怨之，是寡人之罪也！非夫子之教，岂得守社稷哉！"遂下，再拜，不果登台。

【注释】
〔1〕终：登上路寝台的顶端。
〔2〕病：劳累。
〔3〕谓：当作"勤"。
〔4〕璇：美玉。

【译文】
景公攀登路寝宫前的高台，不能一下子到达顶端，中途在台阶上休息，他怒容满面，很不高兴，说："是谁修建这么高的台！累死人了！"

晏子说："君王想节省体力，就不要让人把台造得这么高；既然让人把台造得这么高，就不要怪罪人。现在台高了，就此怪罪人；低了，也就此怪罪人，请问可以这样役使人吗？古时候的人修建宫室，只求便利生活，不是为用来奢侈享受的，所以他们能节省体力，勤于民政。到了夏朝衰落时，它的国君夏桀违背了作为君主的德行，修建用美玉做成的宫室和门户；殷朝衰落的时候，它的国君商纣建造顷宫灵台，修得低小的有罪，修得高大的有赏，因此祸及自身了。现在对君王来说，台修高了有罪，修低了也有罪，比夏朝、殷朝的国君还厉害。百姓已经耗尽了财力，仍然要受到罪责，我担心国家会有覆灭的危险，而君王也不能再拥有齐国了！"

景公说："说得好！我自知这确实劳民伤财，认为没有实际的用处，于是又因此怪罪他们，这是我的罪过了！不是先生的教诲，我哪能保持住国家的基业呢！"于是走下台来，再次拜谢晏子，没有再登上台顶。

景公登路寝台望国而叹晏子谏第十九

景公与晏子登寝而望国，公愀然而叹曰[1]："使后嗣世世有此[2]，岂不可哉？"

晏子曰："臣闻明君必务正其治，以事利民，然后子孙享之。《诗》云：'武王岂不事，贻厥孙谋，以燕翼子[3]。'今君处佚怠[4]，逆政害民有日矣，而犹出若言，不亦甚乎！"

公曰："然则后世孰将把齐国[5]？"

对曰："服牛死[6]，夫妇哭，非骨肉之亲也，为其利之大也。欲知把齐国者，则其利之者邪？"

公曰："然，何以易？"

对曰："移之以善政。今公之牛马老于栏牢[7]，不胜服也；车蠹于巨户[8]，不胜乘也；衣裘襦袴[9]，朽弊于藏，不胜衣也；醯醢腐[10]，不胜沽也[11]；酒醴酸，不胜饮也；府粟郁而不胜食[12]；又厚藉敛于百姓，而不以分馁民。夫藏财而不用，凶也。财苟失守[13]，下其报环至[14]。其次昧财之失守，委而不以分人者，百姓必进自分也。故君人者与其请于人，不如请于己也。"

【注释】

〔1〕愀然：忧伤。

〔2〕后嗣：后代。

〔3〕语见《诗经·大雅·文王有声》。 贻：给。 厥：其。 孙：通"逊"，顺。 燕：通"晏"，安。 翼：辅助，庇护。 子：指武王之子成王。

〔4〕佚：通"逸"，安乐。 怠：荒殆。

〔5〕把：把持，掌握。

〔6〕服：使用。

〔7〕栏牢：关养牲畜的栏圈。

〔8〕蠹：蛀蚀。

〔9〕襦：短衣，短袄。 袴：套裤。

〔10〕醯醢：醋和肉酱。

〔11〕沽：卖。

〔12〕郁：腐臭。

〔13〕失：恐"矢"字之误。

〔14〕环：一个接着一个。

【译文】

景公与晏子一起登上路寝台，眺望齐国都城，景公忧伤地慨叹说："让子孙世世代代都享有齐国，难道不可以吗？"

晏子说："我听说圣明的君主一定致力于正当地治理国家，做有利于百姓的事，然后他们的子孙才能享有国家。《诗经》中说：'难道武王在闲逛？留下安民好谋略，保护儿子把国享。'现在君王处于闲逸懈怠的状态，违反德政损害百姓已经有很长时间了，可是您还说出这样的话来，不是太过分了吗？"

景公说："如此说来，那么后世谁将执掌齐国呢？"

晏子说："耕牛死了，夫妻都为它哭泣，他们与牛并不是骨肉之亲，而是因为耕牛对他们的利益很大。要想知道将来会是谁执掌齐国，大概就是使齐国百姓得到利益的人吧？"

景公说："是这样，用什么办法来改变这种境况呢？"

晏子回答说："用好的政治来改变这种情况。现在君王的牛马在圈里关老了，不能再耕地拉车了；车子在车库被蠹虫咬坏了，不能再乘坐了；衣服皮袄等在衣橱里朽坏破旧了，不能再穿了；醋和肉酱腐烂变质了，不能再卖了；美酒变酸了，不能再喝了；粮仓里的粮食发霉了，不能再吃了；但还加重税赋搜刮百姓，而不把这些积存的东西分发给饥饿的百姓。把财物储藏起来不使用，这是不吉利的事情。如果死守着财物，最低的情况是抱怨的人会不断而来，再坏的情况是死守着贪冒得来的财物，宁愿丢弃了也不愿分给百姓，百姓一定会前来自己瓜分。所以当国君的人如果要想改变目前的情势，与其求助于人，不如求助于自己。"

景公路寝台成逢于何愿合葬
晏子谏而许第二十

景公成路寝之台，逢于何遭丧[1]，遇晏子于途，再拜乎马前。晏子下车捝之[2]，曰："子何以命婴也？"对曰："于何之母死，兆在路寝之台牖下[3]，愿请命合骨。"晏子曰："嘻！难哉！虽然，婴将为子复之，适为不得，子将若何？"对曰："夫君子则有以[4]，如我者侪小人[5]，吾将左手拥格[6]，右手梱心[7]，立饿枯槁而死，以告四方之士曰：'于何不能葬其母者也。'"晏子曰："诺。"

遂入见公，曰："有逢于何者，母死，兆在路寝，当如之何？愿请合骨。"

公作色不说，曰："古之及今，子亦尝闻请葬人主之宫者乎?"

晏子对曰:"古之人君,其宫室节,不侵生民之居,台榭俭,不残死人之墓,故未尝闻诸请葬人主之宫者也。今君侈为宫室,夺人之居,广为台榭,残人之墓,是生者愁忧,不得安处,死者离易,不得合骨。丰乐侈游,兼傲生死[8],非人君之行也。遂欲满求,不顾细民,非存之道。且婴闻之,生者不得安,命之曰蓄忧,死者不得葬,命之曰蓄哀。蓄忧者怨,蓄哀者危,君不如许之。"

公曰:"诺。"

晏子出,梁丘据曰:"自昔及今,未尝闻求葬公宫者也,若何许之?"公曰:"削人之居,残人之墓,凌人之丧,而禁其葬,是于生者无施,于死者无礼。《诗》云:'毅则异室,死则同穴[9]。'吾敢不许乎?"

逢于何遂葬其母路寝之牖下,解衰去绖[10],布衣縢履[11],元冠苴武[12],踊而不哭[13],蹲而不拜[14],已乃涕洟而去[15]。

【注释】

〔1〕逢于何:人名。姓逢,名于何。

〔2〕挹:通"揖",拱手为礼。

〔3〕兆:墓地的界域, 牖:当作"墉",墙。

〔4〕以:为,行事。

〔5〕侪:辈。

〔6〕格:通"辂"。绑在车辕上以备人牵挽的横木。

〔7〕梱:通"捆",敲击。

〔8〕傲:轻慢。

〔9〕语见《诗经·王风·大车》。　毂：活着。　穴：墓穴，圹。

〔10〕衰：亦作"缞"，古代丧服，用粗麻布做成。披于胸前。
绖：古时丧服中的麻带，在首为首绖，在腰为腰绖。

〔11〕縢：绳索。

〔12〕元：通"玄"，黑色。　芘：草。　武：通"帗"，系帽子的
带子。

〔13〕踊：以脚顿地。

〔14〕擗：通"擘"，用手拍胸。

〔15〕洟：鼻涕。

【译文】

　　景公修成了路寝台。逢于何遇上丧事，在路上碰到晏子，就跪在晏子的马车前再三叩拜。晏子下车向他拱手还礼，说："您有什么事吩咐我？"逢于何回答说："我的母亲死了，我家墓地的界域在路寝台的墙基下，希望您请求国君允许将我母亲与父亲合葬。"晏子说："啊！难啊！尽管如此，我将为您禀告此事。如果请求得不到同意，您将怎么办？"回答说："您是有办法的，像我这样的小民，我将用左手挽着灵车车辕上的横木，右手捶胸，站着饿得枯干而死，用这种方式告诉四方的人士说：'于何是不能安葬自己母亲的人。'"晏子说："好吧。"

　　于是晏子入朝拜见景公，说："有个叫逢于何的人，母亲死了，他家的墓地的界域在路寝台的墙基下，应该怎么办呢？他请求将母亲与父亲合葬。"

　　景公变了脸色不高兴，说："从古至今，先生曾听说过请求在国君的官中安葬死人的吗？"

　　晏子回答说："古代的君主，他们的宫室节俭，不侵犯活着的人的居所，楼台亭榭俭朴，不毁坏死人的坟墓，所以未曾听说有请求在国君的官中埋葬死人的。现在君王把宫室修建得很奢华，侵占了百姓的居所，到处建楼台亭榭，毁坏了死人的坟墓，这使活着的人忧愁，不能安居，死了的人分离，不能合葬。过度奢侈玩乐，对活着的人和死去的人都一概轻慢，不是做国君的德行啊。为了满足自己的欲望与需求，不顾念百姓，这不是保住国家的办法。况且我听说，活着的人不能安居，叫作蓄积忧愁，死去的人

不能安葬，叫作蓄积悲哀。忧愁蓄积就怨恨，悲哀蓄积就很危险，君王不如允许他的请求。"

景公说："好吧。"

晏子出宫，梁丘据向景公说："从古到今，从来没有听说请求在国君的宫中埋葬死人的，君王为什么答应了他？"景公说："剥夺别人的居室，毁坏死人的坟墓，侵犯别人的丧葬，这对生者没有施恩，对于死者是无礼。《诗经》中说：'活着各住各的房，死后同埋一个圹。'我敢不允许吗？"

逢于何于是就把他的母亲安葬在路寝台的墙基下，脱去了丧服，穿上布衣藤鞋，戴上黑色帽子，紫草结带，用脚顿地但不啼哭，用手捶胸但不跪拜，安葬完以后，才一把鼻涕一把泪地离开了。

景公嬖妾死守之三日不敛晏子谏第二十一

景公之嬖妾婴子死，公守之，三日不食，肤著于席不去[1]，左右以复，而君无听焉。

晏子入，复曰："有术客与医俱言曰：'闻婴子病死，愿请治之。'"

公喜，遽起，曰："病犹可为乎？"

晏子曰："客之道也，以为良医也，请尝试之。君请屏洁[2]，沐浴饮食，间病者之宫[3]，彼亦将有鬼神之事焉[4]。"

公曰："诺。"屏而沐浴。

晏子令棺人入敛，已敛，而复曰："医不能治病，已敛矣，不敢不以闻。"

公作色不说，曰："夫子以医命寡人，而不使视，将敛而不以闻，吾之为君，名而已矣。"

晏子曰："君独不知死者之不可以生邪？婴闻之，君正臣从谓之顺，君僻臣从谓之逆。今君不道顺而行僻，从邪者迩，导害者远[5]，谗谀萌通[6]，而贤良废灭，是以谄谀繁于间[7]，邪行交于国也。昔吾先君桓公用管仲而霸，嬖乎竖刁而灭。今君薄于贤人之礼，而厚嬖妾之哀。且古圣王畜私不伤行[8]，敛死不失爱，送死不失哀。行伤则溺己，爱失则伤生，哀失则害性。是故圣王节之也。即毕敛，不留生事，棺椁衣衾[9]，不以害生养，哭泣处哀，不以害生道。今朽尸以留生，广爱以伤行，修哀以害性[10]，君之失矣。故诸侯之宾客惭入吾国，本朝之臣惭守其职。崇君之行，不可以导民；从君之欲，不可以持国。且婴闻之，朽而不敛，谓之僇尸[11]，臭而不收，谓之陈胔。反明王之性，行百姓之诽，而内嬖妾于僇胔，此之为不可。"

公曰："寡人不识，请因夫子而为之。"

晏子复曰："国之士大夫，诸侯四邻宾客，皆在外，君其哭而节之。"

仲尼闻之曰："星之昭昭[12]，不若月之曀曀[13]。小事之成，不若大事之废。君子之非，贤于小人之是也。其晏子之谓欤！"

【注释】
〔1〕肤：体。
〔2〕屏：退。
〔3〕间：间隔，离开。

〔4〕鬼神之事：指向鬼神祈祷之事。

〔5〕导害：当作"道善"。

〔6〕萌：通"明"。

〔7〕间：侧，近旁。

〔8〕私：指媵妾。

〔9〕椁：外棺，是一种套在棺外的木格。

〔10〕修哀：当作"循哀"，悲哀不止。

〔11〕僇：侮辱。

〔12〕昭昭：明亮。

〔13〕瞳瞳：阴暗。

【译文】

景公的宠妾婴子死了，景公守着她的尸体，三天不吃饭，坐在席子上不离开，身边的人禀报事情，景公也不理睬。

晏子进去禀告景公说："有懂巫术的人和医生都说：'听说婴子病死了，希望允许救治她。'"

景公很兴奋，赶紧起身，说："病死的人还可以救活吗？"

晏子说："客人自称他们是良医，请让他们试一试。请君王退居到洁净的地方，洗发澡身，饮酒吃饭，离开死者的宫室，他们将有祭祀鬼神的事要做。"

景公说："好的。"于是退出，洗发澡身。

晏子命令装殓死者的人立即将尸体装殓入棺。装殓完毕，而后回禀景公说："医生不能治死者的病，已入棺殡殓了，我不敢不把将此事让您知道。"

景公面有怒色，很不高兴，说："先生借医病人要我离开，不让我看，要殡殓尸体却又不让我知道，我当国君，徒有虚名罢了。"

晏子说："君王难道不知道死了的人不可能再复生吗？我听说，国君正确臣子服从叫作顺从，国君邪僻臣子服从叫作乖逆。现在君王不走正道而走邪道，跟着走邪道的人就亲近，劝导做善事的人就疏远；谗谀小人明目张胆地勾结，而贤德善良的人遭到废黜，所以阿谀之辈在您的身边越来越多，邪僻的行为遍布国内。从前我们的先君桓公因为任用管仲而称霸，因为宠幸竖刁而衰败。

现在君王对贤人礼节很轻慢，而对宠妾的哀痛却很深切。再说古代的圣王蓄养腾妾，但不损害自己的德行，殡殓死者不过分关爱，送葬死者不过分悲哀。德行受到损害，就会使自己沉溺在私欲中，关爱过度就会伤害身体，悲哀过度就会损害本性。所以圣明的君主能对这些事情都加以节制。人死了就应立即收殓，不要指望死者复生，棺椁衣被的耗费要适度，不要因此损害活人的衣食供养，哭泣哀伤要节制，不能因此损害生存的原则。现在还把腐烂的尸体保留着，希望死者生还，过分关爱，因而伤害了德行，悲哀不止，因而损害了本性，这是君王的过失了。所以诸侯派来的使者以到我国来为羞耻，本国的臣子以在职位上为羞耻。如果推崇君王的行为，就不能引导民众；如果顺从君王的欲望，就不能保持住国家。况且我听说，尸体腐烂了而不入殓，叫作侮辱尸体，尸体腐臭了不殡殓，叫作陈设腐肉。违背圣明君王的本性，做百姓非议的事情，而将宠妾置于陈尸受辱的地步，不可以做这样的事情。"

景公说："我不知道这些道理，请按先生的意见处理此事吧。"

晏子又说："齐国的士和大夫，诸侯四邻的宾客都在外面，君王哭的时候要节制。"

孔子听到这件事后说："群星的光亮，比不上被云遮住的月光。做小事成功，比不上做大事没有成功。君子做错了事，还是优于小人做好了事，这大概说的就是晏子吧！"

景公欲厚葬梁丘据晏子谏第二十二

梁丘据死，景公召晏子而告之，曰："据忠且爱我，我欲丰厚其葬，高大其垄[1]。"

晏子曰："敢问据之忠与爱于君者，可得闻乎？"

公曰："吾有喜于玩好，有司未能我具也，则据以其所有共我[2]，是以知其忠也；每有风雨，暮夜求必存[3]，吾是以知其爱也。"

晏子曰："婴对则为罪，不对则无以事君，敢不对乎！婴闻之，臣专其君[4]，谓之不忠；子专其父，谓之不孝；妻专其夫，谓之嫉。事君之道，导亲于父兄，有礼于群臣，有惠于百姓，有信于诸侯，谓之忠；为子之道，以钟爱其兄弟，施行于诸父[5]，慈惠于众子，诚信于朋友，谓之孝；为妻之道，使其众妾皆得欢忻于其夫，谓之不嫉。今四封之民，皆君之臣也，而维据尽力以爱君，何爱者之少邪？四封之货[6]，皆君之有也，而维据也以其私财忠于君，何忠者之寡邪？据之防塞君臣，拥蔽君[7]，无乃甚乎？"

公曰："善哉！微子，寡人不知据之至于是也。"遂罢为垄之役，废厚葬之令，令有司据法而责，群臣陈过而谏。故官无废法，臣无隐忠，而百姓大说。

【注释】

〔1〕垄：坟墓。
〔2〕共：通"供"，供给。
〔3〕存：省问。
〔4〕专：专宠。
〔5〕诸父：对同宗族伯叔辈的通称。
〔6〕四封：四境。
〔7〕拥蔽：又作"壅蔽"，蒙蔽。

【译文】

梁丘据死了，景公召见晏子告诉他，说："梁丘据忠心耿耿而且爱我，我想把他的丧事办得很隆重，把他的坟墓修得又高又大。"

晏子说："请问梁丘据的忠君与爱君的情况，可以讲给我听吗?"

景公说:"我有喜好的玩物,而主管官吏不能具备,梁丘据就将他所拥有的供给我,所以知道他是忠于我的;每逢刮风下雨,即使是晚上召他来,他也一定会前来问候,我因此知道他爱戴我。"

晏子说:"我如果回答的话,可能与君王的意见不合有所得罪,不回答那又没有侍奉好君主,我怎么敢不回答呢!我听说,臣子使君王专宠他一个人,叫作不忠;儿子使父亲只喜爱他一个人,叫作不孝;妻子使丈夫只爱她一个人,叫作嫉妒。侍奉君主的原则,是引导君主对父兄亲近,对群臣有礼,对百姓有恩惠,对诸侯有信义,这叫作忠。做儿子的原则,是钟爱兄弟,对待伯父、叔父如父亲,对所有的孩子慈惠,对朋友忠诚有信,这叫作孝;做妻子的原则,是使众妾都能得到丈夫的喜爱,这叫作不妒嫉。现在齐国四境之内的百姓,都是君王的臣民,可是只有梁丘据尽心竭力爱戴君王,为何爱戴君王的人如此之少呢?四境之内的货物,都归君王所有,而只有梁丘据用他的私物来效忠君王,为何忠于君王的人如此之少呢?梁丘据阻挡堵塞群臣,蒙蔽国君,不是太严重了吗?"

景公说:"说得好啊!不是先生,我还不知道梁丘据已到这种地步了。"于是停止为梁丘据修坟的工程,取消厚葬梁丘据的命令。命令各部门的主管官吏根据法律来要求下属,群臣陈述君王过失来劝谏。所以官吏没有不遵守法律的行为,臣子没有不以谏过来表露忠心的,百姓大为高兴。

景公欲以人礼葬走狗晏子谏第二十三

景公走狗死[1],公令外共之棺,内给之祭。晏子闻之,谏。

公曰:"亦细物也[2],特以与左右为笑耳[3]。"

晏子曰:"君过矣!夫厚藉敛不以反民[4],弃货财而笑左右，傲细民之忧〔5〕，而崇左右之笑〔6〕，则国亦无望已。且夫孤老冻馁，而死狗有祭，鳏寡不恤，而死狗有棺，行辟若此，百姓闻之，必怨吾君；诸侯闻之，必轻吾国。怨聚于百姓，而权轻于诸侯，而乃以为细物，君其图之。"

公曰："善。"趣庖治狗〔7〕，以会朝属〔8〕。

【注释】

〔1〕走狗：猎犬。
〔2〕细物：小事。
〔3〕特：只。
〔4〕反：通"返"。
〔5〕傲：轻视。
〔6〕崇：看重。
〔7〕趣：催促。　庖：厨师。
〔8〕朝属：朝廷的臣子。

【译文】

景公的猎犬死了，景公命令外府供给棺木，内府供应祭品。晏子听到此事后，劝谏景公。

景公说："这不过是件小事，只是用它来与左右的人取笑为乐罢了。"

晏子说："君王错了！加重赋税，却不用之于民，浪费财物来与左右取笑欢乐，轻视小百姓的忧虑，而重视身边的人的嬉笑，那国家也就没有指望了。况且孤儿老人受冻挨饿，而狗死了却要祭奠，鳏夫寡妇得不到抚恤，而狗死了却有棺木，行为如此不合情理，百姓听到此事，一定会怨恨我们君王；诸侯听到此事，一定会轻视我们的国家。怨恨的情绪在百姓中聚集，国家的权威被诸侯轻视，而您还认为是小事，请君王好好考虑。"

景公说："说得对。"赶快叫厨师烹治死狗，用它来宴会朝臣。

景公养勇士三人无君臣之义晏子谏第二十四

公孙接、田开疆、古冶子事景公^[1]，以勇力搏虎闻^[2]。晏子过而趋^[3]，三子者不起。晏子入见公曰："臣闻明君之蓄勇力之士也，上有君臣之义，下有长率之伦^[4]，内可以禁暴，外可以威敌，上利其功，下服其勇，故尊其位，重其禄。今君之蓄勇力之士也，上无君臣之义，下无长率之伦，内不以禁暴，外不可威敌，此危国之器也^[5]，不若去之。"

公曰："三子者，搏之恐不得，刺之恐不中也。"

晏子曰："此皆力攻勍敌之人也^[6]，无长幼之礼。"因请公使人少馈之二桃^[7]，曰："三子何不计功而食桃？"

公孙接仰天而叹曰："晏子，智人也！夫使公之计吾功者，不受桃，是无勇也，士众而桃寡，何不计功而食桃矣？接一搏猏而再搏乳虎^[8]，若接之功，可以食桃而无与人同矣。"援桃而起^[9]。

田开疆曰："吾仗兵而却三军者再^[10]，若开疆之功，亦可以食桃，而无与人同矣。"援桃而起。

古冶子曰："吾尝从君济于河^[11]，鼋衔左骖以入砥柱之流^[12]，当是时也，冶少不能游，潜行，逆流百步，顺流九里，得鼋而杀之。左操骖尾，右挈鼋头，鹤跃而出。津人皆曰^[13]：'河伯也！'若冶视之，则大鼋之首。若冶之功，亦可以食桃而无与人同矣。二子何不反桃！"

抽剑而起。

公孙接、田开疆曰："吾勇不子若，功不子逮，取桃不让，是贪也；然而不死，无勇也。"皆反其桃，挈领而死[14]。

古冶子曰："二子死之，冶独生之，不仁；耻人以言，而夸其声[15]，不义！恨乎所行，不死，无勇。虽然，二子同桃而节，冶专其桃而宜。"亦反其桃，挈领而死。

使者复曰："已死矣。"公殓之以服，葬之以士礼焉[16]。

【注释】

〔1〕公孙接：名子车，齐顷公之孙。　田开疆：姓田，名开疆，陈氏之族。　古冶子：姓古，名冶。

〔2〕搏：徒手搏击。

〔3〕趋：小步快走。按古代礼法，在尊者面前而过，要小步快走，以示尊敬。

〔4〕长率：指长幼。

〔5〕器：这里指人。

〔6〕勃：强，有力。

〔7〕馈：赠给。

〔8〕狷：一种专供猎虎用的猛犬。　乳虎：育儿的母虎。

〔9〕援：拿。

〔10〕却：退。　三军：左军、中军、右军。这里泛指全军。

〔11〕济：渡过河。

〔12〕鼋：大鳖。　左骖：四马拉一车，左边的马称为左骖。　砥柱：砥柱山，在黄河之中。这里指急流中的暗礁。

〔13〕津人：渡船的船夫。

〔14〕挈领：割脖子。

〔15〕声：声名。

〔16〕士：商、西周、春秋时最低级的贵族，春秋时多为卿大夫的家臣。

【译文】

公孙接、田开疆、古冶子三人侍奉景公，凭着勇猛有力能徒手搏击猛虎而闻名齐国。晏子在他们面前走过，谦逊地小步急走，他们三人却不起身。晏子入朝拜见景公说："我听说圣明的君主蓄养的勇猛之士，对上有君臣之义，对下有长幼伦常，对内可以禁止暴力，对外可以威慑敌军，国家因为他们的功绩而得到好处，臣下也敬服他们的勇力，所以使他们的地位尊贵，让他们的俸禄丰厚。现在君王蓄养的勇士，对上没有君臣的大义，对下不讲长幼伦常，对内不能禁止暴力，对外不能威慑敌人，这是危害国家的人啊，不如除掉他们。"

景公说："这三个人，搏击他们恐怕不能成功，刺杀他们恐怕不能刺中。"

晏子说："他们都是有勇力能攻取强劲敌人的人，但是不讲长幼之间的礼让。"于是请景公派人送了两个桃子给他们，说："你们三人何不按功劳的大小来吃桃子呢？"

公孙接抬头看着天叹息说："晏子是个有智慧的人啊！让景公计算我们的功劳，不能得桃子的，就是没有勇力的人，人多桃子少，怎能不按照功劳大小来吃桃子呢？我公孙接曾经一出手就徒手打死了一只敢于驱逐老虎的猛犬，再出手又打死一只产仔后的母虎，像我公孙接这样的功劳，可以吃桃子而不与他人同享。"说完就拿起一个桃子站起身来。

田开疆说："我手执兵器两次击退三军齐备的强大敌人，像我田开疆这样的功劳，也可以吃桃子而不与他人同享。"说完也拿起一个桃子站起身来。

古冶子说："我曾经与君王一起渡黄河，大鼋咬住着左面拉车的马而潜入暗礁激流之中，那个时候，我年纪尚轻不会游水，就潜入水中步行，逆水前进了百步，又顺流行了九里，捉住大鼋并杀了它。我左手握着马尾，右手提着大鼋的头，像白鹤飞跃一样跳出水面。渡口的船夫都说：'是河神！'再仔细一看，原来是大鼋的头。像我古冶子这样的功劳，也可以吃桃子而不与他人同享。你们二位何不把桃子交回来！"说完拔剑而起。

公孙接、田开疆说："我们的勇猛不如你，功劳也不及你，我们拿走桃子而不谦让，是贪功的表现；如果不死，就不是勇士了。"二人都退还了他们所拿的桃子，刎颈而死。

古冶子说："两位都死了，我却独自活着，这是不仁；用言语羞辱别人，来夸耀自己的名声，这是不义！不满自己的行为，不去死，不算勇士。虽然可以这样说，他们二人同吃一个桃子是合适的，我一人吃一个桃子也是应该的。"说完也交还桃子，刎颈而死。

使者回去禀告说："三人都死了。"景公用官服收殓了三人的尸体，用葬士的礼仪安葬了他们。

景公登射思得勇力士与之图国
晏子谏第二十五

景公登射[1]，晏子修礼而侍[2]。公曰："选射之礼[3]，寡人厌之矣！吾欲得天下勇士，与之图国[4]。"

晏子对曰："君子无礼，是庶人也[5]；庶人无礼，是禽兽也。夫勇多则弑其君，力多则杀其长，然而不敢者，维礼之谓也。礼者，所以御民也，辔者[6]，所以御马也，无礼而能治国家者，晏未之闻也。"

景公曰："善。"乃饰射更席[7]，以为上客，终日问礼。

【注释】

〔1〕登射：古代诸侯大射之礼。登，齐国人发语词。
〔2〕修礼而侍：按照射礼的规定侍奉左右，指行射礼时陈列宴具席

位诸事。

〔3〕选射之礼：即大射之礼。注重礼乐而不注重勇力。

〔4〕图：谋划。

〔5〕庶人：平民。

〔6〕辔：马缰绳。

〔7〕饰：通"饬"，整饬。

【译文】

　　景公举行大射，晏子按射礼的规定侍奉着景公。景公说："选射的礼仪，我早已厌烦了！我想得到天下的勇士，和他们一起谋划国事。"

　　晏子回答说："君子如果没有礼仪，就成了平民百姓；平民百姓不讲礼仪，就与禽兽一般。勇力多就会弑杀他们的君主，力量大就会杀害他们的长辈，然而人们不敢这样做，这是因为有礼呀。礼是用来驾御百姓的，缰绳是用来驾驭马的，没有礼仪而能够治理好国家的，我从来没有听说过。"

　　景公说："说得对。"于是就整饬射礼，更换坐席，把晏子待为上宾，整天向他询问礼仪规范。

内篇问上第三

庄公问威当世服天下时耶晏子对以行也第一

庄公问晏子曰:"威当世而服天下,时耶?"

晏子对曰:"行也。"

公曰:"何行?"

对曰:"能爱邦内之民者,能服境外之不善;重士民之死力者,能禁暴国之邪逆;听赁贤者[1],能威诸侯;安仁义而乐利世者,能服天下。不能爱邦内之民者,不能服境外之不善;轻士民之死力者,不能禁暴国之邪逆;愎谏傲贤者之言[2],不能威诸侯;倍仁义而贪名实者[3],不能威当世。而服天下者,此其道也已。"而公不用,晏子退而穷处。

公任勇力之士,而轻臣仆之死,用兵无休,国罢民害[4],期年,百姓大乱,而身及崔氏祸[5]。

君子曰:"尽忠不豫交[6],不用不怀禄,其晏子可谓廉矣!"

【注释】

〔1〕听赁贤者:王念孙云:"案'听赁贤者'本作'中听任贤者'。"

〔2〕愎:固执,任性。

〔3〕倍:通"背",背离。

〔4〕罢：通"疲"，疲乏。

〔5〕崔氏：指崔杼。

〔6〕豫：通"预"，事先有所准备。

【译文】

庄公问晏子说："扬威当代，使天下人顺服，靠的是时势吗？"

晏子回答说："是靠切实去做。"

庄公说："怎样去做？"

晏子回答说："能够爱护国内百姓，就能使国外不亲善的国家不敢挑起争端；能够看重士和百姓的生死劳苦，就能禁阻危害国家的邪恶叛逆行为；听取中正之言而任用贤能，就能威震诸侯；施行仁政而乐于为百姓办好事，就能使天下臣服。不能爱护国内百姓，就不能使不亲善的国家睦协；轻视士众百姓的生死劳苦，就不能禁止危害国家的邪恶叛逆行为；不听取劝谏轻慢贤良，就不能威震诸侯；背离仁义准则而贪求虚名和实利，就不能扬威当世。想要使天下臣服，就是实行的这种方法啊。"庄公不采纳，晏子便辞官到穷僻的地方居住。

庄公重用勇猛有力的人，而轻视臣下的生死，出兵打仗无休无止，国家疲弱，百姓遭殃，一年后，百姓大乱，庄公自己也遭到了被崔杼杀死之祸。

君子说："竭尽忠心而不存心阿从君主，不被任用则不贪恋俸禄，晏子真可以说是廉正啊！"

庄公问伐晋晏子对以不可若不济国之福第二

庄公将伐晋[1]，问于晏子，晏子对曰："不可。君得合而欲多[2]，养欲而意骄[3]。得合而欲多者危，养欲而意骄者困。今君任勇力之士，以伐明主[4]，若不济[5]，国之福也。不德而有功，忧必及君。"公作色不说。

晏子辞不为臣，退而穷处，堂下生蓼藿[6]，门外生荆棘。

庄公终任勇力之士，西伐晋，取朝歌[7]，及太行、孟门[8]，兹于兑[9]，期而民散，身灭于崔氏。崔氏之期[10]，逐群公子，及庆氏亡[11]。

【注释】

〔1〕晋：古国名，姬姓，春秋五霸之一。

〔2〕合：通"给"。

〔3〕养：滋长。

〔4〕明主：当作"盟主"。晋国曾经盟会诸侯，所以称之为"盟主"。

〔5〕济：成功。

〔6〕蓼：植物名，草本。　藿：草名，即藿香。

〔7〕朝歌：古都邑名。商代帝乙、帝辛的别都。在今河南淇县。

〔8〕太行：太行山。　孟门：古隘道名，春秋时为晋国的要隘，在今河南辉县西。

〔9〕兹于兑：当作"且于之隧"，莒国隧道名。

〔10〕期：当作"乱"。

〔11〕庆氏：庆封，齐大夫，与崔杼一起弑庄公，后又杀崔杼。自己后来也被驱逐，出奔吴国。此下当有脱文。

【译文】

庄公打算攻打晋国，向晏子询问，晏子回答说："不可以。君王该得到的都有了，还想得到更多，欲望滋长就会意气骄横。该得到的都有了却还想得到更多会有危险，欲望滋长而意气骄横必遭困厄。现在君王任用有勇力的人去攻打诸侯的盟主，如果不能成功，那是国家的福气。不行德政而对外有战功，忧患一定会降临到君王身上。"庄公变了脸色，很不高兴。

晏子辞去官职，不再做庄公的臣子，退隐到穷僻的地方居住，堂前长满了野草，门外长满了荆棘。

庄公终于任用有勇力的人，向西攻打晋国，夺取了晋国的朝歌，到达太行山、孟门、且于隧等险隘地区。一年之后，百姓散离，庄公被崔杼弑杀。崔杼作乱的时候，放逐了齐国公室的众公子，直到庆封逃亡。

景公问伐鲁晏子对以不若修政待其乱第三

景公举兵欲伐鲁[1]，问于晏子，晏子对曰："不可，鲁公好义而民戴之，好义者安，见戴者和，伯禽之治存焉[2]，故不可攻。攻义者不祥，危安者必困。且婴闻之，伐人者德足以安其国，政足以和其民，国安民和，然后可以举兵而征暴。今君好酒而辟，德无以安国，厚藉敛，意使令[3]，无以和民。德无以安之则危，政无以和之则乱。未免乎危乱之理，而欲伐安和之国，不可，不若修政而待其君之乱也。其君离，上怨其下，然后伐之，则义厚而利多，义厚则敌寡，利多则民欢。"

公曰："善。"遂不果伐鲁。

【注释】

〔1〕鲁：鲁国，公元前 11 世纪周分封的诸侯国。姬姓。
〔2〕伯禽：周公的儿子。周公相成王，留在东都洛阳，封伯禽于鲁。
〔3〕意：随意。

【译文】

景公兴兵打算攻打鲁国，询问晏子，晏子回答说："不可以。鲁国国君爱好礼义而百姓爱戴他，君主爱好礼义国家就安定，君主受到拥戴上下就和睦，伯禽以礼治国的原则在鲁国还保存着，所以不能攻打。攻打有礼义的君主不吉祥，危害安定的国家会陷入困境。况且我听说，征伐别人的人，他的道德必须足以安定自己的国家，他的政治必须足以使百姓和谐，国家安定，百姓和谐，然后才可以兴兵讨伐残暴的国君。现在君王喜好饮酒而行事不合常理，道德无法使国家安定，税赋繁重，随意役使百姓，没有什么可以使百姓和谐。道德不足以安定国家就会有危险，政治上不能使百姓和谐就会出现祸乱。自己没有免于发生危险祸乱的政治措施，却要攻打安定和谐的国家，不可以。君王还不如整顿政治，等待鲁国发生内乱。鲁国百姓叛离国君，国君怨恨臣下，这样再去讨伐他，那么道义就充分了，获得的利益也会更多。道义充分反对的人就少，获得更多的利益百姓就会高兴。"

景公说："说得好。"就没有去攻打鲁国。

景公伐鼗胜之问所当赏
晏子对以谋胜禄臣第四

景公伐鼗[1]，胜之，问晏子曰："吾欲赏于鼗何如？"

对曰："臣闻之，以谋胜国者，益臣之禄；以民力胜国者，益民之利。故上有羡获[2]，下有加利，君上享其名，臣下利其实。故用智者不偷业[3]，用力者不伤苦，此古之善伐者也。"

公曰："善。"于是破鼗之臣，东邑之卒[4]，皆有加利。是上独擅名[5]，利下流也。

【注释】
　〔1〕鼗：即"莱"，莱国。
　〔2〕羡获：多余的收获。
　〔3〕偷：苟且。

〔4〕东邑：即莱国，因为在齐国东面，所以称之为东邑。

〔5〕擅名：拥有名声。

【译文】

景公攻打莱国，取得了胜利，问晏子说："我想奖赏攻破莱国有功的人，怎么样？"

晏子回答说："我听说，运用谋略战胜敌国的，应该增加臣子的俸禄；依靠百姓的力量战胜敌国的，应该增加百姓的利益。所以君主有额外的收获，臣民有更多的利益，君主享有名声，臣下获得实惠。所以运用智谋的人不马虎从事，使用劳力的人不怕劳苦，这就是古时候善于征伐的人的做法。"

景公说："说得好。"于是攻破莱国的臣子，攻打莱国城邑的士兵，都获得了更多的利益。这就是君主独享名声，臣下获得利益。

景公问圣王其行若何晏子对以衰世而讽第五

景公外傲诸侯，内轻百姓，好勇力，崇乐以从嗜欲，诸侯不说，百姓不亲。公患之，问于晏子曰："古之圣王，其行若何？"

晏子对曰："其行公正而无邪，故谗人不得入；不阿党〔1〕，不私色〔2〕，故群徒之卒不得容；薄身厚民〔3〕，故聚敛之人不得行；不侵大国之地，不耗小国之民，故诸侯皆欲其尊；不劫人以甲兵，不威人以众强，故天下皆欲其强；德行教训加于诸侯，慈爱利泽加于百姓〔4〕，故海内归之若流水。今衰世君人者，辟邪阿党，故谗谄群徒之卒繁；厚身养，薄视民，故聚敛之人行；侵大国之地，耗小国之民，故诸侯不欲其尊；劫人以兵甲，威人以众强，故天下不欲其强；灾害加于诸侯，劳苦施于百姓，故仇敌进伐，天下不救，贵戚离散，百姓不兴[5]。"

公曰："然则何若？"

对曰："请卑辞重币，以说于诸侯[6]，轻罪省功，以谢于百姓[7]，其可乎？"

公曰："诺。"于是卑辞重币，而诸侯附，轻罪省功，而百姓亲。故小国入朝，燕鲁共贡[8]。

墨子闻之[9]，曰："晏子知道。道在为人，而失为己。为人者重，自为者轻。景公自为，而小国不与，为人，而诸侯为役。则道在为人，而行在反己矣，故晏子知道矣。"

【注释】

〔1〕阿：曲从，迎合。　党：私党。
〔2〕私：偏爱。　色：女色。
〔3〕薄：微薄，节俭。
〔4〕泽：恩泽，恩德。
〔5〕兴：当作"与"，亲附，援助。
〔6〕说：游说。
〔7〕谢：谢罪。
〔8〕燕：古国名。公元前 11 世纪周分封的诸侯国。姬姓。
〔9〕墨子：墨翟，墨家学派的创始者。

【译文】

景公对外傲视诸侯，对内轻视百姓，喜好勇力的人，崇尚享乐以致放纵嗜欲，诸侯不喜欢他，百姓不亲附他。景公对此很忧虑，问晏子说："古时候圣明的君主，他们的行为怎么样？"

晏子回答说："他们行事公平正直没有邪念，所以善进谏言的人不能入朝为官；不迎合私党，不贪女色，所以结党聚众的人不能存身；对自己节俭，对百姓丰厚，所以贪婪聚财的人行不通。不侵占大国的土地，不耗损小国百姓的财物，所以诸侯都希望他地位尊贵；不用武力抢夺别人的财物，不靠人多势大威胁别人，所以天下的诸侯都希望他强盛；用自己的美德言行教诲诸侯，把慈爱恩惠给予百姓，所以四海之内的人像水从高往低流一样地归附他。现在处于没落时期的统治者，行为乖僻，曲从私党，所以善进谗言阿谀奉承的人越来越多；对自己供养丰厚，对百姓的供养却很微薄，所以贪婪聚财的人大行其道；侵占大国的土地，耗损小国百姓的财物，所以诸侯不想使他地位尊贵；用武力抢夺他人的财物，靠人多势众威胁别人，所以天下的人都不希望他强大。把灾害给予诸侯，把劳苦给予百姓，所以仇敌攻打他，天下的人都不去救援，大夫公族纷纷逃散，百姓也不援助。”

景公说：“这样的话，那应该怎么办呢？”

晏子回答说：“请用谦逊的言辞和厚重的财物来游说诸侯，用减轻刑罚、减少劳役的方法向百姓谢罪，这可以办到吗？”

景公说：“好的。”于是用谦逊的言辞、厚重的财物取悦诸侯，诸侯都来归附，减轻刑罚、减少劳役，百姓都来亲附。所以小国入齐朝聘，燕国、鲁国一起前来进贡。

墨子听到这件事后说：“晏子是懂得治国的原则的。治国的原则在于为他人着想，失去这个原则就为自己打算，为别人着想的人就受到尊重，为自己着想的人就被轻视。景公为自己着想时，小国不来归附，为别人着想时，诸侯都愿意为他效力。那么，治国的原则就在于为别人着想，在行为上先反躬求己，所以晏子是懂得治国的原则的。”

景公问欲善齐国之政以干霸王
晏子对以官未具第六

景公问晏子曰：“吾欲善治齐国之政，以干霸王之诸侯[1]。”

晏子作色对曰[2]："官未具也[3]。臣数以闻，而君不肯听也。故臣闻仲尼居处惰倦[4]，廉隅不正[5]，则季次、原宪侍[6]；气郁而疾[7]，志意不通[8]，则仲由、卜商侍[9]；德不盛，行不厚，则颜回、骞、雍侍[10]。今君之朝臣万人，兵车千乘，不善政之所失于下，霣坠下民者众矣[11]，未有能士敢以闻者。臣故曰官未具也。"

公曰："寡人今欲从夫子而善齐国之政，可乎？"

对曰："婴闻国有具官，然后其政可善。"

公作色不说，曰："齐国虽小，则何谓官不具？"

对曰："此非臣之所复也。昔吾先君桓公身体惰懈，辞令不给[12]，则隰朋昵侍[13]；左右多过，狱谳不中[14]，则弦宁昵侍[15]，田野不修，民氓不安，则宁戚昵侍[16]；军吏怠，戎士偷，则王子成甫昵侍[17]；居处佚怠，左右慑畏，繁乎乐，省乎治，则东郭牙昵侍[18]；德义不中，信行衰微，则管子昵侍。先君能以人之长续其短[19]，以人之厚补其薄，是以辞令穷远而不逆，兵加于有罪而不顿[20]，是以诸侯朝其德，而天子致其胙[21]。今君之过失多矣，未有一士以闻也。故曰官不具。"

公曰："善。"

【注释】

〔1〕此句疑有脱误。　干：谋求。

〔2〕作色：当为衍字。

〔3〕具：齐备，配备好。

〔4〕惰倦：懈怠，疲乏。

〔5〕廉隅：棱角。比喻人的行为、品性端方不苟。

〔6〕季次：公皙哀，字季次。 原宪：字子思。均为孔子的弟子。

〔7〕气郁：气积郁闷。

〔8〕志意：志向和意愿。

〔9〕仲由：字子路。 卜商：字子夏。均为孔子的弟子。

〔10〕颜回：字子渊，又名颜渊。 骞：闵子骞， 名损。 雍：冉雍，字仲弓。均孔子的弟子。

〔11〕賈：通"陨"，坠落。

〔12〕给：敏捷。

〔13〕隰朋：齐桓公臣。 昵：亲近。

〔14〕狱谳：审判定案。 中：公正。

〔15〕弦宁：齐桓公臣。

〔16〕宁戚：齐桓公臣。

〔17〕王子成甫：又作"公子成父"，齐桓公臣。

〔18〕东郭牙：齐桓公臣。

〔19〕续：连接起来。

〔20〕顿：困顿。

〔21〕胙：祭祀用的肉。

【译文】

景公问晏子说："我想把齐国的政治治理好，以便称霸诸侯。"

晏子回答说："属官还没有配备好呢。我多次把这种情况告诉君王，但是君王不肯听取。我听说孔子居处举止，懈怠不振，方正的品格不够奋振的时候，季次、原宪就陪伴在他身旁；气积郁闷而生病，志向和意愿得不到舒展的时候，仲由、卜商就陪伴在他身旁；道德不够盛大，品行没有显出淳厚的时候，颜回、闵子骞、仲弓就陪伴在他身旁。现在君王的臣子达万人之多，兵车有上千辆，许多不好的政令强加在百姓身上，可是却没有敢于把这种情况向您禀报的贤能之人。所以我说属官还没有配备好。"

景公说："我现在想跟随先生把齐国的政治搞好，可以吗？"

晏子回答说："我听说国家有了称职的官员，然后国政才能搞好。"

景公变了脸色很不高兴，说："齐国虽然小，但怎么可以说属官还没有配备好呢？"

晏子回答说："这不是我所要禀告的本意。过去我们的先君桓公，当他的身体困乏懈怠、词不达意的时候，就有隰朋紧密地陪伴在他身旁；当近臣的过失很多，判罪定案不公正的时候，就有弦宁紧密地陪伴在他身旁；当田野得不到整治，百姓不得安宁的时候，就有宁戚紧密地陪伴在他身旁；当将官懈怠，士卒散漫的时候，就有王子成甫紧密地陪伴在他身旁；当他在宫内放纵闲逸，近臣畏惧，歌舞频多，很少理政的时候，就有东郭牙紧密地陪伴在他身旁；当他道德偏离正道，信誉品行逐渐败坏的时候，就有管仲紧密地陪伴在他身旁。先君能够用别人的长处来弥补自己的短处，用别人的优点来弥补自己的欠缺，所以他的命令传到极远的地方也不会有人违背，出兵攻打有罪的人也不会受到挫折。因此诸侯都由于他的德行来朝觐他，周天子也把祭祀用的肉送给他。现在君王的过失太多了，可是没有一个人让君王知道这些情况。所以我说属官还没有配备好。"

景公说："说得对。"

景公问欲如桓公用管仲以成霸业
晏子对以不能第七

景公问晏子曰："昔吾先君桓公，有管仲夷吾保乂齐国[1]，能遂武功而立文德，纠合兄弟[2]，抚存翌州[3]，吴越受令[4]，荆楚惼忧[5]，莫不宾服[6]，勤于周室，天子加德。先君昭功，管子之力也。今寡人亦欲存齐国之政于夫子，夫子以佐佑寡人，彰先君之功烈，而继管子之业。"

晏子对曰："昔吾先君桓公，能任用贤，国有什伍[7]，治遍细民。贵不凌贱，富不傲贫，功不遗罢，佞不吐愚[8]，举事不私，听狱不阿[9]，内妾无羡食，外臣无羡禄，鳏寡无饥色；不以饮食之辟害民之财，不以宫室之侈劳人之力；节取于民，而普施之，府无藏，仓无粟，上无骄行，下无谄德。是以管子能以齐国免于难，而以吾先君参乎天子[10]。今君欲彰先君之功烈，而继管子之业，则无以多辟伤百姓，无以嗜欲玩好怨诸侯，臣孰敢不承善尽力，以顺君意？今君疏远贤人，而任谗谀；使民若不胜，藉敛若不得；厚取于民，而薄其施，多求于诸侯，而轻其礼；府藏朽蠹，而礼悖于诸侯，菽粟藏深，而怨积于百姓；君臣交恶[11]，而政刑无常。臣恐国之危失，而公不得享也。又恶能彰先君之功烈而继管子之业乎？"

【注释】

〔1〕保乂：治理，安定。

〔2〕纠合：联合。

〔3〕翼州：即冀州，这里指中原一带地区。

〔4〕吴：吴国。姬姓。始祖是周太王之子太伯、仲雍。　越：越国。亦称于越。姒姓。相传始祖是夏代少康的庶子无余。

〔5〕荆楚：楚国的别名。　惛：闻。

〔6〕宾服：入贡朝见，表示服从。

〔7〕什伍：古代户籍与军队的基层编制，户籍以五家为伍，互相担保，十家相连，叫什伍。

〔8〕佞：有才能。　吐：当为"咄"，义同"诎"，有"凌抑"的意味。

〔9〕阿：徇私，偏袒。

〔10〕参：并立。

〔11〕交恶：互相怀恨在心。

【译文】

景公问晏子说：“从前我们的先君桓公，有管仲辅佐治理齐国，能通过武力建立功业而又能用文治来树立德政，联合诸侯，安抚存问中原，使吴国、越国接受命令，使楚国闻而恐惧，诸侯没有不服从的，先君桓公尽力于周王室，所以周天子嘉奖先君。先君桓公建立的显赫功业，全凭管仲的大力辅佐啊。现在我也想把齐国的国政托付给先生，先生辅佐我，光大先君的丰功伟绩，延续管仲的事业。”

晏子回答说：“从前我们先君桓公，任用贤能的人，国家有什伍的户籍编制，小民百姓无不得到治理。地位高的人不欺凌地位低下的人，富有的人不傲视贫穷的人，有功劳的人不嘲诮无功劳的人，有才能的人不压制愚昧的人，办事不徇私情，审理案件不偏袒，宫内妻妾没有剩余的食品，宫外的朝臣没有多余的俸禄，鳏夫寡妇没有饥饿的面色。先君不为了饮食的嗜好而耗费百姓的钱财，不为了官室的华丽而劳动民力；有节制地向百姓收取赋税，而又普遍地给予百姓，府库没有积存的财物，粮仓里没有积存的粮食，君主没有骄横的行为，臣下没有谄媚的品质。所以管仲能使齐国免于危难，而使我们的先君可以与周天子相比。现在君王想光大先君的业绩，承传管仲的事业，那就不要用过多的不良政施使百姓受损害，不要用私欲玩好使诸侯怨恨，臣子谁敢不秉承君王的美意去竭尽全力，顺应君王的意愿呢？现在君王疏远贤德的人，任用善进谗言谄媚的人；役使百姓唯恐不尽，征收民财唯恐不得；向百姓收取的很多，而给予百姓的却很少；向诸侯索取的很多，而轻视他们对自己的礼敬；府库里储藏的东西朽坏虫蛀，而接待诸侯却违背了礼仪；粮食严严实实地储藏起来，而在百姓那里却积怨甚深。君臣之间相互怀恨，而政令刑律变化无常。我担心国家有沦丧的危险，而君王不能再享有国祚了，又怎么能光大先君的功业，继承管仲的事业呢？”

景公问莒鲁孰先亡晏子对以鲁后莒先第八

景公问晏子：“莒与鲁孰先亡[1]？”

对曰："以臣观之也，莒之细人，变而不化[2]，贪而好假，高勇而贱仁，士武以疾[3]，忿急以速竭[4]，是以上不能养其下[5]，下不能事其上，上下不能相收[6]，则政之大体失矣[7]。故以臣观之也，莒其先亡。"

公曰："鲁何如？"

对曰："鲁之君臣，犹好为义，下之妥妥也[8]，奄然寡闻[9]，是以上能养其下，下能事其上，上下相收，政之大体存矣。故鲁犹可长守。然其亦有一焉，彼邹、滕雉奔而出其地[10]，犹称公侯，大之事小[11]，弱之事强久矣，彼周者[12]，殷之树国也[13]，鲁近齐而亲殷，以变小国[14]，而不服于邻，以远望鲁[15]，灭国之道也。齐其有鲁与莒乎？"

公曰："鲁与莒之事，寡人既得而闻之矣，寡人之德亦薄，然后世孰践有齐国者[16]？"

对曰："田无宇之后为几[17]。"

公曰："何故也？"

对曰："公量小[18]，私量大，以施于民。其与士交也，用财无筐箧之藏[19]，国人负携其子而归之，若水之流下也。夫先与人利，而后辞其难，不亦寡乎！若苟勿辞也，从而抚之，不亦几乎！"

【注释】

〔1〕莒：国名。西周分封的诸侯国。己姓。
〔2〕变而不化：善变但不能向善。
〔3〕武以疾：好武而行为轻率。
〔4〕竭：尽。

〔5〕养：教育，熏陶。

〔6〕相收：相互得利。

〔7〕大体：根本。

〔8〕妥妥：安定。

〔9〕奄然：暗然，引申为默不作声。

〔10〕邹、滕：都是春秋末期弱小的诸侯国。　雉：野鸡。

〔11〕大之事小：当作"小之事大"。

〔12〕周：当作"殷"，指宋国。宋国国君是殷商的后裔，所以称之为"殷"。

〔13〕殷：当作"周"。

〔14〕变：通"褊"，狭小。

〔15〕鲁：当作"晋"。

〔16〕践：帝王即位。

〔17〕田无宇：即陈桓子，字无宇。　几：将近。

〔18〕量：量器。

〔19〕箧：小箱子。

【译文】

景公问晏子："莒国与鲁国哪一个先灭亡？"

晏子回答说："据我看来，莒国的百姓，善变但不能向善，贪婪而喜好作假，崇尚勇力而轻视仁德，士人也好武，行为轻率，容易激忿，但是不能持久，所以君上不能教养百姓，百姓也不能侍奉君上。上下之间不能相互配合，那立国的根本就丧失了。所以据我看来，莒国先灭亡。"

景公说："鲁国怎么样呢？"

晏子回答说："鲁国的君臣还喜好仁义，臣民安定，百姓不妄说妄动，所以君上能教养百姓，百姓也能侍奉君上，上下相互配合，立国的根本还保存着，所以鲁国还可以长期守住国家的基业。然而他有一个致命的弱点，那邹国、滕国国家小到野鸡一跑就跑出国境，还能称公称侯，这是因为长期以来他们能够以小国依附大国，以弱国依附强国。宋国是周王室分封的国家，鲁国靠近强大的齐国而去依附弱小的宋国，凭着狭小的国土，不去顺从强大的邻国，却把希望寄托于遥远的晋国，这是使国家灭亡的做法。

齐国大概会占有鲁国与莒国吧?"

景公说:"鲁国与莒国的情况,我已经听您说了,我的道德也很浅薄,然而后世谁会践位享有齐国呢?"

晏子回答说:"可能会是田无宇的后人。"

景公说:"为什么呢?"

晏子说:"公家的量器小,他家私人的量器大,收进用小的量器,放出用大的量器,用这种办法给予百姓恩惠。他跟士人交往,使用钱财慷慨到用完所有的积藏,百姓背着挽着孩子归附他,就像水从高往低流一样。先给百姓恩惠,而百姓受到恩惠后不肯赴难,这种情况不是很少吗!假若百姓都愿意赴难,他又再去鼓动百姓,不是很有可能享有齐国了吗!"

景公问治国何患晏子对以社鼠猛狗第九

景公问于晏子曰:"治国何患?"

晏子对曰:"患夫社鼠[1]。"

公曰:"何谓也?"

对曰:"夫社,束木而涂之[2],鼠因往托焉。熏之则恐烧其木,灌之则恐败其涂[3]。此鼠所以不可得杀者,以社故也。夫国亦有焉,人主左右是也。内则蔽善恶于君上,外则卖权重于百姓[4],不诛之则乱,诛之则为人主所案据[5],腹而有之[6],此亦国之社鼠也。人有酤酒者[7],为器甚洁清,置表甚长[8],而酒酸不售,问之里人其故,里人云:'公狗之猛,人挈器而入[9],且酤公酒,狗迎而噬之,此酒所以酸而不售也。'夫国亦有猛狗,用事者是也。有道术之士,欲干万乘之主,而用事者迎而龁之[10],此亦国之猛狗也。左右为社鼠,用事者为猛狗，主安得无壅，国安得无患乎？"

【注释】

〔1〕社鼠：寄身于社庙中的老鼠。比喻有所倚恃的小人。社，古代祭祀土地神的场所。

〔2〕束木：把木板扎成排。涂：用泥土涂抹。

〔3〕涂：墙泥。

〔4〕权重：大权。

〔5〕案据：安定，庇护。"案"通"安"。

〔6〕腹：厚。　有：通"宥"，宽宥。

〔7〕酤：卖酒。

〔8〕表：标识，这里指酒幌。

〔9〕挈：提着。

〔10〕龁：咬。

【译文】

景公问晏子说："治理国家的祸患是什么？"

晏子回答说："祸患是躲在社庙里的老鼠。"

景公说："为什么这样说呢？"

晏子回答说："社庙是把木板扎成排再涂抹上泥土修成的，老鼠于是去那里藏身。用火熏烤它，又怕烧坏了木墙板；用水去灌它，又怕毁坏了墙泥。这些老鼠之所以不能被杀死，是因为社庙的缘故。国家也有社鼠，君王的近臣就是。这些人在朝内混淆善良与邪恶，欺骗国君，在朝外向百姓耍弄权势，不诛灭他们，他们就会作乱，要诛灭他们，却又被国君庇护起来，并且宽厚地原宥他们，这些人也就是国家的社鼠啊。有个卖酒的人，他用来装酒的器皿极为清洁，挂起的酒幌很长，但是酒放酸了也卖不出去，他问乡里的人这是什么原因，乡里的人说：'你家的狗太凶恶，人们拿着酒罐进你的酒店，刚要买你的酒，狗就迎面扑上去咬人，这就是你的酒放酸了也卖不出去的原因。'国家也有凶恶的狗，就是那些掌握权柄的人。有懂得治国方略的人，想得到拥有万辆兵车的大国国君的任用，而这些掌握权柄的人就像狗那样迎面去咬人，这就是国家的猛狗啊。君王的近臣是社鼠，掌握权柄的人是猛狗，君王怎么能够不被蒙蔽，国家怎么会没有祸患呢？"

景公问欲令祝史求福
晏子对以当辞罪而无求第十

景公问于晏子曰："寡人意气衰[1]，身病甚。今吾欲具珪璋牺牲[2]，令祝宗荐之乎上帝宗庙[3]，意者礼可以干福乎？"

晏子对曰："婴闻之，古者先君之干福也，政必合乎民，行必顺乎神；节宫室，不敢大斩伐，以无逼山林[4]；节饮食，无多畋渔，以无逼川泽；祝宗用事，辞罪而不敢有所求也。是以神民俱顺，而山川纳禄[5]。今君政反乎民而行悖乎神；大宫室，多斩伐，以逼山林；羡饮食，多畋渔，以逼川泽。是以民神俱怨，而山川收禄，司过荐罪[6]，而祝宗祈福，意者逆乎！"

公曰："寡人非夫子无所闻此，请革心易行。"于是废公阜之游，止海食之献，斩伐者以时，畋渔者有数，居处饮食，节之勿羡，祝宗用事，辞罪而不敢有所求也。故邻国忌之[7]，百姓亲之，晏子没而后衰。

【注释】
　〔1〕意气：神志和精气。
　〔2〕具：供设。　珪璋：当作"圭璋"。圭和璋都是古时王侯朝聘、祭祀时用的玉器。
　〔3〕祝宗：祝和宗都是主管祭祀的官。

〔4〕逼：逼迫，侵害。

〔5〕纳禄：致福，献福。

〔6〕司过：官职名。　荐：举。

〔7〕忌：忌惮，惧怕。

【译文】

景公问晏子说："我的神志和精气日渐衰弱，身体疲惫极了，现在我打算供设圭璧和牛羊猪等祭品，命令祝宗把它敬献给天帝和祖宗神灵，料想以此礼敬神灵，可以求福吧？"

晏子回答说："古时候的先君求福，政事必定符合百姓的心愿，行为必定顺应神灵的旨意。所以建造宫室有节制，不敢大肆砍伐树木，以便不侵害山林；饮食有度，不过多地打猎捕鱼，以便不损害河流湖泽；祝宗祭祀神灵，只是向神灵告罪而不敢有所祈求。所以神灵与百姓都顺从君主的意愿，高山河流都献出自己的财富。现在君主政治违背百姓的意愿，行为背离了神灵的旨意；宫室修得高大，大量砍伐树木，因而侵害了山林；饮食丰盛过度，频繁地打猎捕鱼，因而损害了河流湖泽。所以神灵和百姓都怨恨，高山河流都收回了自己的财富。司过之官一再举出您的过错，而您却命令祝宗祈祷求福，这样做不是违背神灵的旨意吗！"

景公说："如果没有先生的话，我就听不到这些道理，请允许我改变原来的思想和行为。"于是放弃了出游公阜的计划，停止进献海鲜，砍伐树木适时，打猎捕鱼有一定数量，居室饮食，都节俭不贪华美，祝宗祭祀的时候，只向神灵告罪，不敢有所祈求。所以邻国都敬畏齐国，百姓也亲附。直到晏子死后，齐国才衰败下来。

景公问古之盛君其行如何
晏子对以问道者更正第十一

景公问晏子曰："古之盛君〔1〕，其行何如？"

晏子对曰："薄于身而厚于民，约于身而广于世[2]；其处上也，足以明政行教，不以威天下；其取财也，权有无[3]，均贫富，不以养嗜欲；诛不避贵，赏不遗贱；不淫于乐，不遁于哀[4]；尽智导民而不伐焉[5]，劳力岁事而不责焉[6]；为政尚相利，故下不以相害，行教尚相爱，故民不以相恶为名；刑罚中于法，废罪顺于民[7]。是以贤者处上而不华，不肖者处下而不怨[8]，四海之内，社稷之中，粒食之民[9]，一意同欲，若夫私家之政。生有遗教[10]，此盛君之行也。"公不图[11]。

晏子曰："臣闻问道者更正[12]，闻道者更容[13]。今君税敛重，故民心离；市买悖，故商旅绝；玩好充，故家货殚[14]。积邪在于上，蓄怨藏于民，嗜欲备于侧，毁非满于国[15]，而公不图。"

公曰："善。"于是令玩好不御[16]，公市不豫[17]，宫室不饰，业土不成[18]，止役轻税，上下行之，而百姓相亲。

【注释】
〔1〕盛君：大德的君主。
〔2〕约：约束。
〔3〕权：权衡。
〔4〕遁：通"循"。
〔5〕伐：自夸。
〔6〕岁事：当作"事民"。事，治理。责，求。
〔7〕废罪：当作"废置"。
〔8〕不肖：不贤。
〔9〕粒食之民：指庶民百姓。
〔10〕生有遗教：王念孙云："《治要》作'生有厚利，死有遗教'。"

〔11〕图：听取。

〔12〕更正：改变不正的想法。

〔13〕更容：改变原来的面貌。

〔14〕殚：尽。

〔15〕非：通"诽"，诽谤。

〔16〕御：进献。

〔17〕豫：欺诳。

〔18〕业土：已修筑但尚未完成的土建工程。

【译文】

景公问晏子说："古时候有大德的君主，他们的道德行为是怎么样的？"

晏子回答说："他们对自己供养微薄，对百姓供养丰厚，严于律己而宽待世人；身居君位，足可以使政治清明，教化得以推行，不以权势威迫天下人；他们征敛钱财，是为了平衡有无，使贫富均匀，并不以此来满足自己的嗜欲；诛罚不回避地位尊贵的人，赏赐不遗漏地位卑下的人；不过分享乐，不过度悲哀；竭尽自己的智慧教导百姓，而不自我夸耀；努力治理国家，而不苛求百姓；治国崇尚相互有利，所以百姓之间不相互伤害；施行教化崇尚相互爱护，所以百姓不把互相怨恶当作荣誉的事；量刑处罚符合法度，废弃和兴办事情都顺应民心。所以贤德的人身居上位但不浮华，没有才德的人身居下位但无怨言。四海之内，举国之中，庶民百姓同心一致，对待国事就像对待家事一样。他们生的时候对百姓有厚利，死后还有遗教垂于后世，这就是有大德的君主的德行。"这些话景公没有听取。

晏子说："我听说寻求道理的人，先要改变思想；懂得了道理的人，要改变原来的面貌。现在君主的税赋过重，所以民心离散；买卖混乱，因此经商的客人绝迹；君主的玩好之物充斥身边，所以百姓家中的财物丧失殆尽；君主那里积聚了许多邪僻的事情，百姓那里蕴藏着许多怨恨；君主喜好的东西身边各样都有，毁谤君王的言论遍于全国，而君王却不听取。"

景公说："说得好。"于是下令玩赏的东西不再供奉，市场上买卖不准欺诈，宫室不再修饰，未建成的工程不再继续，停止劳役，减轻赋税，从国君到臣民一起执行，百姓相互亲爱。

景公问谋必得事必成何术
晏子对以度义因民第十二

景公问晏子曰："谋必得，事必成，有术乎？"

晏子对曰："有。"

公曰："其术如何？"

晏子曰："谋度于义者必得，事因于民者必成[1]。"

公曰："奚谓也？"

对曰："其谋也，左右无所系，上下无所縻[2]，其声不悖，其实不逆，谋于上，不违天，谋于下，不违民，以此谋者必得矣。事大则利厚，事小则利薄，称事之大小，权利之轻重，国有义劳[3]，民有如利[4]，以此举事者必成矣。夫逃人而谖[5]，虽成不安；傲民举事，虽成不荣。故臣闻义谋之法以民事之本也，故及义而谋[6]，信民而动[7]，未闻不存者也[8]。昔三代之兴也，谋必度其义，事必因于民。及其衰也，建谋不及义，兴事伤民。故度义因民，谋事之术也。"

公曰："寡人不敏[9]，闻善不行，其危如何？"

对曰："上君全善，其次出入焉，其次结邪而羞问。全善之君能制；出入之君时问，虽曰危[10]，尚可以没身[11]；羞问之君，不能保其身。今君虽危，尚可没身也。"

【注释】

〔1〕因：随顺。

〔2〕縻：牵系，束缚。

〔3〕义劳：当作"羡荣"，余荣。

〔4〕如利：当作"加利"，增益。

〔5〕人：当作"义"。　谟：通"谋"。

〔6〕及：当作"反"。

〔7〕信：当作"倍"，违背。

〔8〕不：系后人添加。

〔9〕不敏：不聪明。

〔10〕日：当作"曰"。

〔11〕没身：指保全自身一直到死。

【译文】

　　景公问晏子说："谋划一定能实现，做事一定能成功，有什么方法吗？"

　　晏子回答说："有。"

　　景公说："这种方法是什么？"

　　晏子回答说："谋划时考虑符合道义就一定能实现，做事情顺应民心就一定能成功。"

　　景公说："这指的是什么？"

　　晏子说："谋划的时候，不受亲近的人的制约，不受上下的人的羁绊，名无不正，事无不合，上不违背天意，下不违背民心，靠这些来谋划的，一定能实现。谋划的事情大获利就大，谋划的事情小获利就小。衡量事情的大小，权衡利益的轻重，使国家增加荣誉，百姓增加利益，凭着这些来做事的，一定能成功。避开道义的原则去谋划，即使实现了也不能久安；轻视百姓去做事，即使成功了也不荣耀。所以我听说道义是谋划的法则，百姓是做事的根本，所以违反道义的法则去谋划，违背百姓意愿做事，没有听说能成功的。从前夏、商、周三代兴盛的时候，谋划时必定考虑是否符合道义，做事一定顺应民心。等到他们衰败的时候，谋划的时候不顾及道义，做事伤害百姓。所以，考虑符合道义顺应民心是谋划和做事的方法。"

景公说："我不聪明，知道好的道理而不能实行，它的危害是怎样的呢？"

晏子回答说："上等的君主尽善尽美，次等的君主处于善与不善之间，再次一等的君主坚持邪恶耻于问善。尽善尽美的君主能控制住国家，次等的君主有时能问善，虽说有危险，还能保全自身；耻于问善的君主，不能保全自身。现在君主您虽然有危险，尚能保全自身。"

景公问善为国家者何如
晏子对以举贤官能第十三

景公问晏子曰："莅国治民，善为国家者何如？"

晏子对曰："举贤以临国，官能以救民[1]，则其道也。举贤官能，则民与若矣[2]。"

公曰："虽有贤能，吾庸知乎[3]？"

晏子对曰："贤而隐，庸为贤乎？吾君亦不务乎是，故不知也。"

公曰："请问求贤。"

对曰："观之以其游，说之以其行，君无以靡曼辩辞定其行[4]，无以毁誉非议定其身，如此，则不为行以扬声[5]，不掩欲以荣君[6]，故通则视其所举[7]，穷则视其所不为，富则视其所不取[8]。夫上士，难进而易退也；其次，易进易退也；其下，易进难退也。以此数物者取人，其可乎！"

【注释】

〔1〕救：通"伤"，治理。

〔2〕与：这里有顺从、追随的意思。

〔3〕庸：怎么。

〔4〕靡曼：美丽。

〔5〕为：通"伪"。

〔6〕荣：通"营"，惑。

〔7〕通：通达，显贵。

〔8〕富则视其所不取：王念孙云："《治要》作'富则视其所分，贫则视其所不取'。"

【译文】

景公问晏子说："治理国家管理百姓，能够把国家治理好的人，他们的方法是怎样的？"

晏子回答说："选拔贤德的人来治理国家，任用有才能的人来管理百姓，这就是他们的方法。选拔贤德的人，任用有才能的人，那么百姓就会顺从。"

景公说："即使有贤德和有才能的人，但是我怎么知道呢？"

晏子回答说："有贤德却隐居的人，怎么还能称得上是贤德呢？我的君主不致力于寻求贤德的人，所以不知道了。"

景公说："请问寻求贤德的人的方法。"

晏子说："通过他所交往的人去观察他，通过他的行为去评判他。不要凭他华丽的言辞与辩词去判定他的行为，也不要凭别人对他的诋毁与诽谤去判定他的为人，这样，人们就不会伪装自己的行为来播扬声誉，不会掩盖自己的私欲来迷惑君王。所以对得志的人要观察他所做的事，对失意的人要观察他所不做的事，对富有的人要观察他把财物分给什么人，对贫贱的人要观察他有所不取的志向。最贤良的人，不轻易出来当官却容易引退；次一等的人容易出来当官也容易引退；再次一等的人容易出来当官却不容易引退。用这几条标准去考察录用人，这就可以了。"

景公问君臣身尊而荣难乎晏子对以易第十四

景公问晏子曰："为君，身尊民安；为臣，事治身荣，难乎，易乎？"

晏子对曰："易。"

公曰："何若？"

对曰："为君节养其余以顾民[1]，则君尊而民安，为臣忠信而无逾职业[2]，则事治而身荣。"

公又问："为君何行则危？为臣何行则废[3]？"

晏子对曰："为君，厚藉敛而托之为民，进谗谀而托之用贤，远公正而托之不顺，君行此三者则危；为臣，比周以求进[4]，逾职业，防下隐利而求多，从君，不陈过而求亲，人臣行此三者则废。故明君不以邪观民[5]，守则而不亏，立法仪而不犯。苟有所求于民，而不以身害之，是故刑政安于下，民心固于上，故察士不比周而进[6]，不为苟而求，言无阴阳[7]，行无内外，顺则进，否则退，不与上行邪，是以进不失廉，退不失行也。"

【注释】

〔1〕节：节制。

〔2〕逾：超越。

〔3〕废：罢免。

〔4〕比周：树党营私。

〔5〕观：昭示。

〔6〕察士：明辨是非的人。

〔7〕言无阴阳：说话不明里一套，暗里一套。

【译文】

景公问晏子说："当君主的，自身尊贵，百姓安宁；做臣子的，政事治理得好，自身荣耀，是难以办到呢还是容易办到？"

晏子回答说："容易。"

景公说："应该怎么去做？"

晏子回答说："当君主的节约开支将多余的钱财用来照顾百姓，那么君主自身尊贵，百姓安宁；做臣子的忠诚守信，不做超越职权范围的事，那么政事就治理得好，自身也获得荣耀。"

景公又问："当君主的怎样做就危险？做臣子的怎样做就遭罢免？"

晏子回答说："当君主的加重税赋还借口说是为了百姓，任用谗谀小人还借口说是任用贤良，疏远光明正大的人而借口说他们不顺从自己，君主做了这三件事就危险；做臣子的，结党营私以求得到提拔，超越职权，严防下级，隐匿私利，贪求多得，侍奉君王，不直陈君王的过失以求得君王的宠信，做臣子的做了这三件事就罢免他。所以圣明的君主不做邪僻的事情来让百姓看，严守法则而不去损害法则，制定了法规而不去违犯，如果对百姓有所求，也不因自身的需要而伤害百姓，刑律政治使百姓安定，民心都归附君主。所以明辨是非的人不拉帮结派来求得提拔，不为私欲而贪求财利，说话不阳奉阴违，行为表里如一，符合自己的意愿就当官，不符合自己的意愿就引退，不与君主一起做邪僻的事，所以当官时不丧失自己的廉正，引退时不丧失自己的品德。"

景公问天下之所以存亡晏子对以六说第十五

景公问晏子曰："寡人持不仁，其无义耳也^[1]。不然，北面与夫子而义。"

晏子对曰："婴，人臣也，公曷为出若言？"

公曰："请终问天下之所以存亡^[2]。"

晏子曰："缦密不能^[3]，麓苴不学者谄^[4]；身无以用人，而又不为人用者卑；善人不能戚，恶人不能疏者危；交游朋友从[5]，无以说于人，又不能说人者穷；事君要利，大者不得，小者不为者馁[6]；修道立义，大不能专，小不能附者灭[7]。此足以观存亡矣。”

【注释】

〔1〕义：通"议"。

〔2〕终问：询问事情的究竟。

〔3〕缦密：绵密，精微。

〔4〕麤苴：同"麤粗"，粗疏。"不"字原脱，从王念孙说补。

〔5〕从：衍字。

〔6〕馁：通"馁"，饥饿。

〔7〕附：追随，协作。

【译文】

景公问晏子说："我不仁德，本没有资格议论什么，不管怎样，让我坐南向北与先生谈论谈论。"

晏子回答说："我是臣子，君王为什么说出这样的话？"

景公说："我想穷根究底地向您询问国家之所以兴盛和衰亡的原因。"

晏子说："精细的事情不能做，粗疏的事情又不愿学的人必然遭到挫折；自己没有才能使用人，又不愿被别人使用的人必定低贱；对善良的人不能亲近，对邪恶的人不能疏远的人必定遭到危险；与朋友交往，自己没有被人喜欢的长处，又不喜欢别人的人，必定穷困。侍奉君主求取利益，大的事情得不到做，小的事情又不愿做的人必受饥饿；想修养道德、树立仁义，但大的事情不能单独负起责任，小的事情又不能跟随别人的人一定失败。这些足以用来观察国家的兴盛和衰亡了。"

景公问君子常行曷若晏子对以三者第十六

景公问晏子曰："君子常行曷若[1]？"

晏子对曰："衣冠不中[2]，不敢以入朝；所言不义，不敢以要君；行己不顺，治事不公，不敢以莅众。衣冠无不中，故朝无奇僻之服；所言无不义，故下无伪上之报；身行顺，治事公，故国无阿党之义[3]。三者，君子之常行者也。"

【注释】

〔1〕常行：平素的品行。

〔2〕中：符合规定。

〔3〕义：通"议"。

【译文】

景公问晏子说："君子平素的品行是怎样的？"

晏子回答说："衣冠如果穿戴得不符合规定，就不敢入朝；所说的话如果不符道义，就不敢用来要求君主；如果自己的行为不遵循礼仪规范，处理政事不公正，就不敢去管理百姓。衣冠没有不符合规定的情况，所以朝廷里就没有奇装异服；所说的话没有不符合道义的情况，所以臣下就不会有欺骗君主的假报告；自己的行为遵循礼仪规范，办事公正，所以国家没有结党营私的事情。这三条，就是君子平素的品行。"

景公问贤君治国若何
晏子对以任贤爱民第十七

景公问晏子曰："贤君之治国若何？"

晏子对曰："其政任贤，其行爱民，其取下节，其自养俭。在上不犯下，在治不傲穷。从邪害民者有罪，进善举过者有赏。其政，刻上而饶下[1]，赦过而救穷。

不因喜以加赏，不因怒以加罚，不从欲以劳民，不修怒而危国[2]。上无骄行，下无谄德；上无私义，下无窃权。上无朽蠹之藏，下无冻馁之民。不事骄行而尚司[3]，其民安乐而尚亲。贤君之治国若此。"

【注释】

〔1〕刻上：对上严厉。 饶下：对下宽容。

〔2〕修怒：结怨。"怒"当作"怨"。

〔3〕司：当作"同"。

【译文】

景公问晏子说："贤明的君主是怎样治理国家的？"

晏子回答说："贤明的君主治理国家，在政事上能任用贤德的人，他们的行为是爱护百姓，在向百姓索取时能够节制，对自己的供养很节俭。能够使在上位的人不侵犯在下位的人，当官的人不轻视没有当官的人。放纵邪恶残害百姓的人得到罪罚，进陈善言指出过失的人得到嘉奖。他们的政令对上严格，对下宽容，赦免有过失的人，救助贫困的人。不因为自己高兴而给予奖赏，也不因为自己愤怒而给予惩罚，不放纵私欲来劳累百姓，不与诸侯结怨而危害国家。君主没有骄横的行为，臣子没有谄媚的品德；君主没有偏私的心意，臣下没有窃取权力的行为。君主没有积藏得腐朽虫蛀的财物，民间没有受冻挨饿的百姓。君主不做骄横的事情，崇尚上下一致，百姓安居乐业，崇尚相亲相爱。贤明的君主就是这样治理国家的。"

景公问明王之教民何若
晏子对以先行义第十八

景公问晏子曰："明王之教民何若？"

晏子对曰：“明其教令，而先之以行义；养民不苟，而防之以刑辟[1]。所求于下者，不务于上[2]；所禁于民者，不行于身。守于民财，无亏之以利；立于仪法，不犯之以邪。苟所求于民，不以身害之，故下之劝从其教也。称事以任民[3]，中听以禁邪，不穷之以劳，不害之以实[4]，苟所禁于民，不以事逆之，故下不敢犯其上也。古者百里而异习，千里而殊俗[5]，故明王修道，一民同俗。上爱民为法，下相亲为义，是以天下不相遗，此明王教民之理也。”

【注释】

〔1〕刑辟：刑法。辟，法。

〔2〕不务：当作“必务”。

〔3〕称：权衡。

〔4〕实：当作“罚”。

〔5〕殊：不同。

【译文】

景公问晏子说：“圣明的君王是怎样教导百姓的？”

晏子回答说：“明白告知教谕与法令，而自己率先实行；对待百姓不苛刻，用刑法来防范犯罪。要求臣民做到的事情，自己一定做到；禁止百姓做的事情，自己不违犯。保护百姓的财物，不让他们的利益受到损害；制定了法规礼仪，自己不用邪僻的行为去违犯。如果对百姓有所求，不因为自身的需求侵害他们，所以百姓听从他们的教化。衡量事情的轻重缓急来役使百姓，公正地审判案件来禁止邪恶，不用过分劳累的事情使百姓疲惫不堪，不用不公正的刑罚来迫害百姓，如果禁止百姓做的事情，君主也不借故违反，所以百姓不敢冒犯他们的君主。古时候相距百里习惯就不同，相距千里风俗就不同，因此圣明的君主修明道德，使百姓一致、风俗同一。君主以爱护百姓为准则，百姓以相亲相爱为道义，所以天下的人不互相遗弃，这就是圣明的君主教导百姓的方法。"

景公问忠臣之事君何若
晏子对以不与君陷于难第十九

景公问于晏子曰："忠臣之事君也何若?"

晏子对曰："有难不死，出亡不送。"

公不说，曰："君裂地而封之[1]，疏爵而贵之[2]，君有难不死，出亡不送，可谓忠乎?"

对曰："言而见用，终身无难，臣奚死焉;谋而见从，终身不出，臣奚送焉。若言不用，有难而死之，是妄死也[3];谋而不从，出亡而送之，是诈伪也。故忠臣也者，能纳善于君，不能与君陷于难。"

【注释】

〔1〕裂地:分割土地。
〔2〕疏爵:分封爵位。
〔3〕妄死:白死。

【译文】

景公问晏子说："忠臣是怎样侍奉君主的?"

晏子回答说："君主有灾难不为他殉死，国君逃亡不为他送行。"

景公很不高兴，说："君主分割土地封赏臣子，分封爵位使他们显贵，君主有灾难而不殉死，君主逃亡而不送行，这样能称得上是忠臣吗?"

晏子回答说："如果臣子的善言被采纳，君主终身都不会有灾难，臣子怎么会殉死呢？臣子的计谋被采用，君主终身都不会逃亡，臣子怎么会去送行呢？如果善言不被采用，君主有难而臣子为他殉死，这是白白地死；计谋不被采纳，君主逃亡而臣子为他送行，这就是虚伪。所以忠臣在于能够让君主采纳善言，而不在于与君王一起陷入死难的境地。"

景公问忠臣之行何如
晏子对以不与君行邪第二十

景公问晏子曰："忠臣之行何如？"

对曰："不掩君过，谏乎前，不华乎外[1]；选贤进能，不私乎内。称身就位，计能定禄[2]。睹贤不居其上，受禄不过其量。不权居以为行[3]，不称位以为忠[4]。不揜贤以隐长[5]，不刻下以谀上。君在不事太子，国危不交诸侯。顺则进，否则退，不与君行邪也。"

【注释】
〔1〕华：通"哗"，喧哗。
〔2〕定：当作"受"。
〔3〕不：衍字。 权：衡量。
〔4〕不：衍字。
〔5〕揜：掩盖。

【译文】
景公问晏子说："忠臣的德行是怎样的？"
晏子回答说："不掩饰君主的过失，对君主的过失当面劝谏，但不在外宣扬君主的过失；选拔贤德的人，推荐有才能的人，不偏私对自己亲近的人。权衡自己的品德接受适当的职位，衡量自己的才能接受适当的俸禄。看到贤德的人，自己的职位不超过他，接受俸禄也不超过他。根据自己所处的地位做事，根据自己的职位尽忠职守。不压制贤德的人而隐瞒他们的长处，不刻薄下属而阿谀奉承君主。君主在位时不侍奉太子，国家危急时不交好诸侯。能实现自己的意愿就当官，不能实现自己的意愿就引退，不与君主一起干邪僻的事情。"

景公问佞人之事君何如
晏子对以愚君所信也第二十一

景公问："佞人之事君如何[1]？"

晏子对曰："意难[2]，难不至也。明言行之以饰身[3]，伪言无欲以说人。严其交以见其爱[4]，观上之所欲，而微为之偶[5]，求君逼迩，而阴为之与[6]。内重爵禄，而外轻之以诬行；下事左右，而面示正公以伪廉。求上采听，而幸以求进；傲禄以求多，辞任以求重。工乎取，鄙乎予；欢乎新，慢乎故；吝乎财，薄乎施。睹贫穷若不识，趋利若不及。外交以自扬，背亲以自厚。积丰义之养[7]，而声矜恤之义。非誉乎情，而言不行身。涉时所议，而好论贤不肖。有之己，不难非之人；无之己，不难求之人。其言强梁而信[8]，其进敏逊而顺[9]。此佞人之行也。明君之所诛，愚君之所信也。"

【注释】
〔1〕佞人：善以巧言献媚的人。
〔2〕难：通"戁"，恐惧。

〔3〕饰：掩饰。

〔4〕见：通"现"。

〔5〕微：暗中。 偶：合。

〔6〕与：党与。

〔7〕丰义：当作"丰羡"，丰饶。

〔8〕强梁：刚强。

〔9〕敏：奋勉。

【译文】

景公问晏子说："奸佞的人是怎样侍奉国君的？"

晏子回答说："这种人成天患得患失，生怕名利不能到手。他们公开的言行只不过用来装饰自己，假称没有私欲以便取悦于人。尊敬被君主尊崇的人，以表明他们热爱君主；观察君主的爱好，并暗中适合君主的要求。专求君主亲近的人，暗中与他们结成朋党。内心看重高官厚禄，而表面却以违心的行为表示轻视；他们低声下气地侍奉君主亲近的人，而表面上却以虚假的廉正显示公正。谋求君主采纳他们的意见，希望以此获得晋升；他们用轻视俸禄的方法来谋求更多的俸禄，用辞官不做的方法来求取更高的官职。他们善于敛取钱财，却不乐意施舍；喜欢更变花样，轻慢旧的法令；吝惜钱财，施舍极少。看见贫穷的亲友好像不相识，争相取利唯恐落于人后。在外结交诸侯的权臣来抬高自己，背叛至亲以便自己得到重利。积藏着丰饶的供自己花销的财物，却希望得到体恤穷人的名声。他们诽谤人或赞誉人都不符合实情，他们所说的话又不能身体力行。他们受到当时人的非议，却又喜欢评说别人的长短。他们自己所具备的，就轻易地责备别人不具备，自己不具备的，却轻易地要求别人具备。他们的持论好似刚毅而诚信，他们求取官职看似奋勉谦逊而顺当。这就是奸佞的人的所作所为。这些人是圣明的君主所要剪除的，是愚昧的君主所宠信的。"

景公问圣人之不得意何如
晏子对以不与世陷乎邪第二十二

景公问晏子曰："圣人之不得意何如？"

晏子对曰：“上作事反天时[1]，从政逆鬼神，藉敛殚百姓；四时易序[2]，神祇并怨；道忠者不听，荐善者不行，谀过者有赍[3]，救失者有罪。故圣人伏匿隐处，不干长上，洁身守道，不与世陷乎邪，是以卑而不失义，瘁而不失廉[4]。此圣人之不得意也。”

“圣人之得意何如？”

对曰：“世治政平，举事调乎天，藉敛和乎百姓；乐及其政，远者怀其德；四时不失序，风雨不降虐；天明象而赞，地长育而具物；神降福而不靡[5]，民服教而不伪；治无怨业[6]，居无废民[7]。此圣人之得意也。”

【注释】

〔1〕天时：自然变化的规律。

〔2〕易：改变。

〔3〕赍：赏赐。

〔4〕瘁：劳累。

〔5〕靡：停止。

〔6〕怨：通“蕴”，积压。

〔7〕废民：无业游民。

【译文】

景公问晏子说：“圣人不得意的时候是怎样的呢？”

晏子回答说：“君主做事违反自然规律，为政违背鬼神的意志，征收赋税使百姓财物穷尽；四季改变了次序，天神、地神都很怨恨；说话忠诚的人不被听信，进献善言的人得不到任用；奉承君主过失的人有赏，弥补君主过失的人有罪。所以圣人藏伏埋名隐居，不向君主求取官职，洁身自好，坚守道义，不与世俗的人一起陷入邪恶，这样他们虽然地位低下却不丧失道义，处境困窘却不丧失廉正的品行。这就是圣人不得意的时候。”

景公又问："圣人得意的时候是怎样的呢?"

晏子回答说:"国家得到治理,政治清平,所有的举措都与自然规律协调,征收税赋符合百姓的意愿;百姓喜欢君主的政令,远方的人感念他的恩德;四时运行不失去次序,风调雨顺没有灾害;上天显示吉祥的征兆来表彰君主,大地永远化育万物因而万物齐备;神灵降福永不停止,百姓服从教化而不勉强;治理国家没有积压下来的政事,平常没有无业的游民。这就是圣人得意的时候。"

景公问古者君民用国不危弱
晏子对以文王第二十三

景公问晏子曰:"古者君民而不危[1],用国而不弱[2],恶乎失之[3]?"

晏子对曰:"婴闻之,以邪莅国,以暴和民者危[4];修道以要利[5],得求而返邪者弱。古者文王修德,不以要利,灭暴不以顺纣,干崇侯之暴[6],而礼梅伯之醢[7],是以诸侯明乎其行,百姓通乎其德[8],故君民而不危,用国而不弱也。"

【注释】

〔1〕君:君临,指喻统治。
〔2〕用国:治理国家。
〔3〕失:当作"先"。
〔4〕和:当作"加"。
〔5〕要:求。
〔6〕干:犯。　崇侯:崇侯虎。纣王的诸侯。
〔7〕梅伯:纣王的诸侯。纣王无道,杀死梅伯制成肉酱。
〔8〕通:传达。

【译文】

景公问晏子说："古代当国君统治百姓而不遇到危险，治理国家而不使它衰弱，应该首先做些什么？"

晏子回答说："我听说，用邪恶的人来治理国家，把暴力强加于百姓的就会遇到危险；修明治国之道是为了谋求利益，得到所谋取的利益之后又回过头来做邪恶的事，国家就会衰弱。古时候周文王修养道德，不是为了谋取利益，诛灭残暴而不顺从纣王，敢于冒犯崇侯虎的凶暴，礼敬被剁成肉酱的梅伯，因此诸侯彰显他的德行，百姓传颂他的恩德，所以他统治百姓不会遇到危险，治理国家不会使它衰弱。"

景公问古之莅国者任人如何
晏子对以人不同能第二十四

景公问晏子曰："古之莅国治民者，其任人何如？"

晏子对曰："地不同生[1]，而任之以一种，责其俱生不可得[2]；人不同能，而任之以一事，不可责遍成。责焉无已，智者有不能给[3]；求焉无餍，天地有不能赡也[4]。故明王之任人，谄谀不迩乎左右，阿党不治乎本朝。任人之长，不强其短；任人之工，不强其拙。此任人之大略也[5]。"

【注释】

〔1〕生：通"性"。

〔2〕责：要求。

〔3〕给：满足。

〔4〕赡：足够。

〔5〕大略：情况的大概。

【译文】

景公问晏子说："古代统治国家治理百姓的君主，他们任用人的情况是怎样的？"

晏子回答说："土地有不同的性质，而种上同一种东西，要求它们都能生长是不可能的；人的才能各不相同，而任用他们做同一类事情，不可以要求他们都能成功。要求没有穷尽，即使有智慧的人也有不能满足要求的时候；索取没完没了，天地也有不能给足的时候。所以圣明的君主任用人，不让阿谀奉承的人靠近身边，不让结党营私的人在朝廷做官。任用人的长处，不勉强使用他的短处；任用人所精通的，不勉强人去做不擅长的事。这就是古代君主任用人的大致情形。"

景公问古者离散其民如何
晏子对以今闻公令如寇仇第二十五

景公问晏子曰："古者离散其民，而陨失其国者[1]，其常行何如[2]？"

晏子对曰："国贫而好大，智薄而好专[3]，贵贱无亲焉，大臣无礼焉；尚谗谀而贱贤人，乐简慢而玩百姓[4]；国无常法[5]，民无经纪[6]；好辩以为忠[7]，流湎而忘国[8]，好兵而忘民；肃于罪诛[9]，而慢于庆赏，乐人之哀，利人之难；德不足以怀人，政不足以惠民，赏不足以劝善，刑不足以防非。亡国之行也。今民闻公令如寇仇，此古离散其民，陨失其国所常行者也。"

【注释】

〔1〕陨失：丧败。

〔2〕常：平素。

〔3〕专：专断。

〔4〕简慢：怠慢。　玩：轻视。

〔5〕常：恒常。

〔6〕经纪：纲纪。

〔7〕好辩以为忠：王念孙云："案《治要》作'好辩以为治，刻民以为忠'。"

〔8〕流湎：流连沉湎。

〔9〕肃：严急。

【译文】

景公问晏子说："古代使自己的百姓离散，而丧失自己国家的人，他们通常的行为是怎么样的？"

晏子回答说："国家贫困而好大喜功，智力浅薄而好专断，贵戚平民都不亲近他，大臣也对他不讲礼仪；尊尚善进谗言阿谀谄媚的人而轻视贤德的人，喜欢急慢不羁的人而轻视百姓；国家没有恒常的法律，百姓没有可遵循的纲纪；把巧言善辩当作智慧，把苛虐百姓当作忠诚，流连沉湎于享乐而忘记了国家大事，喜好打仗而忘记了百姓的疾苦；对于治罪杀人很严厉，对于赏赐却很随意。把别人的悲哀当作自己的快乐，把别人的遭难当作对自己有利的事；道德不足以使人感念，政令不足以使百姓得到好处，赏赐不足以用来劝导向善，刑罚不足以用来防止作恶。这就是亡国的行为。现在百姓听到君王的命令就像遇到了贼寇，这就是古代使自己的百姓离散，丧失自己国家的人的通常行为。"

景公问欲和臣亲下
晏子对以信顺俭节第二十六

景公问晏子曰："吾欲和民亲下奈何？"

晏子对曰："君得臣而任使之，与言信，必顺其令，赦其过，任大无多责焉〔1〕，使迩臣无求嬖焉；无以嗜欲贫其家，无亲谗人伤其心。家不外求而足，事君不因人而进，则臣和矣。俭于藉敛，节于货财，作工不历时〔2〕，使民不尽力；百官节适〔3〕，关市省征〔4〕；山林陂泽〔5〕，不专其利；领民治民，勿使烦乱，知其贫富，勿使冻馁，则民亲矣。"

公曰："善！寡人闻命矣。"故令诸子无外亲谒，辟梁丘据无使受报〔6〕，百官节适，关市省征，陂泽不禁，冤报者过，留狱者请焉〔7〕。

【注释】

〔1〕任大：当作"任大臣"。

〔2〕历时：超过定时。

〔3〕节适：适于节度。

〔4〕关市：关口集市。

〔5〕陂：池塘、湿地。

〔6〕辟：除去。

〔7〕请：请脱其罪，即释放。

【译文】

景公问晏子说："我想与臣子和谐，与百姓亲近，应该怎么做？"

晏子回答说："君主得到臣子以后就任用他们，和他们谈话要诚信，一定听从他们的善言，赦免他们的过失；任用大臣不求全责备，使用近臣不要用自己宠爱的人；不要因自己的贪欲使臣子的家贫穷，不要亲近善进谗言的人来伤害臣子的心。臣下居家不必向外求取而能自足，臣子侍奉君主不借助别人的力量就能被任用，这样臣子就会与君主和谐了。征收税赋从轻，使用财货节省，兴办工程不历时太久，役使百姓不耗尽他们的全部精力；百官设置适当，关口和集市减少税收，山林池泽向百姓开放，不独占那里的好处；引导和治理百姓，不使他们烦恼和动乱，了解他们贫穷或富有的情况，不要让他们受冻挨饿，这样百姓就亲附君主了。"

　　景公说："说得好！我听从您的教诲。"因此命令儿子们不准接受外人的拉拢和请托，摒除梁丘据，不让他担任判决罪人的官职，百官设置适当，关口和集市减少税收，不禁止百姓进入池泽，冤枉罪人的要受到责罚，滞留在监狱中的罪人要予以假释。

景公问得贤之道
晏子对以举之以语考之以事第二十七

　　景公问晏子曰："取人得贤之道何如？"

　　晏子对曰："举之以语[1]，考之以事[2]，能谕[3]，则尚而亲之，近而勿辱以取人，则得贤之道也。是以明君居上，寡其官而多其行，拙于文而工于事[4]，言不中不言，行不法不为也。"

【注释】

　　〔1〕举：举荐，这里指任用。
　　〔2〕考：考察。
　　〔3〕谕：知晓。
　　〔4〕文：文采。

【译文】

　　景公问晏子说："选取人能得到贤良的人的办法是什么？"
　　晏子回答说："根据他的言语来举荐他，根据他所做的事来考察他，能懂得治国的方法，就尊重并亲近他，选取人要亲近有礼而不要侮辱他，这就是能得到贤人的方法。所以圣明的君主高居上位，应该减少官员的数额而使他们多干事，不讲求言辞的华丽，而注重能够办事，不符合正道的话不说，不符合法令的事不做。"

景公问臣之报君何以晏子对报以德第二十八

景公问晏子曰："臣之报君何以？"

晏子对曰："臣虽不知[1]，必务报君以德。士逢有道之君，则顺其令[2]；逢无道之君，则争其不义[3]。故君者择臣而使之，臣虽贱，亦得择君而事之。"

【注释】

〔1〕知：通"智"，明智。
〔2〕顺：顺从。
〔3〕争：通"诤"，劝谏。

【译文】

景公问晏子说："臣子用什么来报效国君？"

晏子回答说："臣下虽然愚昧，也一定努力用德行来报效君王。士人遇上有道的君主，就顺从他的命令；遇到无道的君主，就对他不道义的行为进行劝谏。所以君主要选择好臣子来使用他，臣下虽然地位低下，也要选择好君主来侍奉他。"

景公问临国莅民所患何也
晏子对以患者三第二十九

景公问晏子曰："临国莅民，所患何也？"

晏子对曰："所患者三：忠臣不信，一患也；信臣

不忠，二患也；君臣异心，三患也。是以明君居上，无
忠而不信，无信而不忠者。是故君臣同欲^[1]，而百姓无
怨也。"

【注释】

〔1〕欲：欲望，想法。

【译文】

景公问晏子说："统治国家管理百姓，担心的事情是什么？"

晏子回答说："担心的事情有三件：忠于国君的臣子得不到国
君的信赖，这是第一件担忧的事情；国君信赖的臣子不忠于国君，
这是第二件担忧的事情；国君与臣子离心离德，这是第三件担忧的
事情。所以圣明的君主高居上位，没有忠臣不受信赖的，没有所信任
的臣子不忠的。所以说国君与臣子同心同德，百姓就没有怨恨了。"

景公问为政何患晏子对以善恶不分第三十

景公问于晏子曰："为政何患？"

晏子对曰："患善恶之不分。"

公曰："何以察之？"

对曰："审择左右^[1]。左右善，则百僚各得其所
宜，而善恶分。"

孔子闻之曰："此言也信矣^[2]！善进，则不善无由
入矣^[3]！不善进，则善无由入矣。"

【注释】

〔1〕审择：慎重选择。

〔2〕信：确实，正确。

〔3〕无由：无从，没有办法。

【译文】

景公问晏子说："治理国家所担心的是什么？"

晏子回答说："所担心的是不能分辨善良与邪恶。"

景公说："用什么办法去考察善良与邪恶呢？"

晏子说："慎重地选择好身边的人。君王身边的近臣忠善，那么百官就会各自得到他所适宜的位置，因而善良与邪恶就能分辨了。"

孔子听到此事后说："晏子的话太确切了！有善行的人得到进用，那么没有善行的人就无法入朝当官了；没有善行的人得到进用，那么有善行的人就没有办法入朝当官了。"

内篇问下第四

景公问何修则夫先王之游
晏子对以省耕实第一

景公出游，问于晏子曰："吾欲观于转附、朝舞[1]，遵海而南[2]，至于琅琊[3]，寡人何修，则夫先王之游[4]？"

晏子再拜曰："善哉！君之问也。闻天子之诸侯为巡狩[5]，诸侯之天子为述职[6]。故春省耕而补不足者谓之游[7]，秋省实而助不给者谓之豫[8]。夏谚曰：'吾君不游，我曷以休？吾君不豫，我曷以助？一游一豫，为诸侯度[9]。'今君之游不然，师行而粮食[10]，贫苦不补，劳者不息。夫从南历时而不反谓之流[11]，从下而不反谓之连，从兽而不归谓之荒[12]，从乐而不归谓之亡[13]。古者圣王无流连之游，荒亡之行。"

公曰："善。"命吏计公掌之粟，藉长幼贫氓之数[14]。吏所委发廪出粟，以予贫民者三千钟，公所身见癃老者七十人[15]，振赡之，然后归也。

【注释】
　〔1〕转附、朝舞：均山名。

〔2〕遵：循，顺。

〔3〕琅琊：山名。在山东省东部胶南市南境。

〔4〕则：效法。

〔5〕之：往，去。　巡狩：同"巡守"。古时皇帝五年一巡守，视察诸侯所守的地方。

〔6〕述职：诸侯向天子陈述职守。

〔7〕省：视察。

〔8〕豫：游乐。

〔9〕度：法度。

〔10〕粮食：粮食于民，即要百姓供应粮食。

〔11〕南：当作"高"。

〔12〕荒：迷乱。

〔13〕亡：失德。

〔14〕藉：通"籍"，登记。

〔15〕癃老：衰老病弱。

【译文】

景公出外巡游，问晏子说："我想观赏转附、朝舞，然后沿海路南下，到达琅琊山，我应该怎样修为才能效法先王的巡游呢？"

晏子拜了又拜后说："君王问得好啊！我听说天子到诸侯那里去叫作巡狩。诸侯到天子那里去叫作述职。所以春天察看耕种情况，补助那些贫困不足的人叫作游，秋天察看粮食收成，补助不能自给自足的人叫作豫。夏朝的谚语说：'我们的君王不巡游，我怎会得到休息？我们的君王不游乐，我怎会得到帮助？君王的一游一豫，足以成为诸侯的法度。'现在君王的出游不是这样，出巡队伍走到哪里，都要百姓供应粮食，贫苦的人得不到补助，劳动的人得不到休息。纵情游山超过时间不回去叫作流，纵情游水不回去叫作连，纵情打猎不回去叫作荒，纵情玩乐不回去叫作亡。古代的圣明的君王没有流连不归的巡游，没有荒亡的行为。"

景公说："说得好。"命令官吏计算国家仓库的粮食，登记年老、幼小、贫困的百姓的人数。官吏打开仓库发放粮食，用来给予贫苦百姓的有三千钟，景公亲自接见的七十个衰老病弱的人，都赈济了他们，然后才返回。

景公问桓公何以致霸晏子对以下贤以身第二

景公问于晏子曰:"昔吾先君桓公,善饮酒穷乐[1],食味方丈[2],好色无别[3],辟若此[4],何以能率诸侯以朝天子乎?"

晏子对曰:"昔吾先君桓公,变俗以政,下贤以身。管仲,君之贼者也[5],知其能足以安国济功,故迎之于鲁郊,自御,礼之于庙。异日,君过于康庄[6],闻宁戚歌[7],止车而听之,则贤人之风也,举以为大田[8]。先君见贤不留[9],使能不怠,是以内政则民怀之,征伐则诸侯畏之。今君闻先君之过,而不能明其大节,桓公之霸也,君奚疑焉?"

【注释】

〔1〕穷:极尽。

〔2〕食味方丈:各种佳肴摆满桌子。方丈,一丈见方。

〔3〕好色无别:齐桓公好色,没有亲疏之分,与诸姑姊妹不嫁者淫乱,凡七人。

〔4〕辟:通"僻"。

〔5〕君之贼者也:齐襄公被弑后,管仲辅佐公子纠与公子小白(齐桓公)争先入齐,曾射中公子小白带钩,所以说是公子小白的仇敌。

〔6〕康庄:指宽阔平坦、四通八达的大路。

〔7〕闻宁戚歌:宁戚是春秋时期卫国人,怀才不遇,在齐国都城外喂牛,望见齐桓公,击辕而歌,齐桓公闻歌而异之,拜为客卿。

〔8〕大田:又作"大农",农官。

〔9〕留:迟滞,耽搁。

【译文】

景公问晏子说:"过去我们的先君桓公,喜好饮酒而尽情享乐,佳肴美味摆满桌子,喜好女色,没有亲疏之别,邪僻到这种程度,为什么能够率领诸侯去朝见周天子呢?"

晏子回答说:"从前我们的先君桓公,用政教来改变陋俗,自己能礼贤下士。管仲曾是桓公的仇敌,先君桓公知道他有足以治国安邦建立功勋的才能,所以到鲁国的郊外去迎接他,还亲自驾车,并在宗庙里按礼仪会见他。有一天,先君桓公在大道上经过,听到宁戚在唱歌,就停下车来仔细听他唱,知道他有贤人的风范,就任命他担任大田之职。先君桓公发现贤良的人后就毫不迟疑地予以重用,任用有才能的人一刻不敢怠慢,所以他处理内政,百姓感念他的恩德,征伐暴虐,诸侯都敬畏他。现在君主只知道先君桓公的过失,却不能了解他的大节,对先君桓公称霸诸侯,君主为什么要怀疑呢?"

景公问欲逮桓公之后晏子对以任非其人第三

景公问晏子曰:"昔吾先君桓公,从车三百乘,九合诸侯,一匡天下。今吾从车千乘,可以逮先君桓公之后乎?"

晏子对曰:"桓公从车三百乘,九合诸侯,一匡天下者,左有鲍叔[1],右有仲父。今君左为倡[2],右为优[3],谗人在前,谀人在后,又焉可逮桓公之后者乎?"

【注释】

〔1〕鲍叔:鲍叔牙,齐国大夫。齐桓公任命他为宰,他辞谢而保举管仲。

〔2〕倡:倡伶,歌舞的人。

〔3〕优：俳优，演戏的人。

【译文】

景公问晏子说："从前我们的先君桓公，随从他的战车只有三百辆，却能够九次盟会诸侯，安定天下。现在我拥有战车千辆，可以跟随在先君桓公之后成为诸侯霸主吗？"

晏子回答说："桓公能以三百辆战车，九次盟会诸侯，安定天下的原因，是他左有鲍叔，右有管仲。现在君王身边左为倡伶，右为俳优，前是进谗言的人，后是阿谀奉承的人，又怎么能跟随在桓公之后成为诸侯霸主呢？"

景公问廉政而长久晏子对以其行水也第四

景公问晏子曰："廉政而长久，其行何也？"

晏子对曰："其行水也。美哉水乎清清，其浊无不雩途[1]，其清无不洒除，是以长久也。"

公曰："廉政而速亡，其行何也？"

对曰："其行石也。坚哉石乎落落[2]，视之则坚，循之则坚[3]，内外皆坚，无以为久，是以速亡也。"

【注释】

〔1〕雩途：即污涂，涂抹。
〔2〕落落：同"珞珞"，石头坚硬的性质。
〔3〕循：抚摩。

【译文】

景公问晏子说："廉洁正直而能长久地保持住国家，此时君主的品行是怎样的？"

晏子回答说："他的品行就像流水一样。清清柔和的流水多美好啊！当它浑浊的时候，没有什么东西不能涂抹的；当它清澈的时候，没有什么不能洗涤干净的，所以能够长久。"

景公问："廉洁正直而很快灭亡，此时君主的品行是怎样的?"

晏子回答说："他的品行就像石头，石头多么坚硬啊！看它表面是坚硬的，抚摩它也是坚硬的，内外都坚硬，没有办法长久保持，因此会迅速灭亡。"

景公问为臣之道晏子对以九节第五

景公问晏子曰："请问为臣之道。"

晏子对曰："见善必通[1]，不私其利，庆善而不有其名[2]。称身居位，不为苟进；称事授禄[3]，不为苟得。体贵侧贱[4]，不逆其伦；居贤不肖，不乱其序。肥利之地，不为私邑[5]；贤质之士[6]，不为私臣。君用其所言，民得其所利，而不伐其功。此臣之道也。"

【注释】

〔1〕通：推行。

〔2〕庆善：当作"荐善"。

〔3〕授禄：当作"受禄"。

〔4〕侧：通"厕"，置身。

〔5〕私邑：私人的食邑。

〔6〕质：质朴。

【译文】

景公问晏子说："请问做臣子的准则。"

晏子回答说："看到好事必定推广于人，不从中谋取私利，举荐贤人而不图有举贤的好名声。衡量自身才能担任相应的职位，不做苟且求取晋升的事；按照自己的职事接受俸禄，不做苟且求取多得的事。自身身份尊贵还是置身在卑贱者中，也不违背应有的伦常；安置贤能与不肖的人，不破坏他们的次序。肥沃富庶的土地，不占为自己的食邑；贤德诚朴的人，不用作自己的家臣。君王采用他所说的话，百姓得到他所带来的利益，却不夸耀自己的功劳。这就是做臣子的准则。"

景公问贤不肖可学乎晏子对以勉强为上第六

景公问晏子曰："人性有贤不肖，可学乎？"

晏子对曰："《诗》云：'高山仰止，景行行止[1]。'之者其人也。故诸侯并立，善而不怠者为长；列士并学，终善者为师。"

【注释】

〔1〕语见《诗经·小雅·车舝》。止，语尾助词。景行，大道。

【译文】

景公问晏子说："人的本性有好与不好，还可以学习什么吗？"

晏子回答说："《诗经》上所说的：'高山仰望可见顶，大路平坦凭人行。'大概就是指人可以向善吧。所以诸侯并存，努力为善而不懈怠的就成为诸侯的首领；众多的士子在一起学习，始终为善的成为老师。"

景公问富民安众晏子对以节欲中听第七

景公问晏子曰："富民安众难乎？"

晏子对曰："易。节欲则民富，中听则民安[1]，行此两者而已矣。"

【注释】

〔1〕中：公正不偏。听，听讼。

【译文】

景公问晏子说："使百姓富裕使大众安宁难吗？"

晏子回答说："容易。君主节制自己的私欲百姓就会富裕，公正地审理案件百姓就会安宁，做好这两件事就行了。"

景公问国如何则谓安
晏子对以内安政外归义第八

景公问晏子曰："国如何则可谓安矣？"

晏子对曰："下无讳言，官无怨治〔1〕；通人不华〔2〕，穷民不怨；喜乐无羡赏，忿怒无羡刑；上有礼于士，下有恩于民；地博不兼小〔3〕，兵强不劫弱；百姓内安其政，外归其义。可谓安矣。"

【注释】

〔1〕怨：通"蕴"，积压。

〔2〕通人：显达的人。 华：奢华。

〔3〕兼：兼并。

【译文】

景公问晏子说："国家怎样才可以称得上安定？"

晏子回答说："臣民说话没有忌讳，官吏没有积压的政事；显贵的人不奢华，穷困的人无怨恨；君主高兴的时候不滥加赏赐，愤怒的时候不滥施刑罚；上能礼待贤能的人，下能对百姓有恩惠；地域宽广但不去兼并小国，兵力强盛但不去掠夺弱国；国内的百姓可享受安定的政治，国外的诸侯归附他的道义。这样，国家可以称得上安定了。"

景公问诸侯孰危晏子对以莒其先亡第九

景公问晏子曰："当今之时，诸侯孰危?"

晏子对曰："莒其先亡乎!"

公曰："何故?"

对曰："地侵于齐〔1〕，货竭于晋〔2〕，是以亡也。"

【注释】

　〔1〕侵：侵逼。

　〔2〕竭：尽。

【译文】

　景公问晏子说："当今这个时候，诸侯当中哪一个处境最为危险?"

　晏子回答说："莒国恐怕先灭亡吧!"

　景公说："什么原因?"

　晏子回答说："莒国的国土受到齐国的侵逼，但它的财物却都送给了晋国，所以它先灭亡。"

晏子使吴吴王问可处可去
晏子对以视国治乱第十

晏子聘于吴〔1〕，吴王曰："子大夫以君命辱在敝邑之地〔2〕，施贶寡人〔3〕，寡人受贶矣，愿有私问焉〔4〕。"

晏子巡遁而对曰〔5〕："婴，北方之贱臣也，得奉君命，以趋于末朝[6]，恐辞令不审[7]，讥于下吏，惧不知所以对者。”

吴王曰：“寡人闻夫子久矣，今乃得见，愿终其问。”

晏子避席对曰：“敬受命矣。”

吴王曰：“国如何则可处，如何则可去也？”

晏子对曰：“婴闻之，亲疏得处其伦[8]，大臣得尽其忠，民无怨治，国无虐刑，则可处矣。是以君子怀不逆之君，居治国之位。亲疏不得居其伦，大臣不得尽其忠，民多怨治，国有虐刑，则可去矣。是以君子不怀暴君之禄[9]，不处乱国之位。”

【注释】

〔1〕聘：古代国与国之间遣使访问。　吴：古国名。姬姓。始祖是周太王之子太伯、仲雍。

〔2〕子：古代对人的尊称。　之地：衍文。

〔3〕贶：赐予。

〔4〕私：个人的。

〔5〕巡遁：又作“逡巡”，欲进不进、迟疑不决的样子。

〔6〕末朝：末国，指齐国。

〔7〕审：慎。

〔8〕伦：伦常。

〔9〕怀：想念。

【译文】

晏子出访吴国，吴王说：“大夫您奉了齐国君主的命令屈尊来到敝国，是给予我赏赐，我承领赏赐了，我有些个人的问题向您请教。”

晏子迟疑了一会儿，回答说：“我晏婴，只是北方国家地位低下的臣子，奉了君王的命令，从敝国来到贵国，我担心说话不小心，被您的百官讥笑，我害怕不知道该如何回答。"

吴王说："我闻听先生的大名已经很久了，今天才得相见，希望问题能得到解答。"

晏子离开座席恭敬地说："我恭敬地接受您的命令。"

吴王说："国家的情况怎么样的时候就可以当官，国家的情况怎么样的时候就可以离开？"

晏子回答说："我听说，亲近的人和疏远的人能够处于恰当的位置，大臣们能够尽到忠心，百姓那里没有积压的讼事，国家没有残酷的刑罚，就可以当官了。所以君子归附不违背正道的君主，在政治安定的国家居官任职。亲近的人和疏远的人不能处于恰当的位置，大臣不能尽到他们的忠心，百姓那里有许多积压的讼事，国家的刑罚残酷，就可以离开了。所以君子不留恋残暴的君主的俸禄，不在混乱的国家居官任职。"

吴王问保威强不失之道
晏子对以先民后身第十一

晏子聘于吴，吴王曰："敢问长保威强勿失之道若何？"

晏子对曰："先民而后身，先施而后诛[1]，强不暴弱，贵不凌贱，富不傲贫。百姓并进[2]，有司不侵，民和政平。不以威强退人之君[3]，不以众强兼人之地。其用法，为时禁暴，故世不逆其志；其用兵，为众屏患[4]，故民不疾其劳。此长保威强勿失之道也。失此者危矣！"

吴王忿然作色，不说。

晏子曰："寡君之事毕矣[5]，婴无斧锧之罪[6]，请辞而行。"遂不复见。

【注释】
　　〔1〕施：施行教化。
　　〔2〕百姓并进：意指只要是有才能的人，即使是农、工、巫、医，都可以举进。
　　〔3〕退：逼迫。
　　〔4〕屏：排除。
　　〔5〕寡君：对自己国家君主的谦称。
　　〔6〕锧：古代斩死人犯用的垫座。

【译文】
　　晏子出访吴国，吴王说："请问长久保持国家威武强大不衰败的办法是怎样的？"
　　晏子回答说："首先考虑百姓的事情，然后再考虑自己的事情，首先施行教化，然后再施行诛罚。强大的不侵犯弱小的，地位尊贵的不凌辱地位卑下的，富有的不轻视贫穷的。普通百姓有才能都可以任用，官吏不侵害百姓，百姓和睦，政治清平。不用威武强大去逼迫别国的君主，不靠人多势众去兼并别国的土地。实施法律，是为了替当世禁止暴乱，所以世人不违背他的意志；使用武力，是为了替大众消除祸患，所以百姓不抱怨劳苦。这就是长久保持国家威武强大不衰败的办法。不这样做的，国家就危险了。"
　　吴王愤怒得变了脸色，很不高兴。
　　晏子说："我的国君交我办的事已完成了，我没有犯杀头的罪，请求告辞回国。"于是晏子不再觐见吴王。

晏子使鲁鲁君问何事回曲之君
晏子对以庇族第十二

　　晏子使鲁，见昭公〔1〕，昭公说曰："天下以子大夫语寡人者众矣，今得见而羡乎所闻，请私而无为罪[2]。寡人闻大国之君，盖回曲之君也[3]，曷为以子大夫之行，事回曲之君乎？”

晏子逡循对曰："婴不肖，婴之族又不若婴，待婴而祀先者五百家，故婴不敢择君。"

晏子出，昭公语人曰："晏子，仁人也。反亡君[4]，安危国，而不私利焉；僇崔杼之尸，灭贼乱之徒，不获名焉；使齐外无诸侯之忧，内无国家之患，不伐功焉。锟然不满[5]，退托于族[6]，晏子可谓仁人矣。"

【注释】

〔1〕昭公：鲁国国君。姬姓，名稠。

〔2〕私：私下交谈。

〔3〕回曲：等于说"邪曲"。

〔4〕反亡君：使出亡的国君返国。反，通"返"。

〔5〕锟然：不自满的样子。

〔6〕退：谦退。

【译文】

晏子出使鲁国，拜见鲁昭公，昭公高兴地说："天下把先生的事迹告诉我的人太多了，今天得以相见，比我所听说的还要好，希望能私下交谈，不要怪罪。我听说大国的君主，大多是邪僻不正的国君，为什么以先生高洁的品行，却去侍奉邪僻不正的国君呢？"

晏子迟疑了一会儿说："我不贤德，我的家族中的人又不如我，期待我的俸禄祭祀祖先的有五百家，所以我不敢选择君主。"

晏子出去后，鲁昭公对人说："晏子是个仁德的人啊。他使出亡的国君返国，使危亡的国家转为安定，而不图私人的利益；诛戮崔杼的尸体，消灭了叛乱的人，不是为了获得好名声；使齐国外无被诸侯侵犯的忧虑，内无危害国家的祸患，不炫耀功劳。丝毫不自满，谦逊地用家族需要供养作为托辞，晏子可以说是仁德的人了。"

鲁昭公问鲁一国迷何也
晏子对以化为一心第十三

晏子聘于鲁，鲁昭公问焉："吾闻之，莫三人而迷[1]，今吾以鲁一国迷虑之[2]，不免于乱，何也？"

晏子对曰："君之所尊，举而富贵，入所以图身，出所以图国，及左右逼迩，皆同于君之心者也。犒鲁国化而为一心[3]，曾无与二[4]，其何暇有三？夫逼迩于君之侧者，距本朝之势[5]，国之所以治也[6]；左右谗谀，相与塞善，行之所以衰也；士者持禄[7]，游者养交[8]，身之所以危也。《诗》曰：'芃芃棫朴，薪之槱之。济济辟王，左右趋之[9]。'此言古者圣王明君之使以善也。故外知事之情，而内得心之诚，是以不迷也。"

【注释】

〔1〕迷：迷惑不明。

〔2〕迷：衍字。

〔3〕犒：当作"矫"，矫揉。

〔4〕曾：乃，就。

〔5〕距：通"拒"，抗拒。　本朝之势：指一朝有权势的人。

〔6〕治：当作"不治"。

〔7〕持禄：保持俸禄。

〔8〕游者：闲居的贵族。　养交：为保持养身的俸禄而交结权贵。

〔9〕语见《诗经·大雅·棫朴》。芃芃，草木茂密丛杂。棫、朴，两种丛生灌木。橚，堆积木材，点火燃烧，用它祭祀天神。济济，庄严恭敬的样子。辟王，君王，指周文王。

【译文】

晏子出访鲁国，鲁昭公问他："我听说，凡事没有经过三个人商议就会迷惑，现在我与鲁国满朝臣子商议，仍然不能免于惑乱，这是什么原因呢？"

晏子回答说："对您所器重的人，就提拔他们，使他们富贵，这些人入朝为官就是为图取自己的富贵，外放是为了获得封邑。至于在君王左右的近臣，都是与您的想法相同的人。把整个鲁国人的想法矫揉成一种想法，就是不允许有两种想法，怎么可能容许有第三种想法呢？在君王身边的近臣，足以抗拒朝廷群臣，这就是国家之所以混乱的原因；在您身边都是善进谗言谄谀的人，他们相互勾结，堵塞贤路，这是道德品行之所以败坏的原因；当官的人只想保住俸禄，闲居的贵族为了保持养身的俸禄而交结权贵，这是您自身之所以危险的原因。《诗经》中说：'棫树朴树枝叶茂，砍下当作祭柴烧。周王恭敬走在前，左右群臣跟着跑。'这说的是古代圣德贤明的君主是以美德使人们跟着他从善。所以他们对外能知道事情的实情，对内能了解人们内心的忠诚，因此不会迷惑。"

鲁昭公问安国众民
晏子对以事大养小谨听节俭第十四

晏子聘于鲁，鲁昭公问曰："夫俨然辱临敝邑〔1〕，窃甚嘉之〔2〕，寡人受赈，请问安国众民如何？"

晏子对曰："婴闻傲大贱小则国危，慢听厚敛则民散。事大养小，安国之器也〔3〕；谨听节俭〔4〕，众民之术也。”

【注释】

〔1〕俨然：庄严的样子。

〔2〕窃：表示个人意见的谦辞。　嘉：赞许。

〔3〕器：器皿，古人常用来喻指人的才能大小，这里又转指方法。

〔4〕俭：当作"敛"。

【译文】

晏子出访鲁国，鲁昭公问他说："大夫郑重地屈尊驾临敝国，我十分赞许您，我接受您的赏赐，请问使国家安定、百姓众多应该怎样做？"

晏子回答说："我听说傲视大国，鄙视小国，国家就会有危险；处理讼事轻忽怠慢，赋税繁重，百姓就会离散。侍奉大国，扶助小国，这是安定国家的方法；谨慎处理讼事，减少赋税，是使百姓众多的办法。"

晏子使晋晋平公问先君得众若何
晏子对以如美渊泽第十五

晏子使晋[1]，晋平公飨之文室[2]，既静矣[3]，晏以[4]，平公问焉，曰："昔吾先君得众若何[5]？"

晏子对曰："君飨寡君，施及使臣，御在君侧，恐惧不知所以对。"

平公曰："闻子大夫数矣，今乃得见，愿终闻之。"

晏子对曰："臣闻君子如美[6]，渊泽容之，众人归之，如鱼有依，极其游泳之乐。若渊泽决竭，其鱼动流，夫往者维雨乎，不可复已。"

公又问曰："请问庄公与今孰贤〔7〕?"

晏子曰："两君之行不同，臣不敢不知也〔8〕。"

公曰："王室之正也〔9〕，诸侯之专制也，是以欲闻子大夫之言也。"

对曰："先君庄公不安静处，乐节饮食，不好钟鼓，好兵作武，士与同饥渴寒暑，君之强，过人之量，有一过不能已焉〔10〕，是以不免于难。今君大宫室，美台榭，以辟饥渴寒暑〔11〕，畏祸敬鬼神，君之善，足以没身，不足以及子孙矣。"

【注释】

〔1〕晋：古国名。公元前 11 世纪周分封的诸侯国。姬姓。开国君主是周成王之弟叔虞。

〔2〕晋平公：晋悼公之子，名彪。 飨：飨礼。设宴款待人。 文室：华丽的宫室。 文：通"纹"。

〔3〕既静矣：宴会完毕。静，停。

〔4〕晏以：卢文弨云："'晏以'二字衍。"

〔5〕吾：前人认为当作"吾子"。 先君：指齐桓公。

〔6〕美：疑作"雨"。

〔7〕今：指景公。

〔8〕不：当为衍字。

〔9〕正：当作"不正"。

〔10〕有一过：指庄公私通崔杼之妻。 已：止。

〔11〕辟：通"避"。

【译文】

晏子出使晋国，晋平公在华丽的宫室盛宴款待他，宴会结束，晋平公问晏子说："从前您的先君桓公得到众人拥护的情况是怎么样的？"

晏子回答说："您用礼待我们君主的飨礼，来礼待我这个使臣，我侍奉在您的身旁，受宠惶恐得不知道怎样回答。"

晋平公说："我多次听说过大夫的大名，今天才得以相见，希望就此能听到您的见解。"

晏子回答说："我听说君子就像雨水一样，深渊大泽容纳它，众人归附他，就像鱼儿得水有了依托，可以极尽游泳的乐趣。如果深渊大泽溃决，水流尽了，里边的鱼儿就会随着水流游动，它们所归向的是水啊，不能禁止。"

晋平公又问："请问齐庄公与齐景公哪一位贤德？"

晏子说："两位君主的德行各不相同，我不敢说知道哪一个贤德。"

晋平公说："周王室的行为不端，诸侯专权，所以我想听听大夫您的言论。"

晏子说："先君庄公不安心过清静日子，喜欢节制饮食，不喜好礼乐歌舞，喜好用兵，崇尚武力，能和将士们一起忍饥受渴共度寒暑，庄公强壮，有超过一般人的力量，但是有一件过失没有能够控制，所以不能免于死难。当今的君王把宫室建得很高大，楼台亭榭修饰得很华美，用来避免饥渴寒热之苦，害怕上天降祸，因而敬奉鬼神，君主的善行，足够用来终养天年，但是不足以用来造福他的子孙。"

晋平公问齐君德行高下
晏子对以小善第十六

晏子使于晋，晋平公问曰："吾子之君，德行高下如何？"晏子对以"小善"。公曰："否，吾非问小善，问子之君德行高下也。"

晏子蹴然曰[1]："诸侯之交，绍而相见[2]，辞之有所隐也[3]。君之命质[4]，臣无所隐，婴之君无称焉[5]。"

平公蹴然而辞送，再拜而反曰："殆哉吾过！谁曰齐君不肖！直称之士^[6]，正在本朝也。"

【注释】

〔1〕蹴然：恭敬的样子。

〔2〕绍：绍介。

〔3〕隐：隐讳。

〔4〕质：实。

〔5〕称：称道。

〔6〕直称：以正直著称。

【译文】

晏子出使晋国，晋平公问他说："您的君主，德行是高还是低？"晏子用"有小的善行"来回答。平公说："不，我不是问小的善行，而是问您的君主的德行高下。"

晏子恭敬地说："诸侯之间交往，经过介绍尔后相见，言辞应该有所隐讳。您的问话诚恳实在，我不能再有所隐讳，我的君主没有值得称道的地方。"

平公恭敬地送别晏子，拜了两次然后返回，说："我的过错太危险了！谁说齐国的君主不贤德！以正直著称的人，正在当前的朝廷啊。"

晋叔向问齐国若何
晏子对以齐德衰民归田氏第十七

晏子聘于晋，叔向从之宴^[1]，相与语。叔向曰："齐其何如？"

晏子对曰："此季世也^[2]，吾弗知，齐其为田氏乎！"

叔向曰:"何谓也?"

晏子曰:"公弃其民,而归于田氏。齐旧四量^[3]:豆、区、釜、钟^[4],四升为豆,各自其四,以登于釜^[5],釜十则钟;田氏三量,皆登一焉,钟乃巨矣。以家量贷,以公量收之^[6]。山木如市^[7],弗加于山^[8],鱼盐蜃蛤^[9],弗加于海。民参其力^[10],二入于公,而衣食其一。公积朽蠹,而老少冻馁。国都之市,屦贱而踊贵^[11],民人痛疾,或燠休之^[12]。昔者殷人诛杀不当,僇民无时,文王慈惠殷众,收恤无主,是故天下归之,无私与,维德之授^[13]。今公室骄暴,而田氏慈惠,其爱之如父母,而归之如流水。无获民,将焉避?箕伯、直柄、虞遂、伯戏^[14],其相胡公大姬^[15],已在齐矣。"

叔向曰:"虽吾公室,亦季世也。戎马不驾,卿无军行,公乘无人,卒列无长,庶民罢弊,宫室滋侈,道殣相望^[16],而女富溢尤^[17]。民闻公命,如逃寇仇。栾郤、胥原、孤续、庆伯^[18],降在皂隶^[19]。政在家门^[20],民无所依,而君日不悛^[21],以乐慆忧^[22];公室之卑,其何日之有!谗鼎之铭曰^[23]:'昧旦丕显^[24],后世犹怠。'况日不悛,其能久乎?"

晏子曰:"然则子将若何?"

叔向曰:"人事毕矣,待天而已矣!晋之公族尽矣。肸闻之,公室将卑,其宗族枝叶先落,则公从之。肸之宗十一族,维羊舌氏在而已,肸又无子,公室无度,幸而得死,岂其获祀焉。"

【注释】

〔1〕叔向：羊舌肸，又称叔肸，字叔向。晋国大夫。

〔2〕季世：末世，衰微的时代。

〔3〕四量：四种量器。

〔4〕豆、区、釜、钟：量器名。四升为一豆，四豆为一区，四区为一釜，十釜为一钟。

〔5〕登：加。

〔6〕公量：公家的量器。

〔7〕如：往，到。

〔8〕弗加于山：价格不比山上贵。

〔9〕蜃：大蛤。

〔10〕参：三。

〔11〕屦：鞋子。 踊：受过刖刑的人所装的义足。

〔12〕燠休：抚慰病痛的声音。

〔13〕维德之授：只归附施行德政的人。

〔14〕箕伯、直柄、虞遂、伯戏：四人都是舜的后裔，齐国田氏的先人。

〔15〕相：当作"祖"。 胡公：田氏的始祖。 大姬：胡公的妃子。

〔16〕殣：饿死的人。

〔17〕女：同"如"。 尤：甚。

〔18〕栾郤、胥原、孤续、庆伯：均为晋国功臣的后裔。孤续，当作"狐续"。

〔19〕皂隶：贱臣。

〔20〕家：指大夫。

〔21〕悛：悔改。

〔22〕慆：掩藏。

〔23〕谗鼎：刻有铭文警诫贪食者的鼎。

〔24〕昧旦：早起。 丕：大。

【译文】

晏子出访晋国，晋国大夫叔向陪他饮宴，互相交谈。叔向说："齐国的情况如何？"

晏子回答说："齐国现在已到了末世，我不知道将来的情况如何，齐国大概会被田氏所取代吧！"

叔向说："为什么这样说呢？"

晏子说："齐国君主抛弃了百姓，百姓都归附田氏。齐国原有四种量器：豆、区、釜、钟，四升为一豆，各自以四进位，一直到釜，十釜就为一钟。田氏使用三种量器，豆、区、釜都加多一量，这样钟的数量就大了。田氏用私家的大量器借出，用齐国通用的小量器收进。他家山上的木材运到市场上，价格不比山上高；鱼、盐、蚌、蛤运到市场上，价格不比海边高。百姓的劳动所得分成三份，两份上缴国家，仅有一份作为衣食之用。国家仓库里积藏的财物腐烂虫蛀，而老人孩子却受冻挨饿。国都的集市上，正常的人的鞋子价格低廉而受刖刑的人所用的义足价格昂贵。百姓有病痛，田氏就加以抚慰。从前殷纣王诛杀无当，随时杀戮百姓，周文王仁慈惠爱殷商的百姓，收容赈济无家可归的人，所以天下的人都归附他，百姓不会偏爱某个人，只归附施行德政的人。现在齐侯的公族骄横暴虐，而田陈氏却仁慈恩惠，爱护百姓就像父母爱护自己的子女，而百姓就像流水从高向低一样归附他。齐国不能获得百姓的拥护，又怎么能逃脱灭亡的命运呢？田氏的先人箕伯、直柄、虞遂、伯戏以及祖先胡公和他的妃子大姬的神灵，早已在齐国了。"

叔向说："就是我们的晋侯公族，也处于末世了。战马不能拉战车，卿大夫没有指挥军事的才能，战车上没有打仗的士兵，士兵的队伍没有长官。百姓疲乏民生凋散，宫廷生活越来越奢侈，道路上饿死的人比比皆是，而公室却更加富足。百姓听到君主下达命令，就像躲避贼寇仇敌一样躲开。栾郤、胥原、孤续、庆伯这些晋国功臣的后裔，已经沦为贱臣，国家的权柄落入大夫手中，百姓没有依靠，而君主却始终不悔改，用取乐来掩藏隐忧。公室的衰微，还有多少时日！谗鼎上的铭文说：'为使声名显赫，天未明就起身勤于事务，后世子孙还是会懈怠。'何况君主始终不悔改，晋国能长久吗？"

晏子说："既然这样，那您将怎么办？"

叔向说："人所能做的事已尽力而为了，只有等待上天的安排了！晋国的公族将要完结了。我听说，公室将要衰微的时候，它的宗族就像枝叶一样先凋落，然后国家跟着凋零。我的宗族有十一族，只有羊舌氏一族现在还存在，我没有贤能的儿子，国家又没有法度，我能够寿终正寝就很幸运了，哪里还敢希望得到后人的祭祀。"

叔向问齐德衰子若何
晏子对以进不失忠退不失行第十八

叔向问晏子曰："齐国之德衰矣，今子何若？"

晏子对曰："婴闻事明君者，竭心力以没其身，行不逮则退，不以诬持禄〔1〕；事惰君者，优游其身以没其世〔2〕，力不能则去，不以谀持危。且婴闻君子之事君也，进不失忠，退不失行。不苟合以隐忠，可谓不失忠；不持利以伤廉，可谓不失行。"

叔向曰："善哉！《诗》有之曰：'进退维谷〔3〕。'其此之谓欤！"

【注释】

〔1〕诬：欺骗。

〔2〕优游：独善其身。

〔3〕语见《诗经·大雅·桑柔》。维，是。谷，穷。

【译文】

叔向问晏子说："齐国的道德已经衰败了，现在您怎么办呢？"

晏子回答说："我听说侍奉圣明的君主，就竭尽心力去办事一直到身死，力不从心就引退，不用欺骗的手段去保持自己的俸禄；侍奉懒怠昏庸的君主，就独善自身一直到身死，力不能及就引退，不用阿谀奉承的方法去保持危险的地位。况且我听说君子侍奉君主，当官不丧失忠诚，引退不丧失操行。不苟且附和以致隐没自己的忠诚，这可以叫作不丧失忠诚；不追求私利以致损害了自己的品格，这可以叫作不丧失操行。"

叔向说："说得好啊！《诗经》中说：'进退两难真苦闷。'大概说的就是这些情况吧！"

叔向问正士邪人之行如何
晏子对以使下顺逆第十九

叔向问晏子曰："正士之义，邪人之行，何如？"

晏子对曰："正士处势临众不阿私，行于国足养而不忘故[1]。通则事上[2]，使恤其下；穷则教下[3]，使顺其上。事君尽礼行忠，不正爵禄[4]，不用则去而不议。其交友也，论身义行[5]，不为苟戚[6]，不同则疏而不悱[7]。不毁进于君[8]，不以刻民尊于国。故用于上则民安，行于下则君尊。故得众上不疑其身，用于君不悖于行。是以进不丧亡[9]，退不危身，此正士之行也。邪人则不然，用于上则虐民，行于下则逆上。事君苟进不道忠[10]，交友苟合不道行。持谀巧以正禄，比奸邪以厚养[11]。矜禄爵以临人，夸礼貌以华世[12]，不任于上则轻议，不笃于友则好诽[13]。故用于上则民忧，行于下则君危，是以其事君近于罪，其交友近于患，其得上辟于辱[14]，其为生赜于刑[15]，故用于上则诛，行于下则弑。是故交通则辱[16]，生患则危[17]。此邪人之行也。"

【注释】

〔1〕故：故旧。

〔2〕通：显达。

〔3〕穷：困窘。

〔4〕正：求。

〔5〕义：通"议"。

〔6〕戚：亲近。

〔7〕悱：当作"诽"，诽谤。

〔8〕毁：毁谤。

〔9〕亡：当作"己"。

〔10〕道：循，按照。

〔11〕比：勾结。

〔12〕礼貌：礼节。　华：通"哗"。

〔13〕笃：深厚。

〔14〕辟：同"譬"，近于。

〔15〕偾：坏事，使事情失败。

〔16〕交通：交接诸侯。

〔17〕生患：原指人们的生老病死，这里喻指治理百姓。

【译文】

　　叔向问晏子说："正直之人的道义、奸邪之人的品行是怎样的呢？"

　　晏子回答说："正直的人居处高位治理百姓时，不偏爱自己亲近的人，回到自己的采地，俸禄足以供养自己而不忘故旧。他们显达时侍奉君主，使君主怜恤百姓；当他们困窘时就教育百姓，使百姓顺从君主。他们侍奉君主，尽礼尽忠，不苟求高官厚禄，不被信用就辞官而不妄加议论。他们结交朋友，先评判他们的品行，不随便亲近，志趣不同就疏远，但不说别人的不好之处。不靠毁谤他人而得到君主的任用，不靠苛虐百姓在朝廷取得尊贵的地位。所以他们被君主任用时，百姓就得到安宁，在下野时会受到君主的尊敬。因此他们得到百姓拥护时，君主不怀疑他们，他们被君主任用时，也不会背离自己的德行。所以为官时不会丧失自己的操行，引退时也不会危及自身，这就是正直的人的品行。

奸邪的人就不是这样，他们被君主任用就会残害百姓，下野时就会背逆君主。他们侍奉君主苟且求得重用，但不遵循忠君的原则，交朋友苟且结合，但不遵循交友的原则。他们靠花言巧语求得俸禄，勾结奸邪的人以求得丰厚的享受。在人前用官位高、俸禄厚来炫耀自己，装腔作势以繁杂的礼仪来耸动世人的视听，不被君主任用时就妄加议论，朋友对他们交情不深厚时就喜欢加以诽谤。所以他们被君主任用百姓就会忧虑，他们在朝廷外活动就会危及君主。因此他们侍奉君主就使君主接近于犯罪，他们结交朋友就使朋友接近于祸患，他们得到君主的任用就会使君主接近于受辱，他们治理百姓使百姓触犯刑法。所以他们被君主任用就会诛杀百姓，在朝廷外活动就会犯上弑君。因此他们与诸侯交往会使国家受辱，治理百姓会给他们带来危害。这就是奸邪的人的行径。"

叔向问事君徒处之义奚如
晏子对以大贤无择第二十

叔向问晏子曰："事君之伦[1]，徒处之义奚如[2]？"

晏子对曰："事君之伦，知虑足以安国[3]，誉厚足以导民，和柔足以怀众，不廉上以为名，不倍民以为行[4]，上也；洁于治己，不饰过以求先[5]，不谗谀以求进，不阿以私，不诬所能，次也；尽力守职不怠，奉官从上不敢隋[6]，畏上故不苟，忌罪故不辟，下也。三者，事君之伦也。及夫大贤，则徒处与有事无择也，随时宜者也。有所谓君子者，能不足以补上，退处不顺上，治唐园[7]，考菲履[8]，共恤上令[9]，弟长乡里[10]，不夸言，不愧行，君子也。不以上为本，不以民为忧，内不恤其家，外不顾其身游[11]，夸言愧行，自勤于饥寒，不及丑侪^{〔12〕}，命之曰狂僻之民，明上之所禁也。进也不能及上，退也不能徒处，作穷于富利之门^{〔13〕}，毕志于畎亩之业^{〔14〕}，穷通行无常处之虑，佚于心，利通不能，穷业不成^{〔15〕}，命之曰处封之民^{〔16〕}，明上之所诛也。有智不足以补君，有能不足以劳民，俞身徒处^{〔17〕}，谓之傲上；苟进不择所道，苟得不知所恶，谓之乱贼。身无以与君，能无以劳民，饰徒处之义，扬轻上之名，谓之乱国。明君在上，三者不免罪。”

叔向曰：“贤不肖，性夫！吾每有问，而未尝自得也。”

【注释】

〔1〕伦：道理。

〔2〕徒处：独处，指不做官。

〔3〕知：通“智”。

〔4〕倍：通“背”。

〔5〕先：超过别人。

〔6〕隋：通“惰”，懈怠。

〔7〕唐园：池塘园圃。唐，古“塘”字。

〔8〕考菲履：编织草鞋。考，叩击。菲履，粗屦，草鞋。

〔9〕共：通“恭”。

〔10〕弟：通“悌”，敬爱兄长。

〔11〕身：研究者认为此字为后人所加。 游：交游。

〔12〕丑：通“俦”，同类。 侪：辈。

〔13〕作：改变。

〔14〕毕志：当作“弃怠”。 畎亩：田间。

〔15〕穷业不成：困窘时不能立业。

〔16〕处：安处。 封：富厚。

〔17〕俞：通“愉”。

【译文】

叔向问晏子说："侍奉君主的道理，独自隐居的道义是怎样的？"

晏子回答说："侍奉君主的道理是，才智谋虑足以用来安定国家，声誉厚重足以用来引导百姓，和顺平缓足以招徕民众，不以故意冒犯君主来获取名声，以不违背百姓的意愿作为行动准则，这是上等的；要求自己廉洁，不掩盖自己的过失以求超过他人，不靠进谗言阿谀来求得晋升，不因为是自己亲近的人就偏爱，不以自己虚假的能力欺骗人，这是次一等的；尽自己的能力做好本职工作不懈怠，服从上级不敢懒惰，畏惧上级不苟且从事，害怕获罪所以不敢为非作歹，这是下等的。这三种情况，就是侍奉君主的道理。至于大贤的人，他们独自隐居和从政为官没有什么分别，根据时势的变化采取适当的做法。还有被称为君子的人，他们的才能不足以用来补益君主，引退独处又不愿顺从俗吏，修治池塘园圃，编织草鞋，恭敬地使长辈高兴，在乡里与平辈的人亲好，不夸夸其谈，没有怪异的行为，这就是君子。不把君主当作根本，不把百姓的疾苦当作自己忧虑的事，对内不能体恤自己的家人，对外不能顾及朋友，夸夸其谈，行为怪异，只为自己免于饥寒而操劳，不顾及别人，把这种人叫作狂僻的人，这是明君所禁用的人。还有一些人，做官不能顾及君主，引退又不能独自善处，只想借富贵人家的财势改变自己的处境，废弃农事，无论困窘显达都不按常道行事，放纵自己的心意，显达时不能利人，困窘时不能立业，把这种人叫作处封之民，是明君所要惩罚的。有智慧但不足以用来补益国君，有能力但不足以用来为百姓做事，只图自己悠闲地独处，这就叫作傲上。为了做官，就不择手段，希望获得利禄，就不顾一切，做出人所厌恶的事，这种人叫作乱贼。自身没有能力帮助君主，没有能力为百姓做事，把自己隐居说得非常崇高，宣扬自己轻视君上的名声，这种人叫作乱国。圣明的君主执政，这三种人是不能免于治罪的。"

叔向说："贤能与不贤能，是人的本性啊！我每次有疑问，但都不曾由自己作出解答。"

叔向问处乱世其行正曲
晏子对以民为本第二十一

叔向问晏子曰："世乱不遵道，上辟不用义[1]。正行则民遗[2]，曲行则道废[3]。正行而遗民乎？与持民而遗道乎？此二者之于行如何？"

晏子对曰："婴闻之，卑而不失尊，曲而不失正者，以民为本也。苟持民矣，安有遗道！苟遗民矣，安有正行焉！"

【注释】

〔1〕辟：通"僻"，邪僻。
〔2〕民遗：失去百姓。
〔3〕曲：邪曲。

【译文】

叔向问晏子说："世道混乱不遵循正道，君主邪僻废弃道义。行为端正就失去百姓，行为乖僻就丧失正道。是要行为端正而失去百姓呢？还是保持住百姓而丢掉正道呢？这两者究竟应该怎样去做呢？"

晏子回答说："我听说，地位卑下而不丧失尊严，处境困穷而不丧失正直的人，是把百姓看作根本。如果能保持住百姓，怎么会丢掉正道呢！如果失去了百姓，哪里还会有端正的行为呢？"

叔向问意孰为高行孰为厚
晏子对以爱民乐民第二十二

叔向问晏子曰："意孰为高[1]？行孰为厚[2]？"

对曰："意莫高于爱民，行莫厚于乐民。"

又问曰："意孰为下？行孰为贱？"

对曰："意莫下于刻民，行莫贱于害身也[3]。"

【注释】

〔1〕意：当作"德"。此节四"意"字均当作"德"字理解。

〔2〕孰：哪一种。

〔3〕身：当作"民"。

【译文】

叔向问晏子说："哪一种德行最崇高？哪一种品行最淳厚？"

晏子回答说："德行没有比爱护百姓更崇高的，品行没有比使百姓欢乐更淳厚的。"

叔向又问道："哪一种德行最低下？哪一种品行最卑鄙？"

晏子回答说："德行没有比苛虐百姓更低下的，品行没有比伤害百姓更卑劣的。"

叔向问啬吝之于行何如
晏子对以啬者君子之道第二十三

叔向问晏子曰："啬、吝、爱之于行何如？"

晏子对曰："啬者君子之道，吝、爱者，小人之行也。"

叔向曰："何谓也？"

晏子曰："称财多寡而节用之[1]，富无金藏[2]，贫不假贷[3]，谓之啬；积多不能分人，而厚自养，谓之吝；不能分人，又不能自养，谓之爱。故夫啬者，君子之道，啬、爱者，小人之行也。”

【注释】

〔1〕称：衡量。

〔2〕富无金藏：指财多不窖藏而能分给人。

〔3〕贫不假贷：虽然贫困也不至去借贷。假，借。

【译文】

叔向问晏子曰：“啬、吝、爱三者于品行来说怎么样？”

晏子说：“啬是君子的准则，吝、爱是小人的行为。”

叔向说：“为什么这样说呢？”

晏子说：“衡量钱财的多少而节约使用，富裕了就把钱财分给贫穷的人，贫困了也不向人借贷，这就叫作啬；集聚的钱财很多但是不能分给贫穷的人，却丰厚地供养自己，这就叫作吝；钱财很多但是不能分给贫穷的人，又不去供养自己，这就叫作爱。所以啬是君子的准则，吝、爱是小人的行为。”

叔向问君子之大义何若
晏子对以尊贤不退不肖第二十四

叔向问晏子曰：“君子之大义何若？”

晏子对曰：“君子之大义，和调而不缘〔1〕，溪盎而不苟〔2〕，庄敬而不狡〔3〕，和柔而不铨〔4〕，刻廉而不刿〔5〕，行精而不以明污〔6〕，齐尚而不以遗罢〔7〕，富贵不傲物，贫穷不易行，尊贤而不退不肖〔8〕。此君子之大义也。”

【注释】

〔1〕和调：和同协调。 缘：循俗。

〔2〕溪盎：明察。

〔3〕狡：急。

〔4〕铨：通"跧"，卑。

〔5〕刻廉：棱角分明，比喻行为方正。 刿：割伤。

〔6〕精：精纯。

〔7〕齐尚：崇尚同一。 罢：通"疲"。

〔8〕标题"退"上当据正文补"不"字。

【译文】

叔向问晏子说："君子的大义是怎样的？"

晏子回答说："君子的大义是，与世俗和同协调但不循俗，明察事物但不苛求他人，庄重恭敬但不急迫，和顺柔缓但不卑下，行为方正棱角分明但不伤害别人，操行精纯但不以此显示别人的污浊，崇尚同一但不遗弃无能的人，富贵但不轻视别人，贫穷困顿但不改变操行，尊重贤能的人但不黜退不贤良的人。这就是君子的大义。"

叔向问傲世乐业能行道乎
晏子对以狂惑也第二十五

叔向问晏子曰："进不能事上，退不能为家，傲世乐业，枯槁为名[1]，不疑其所守者，可谓能行其道乎？"

晏子对曰："婴闻古之能行道者，世可以正则正，不可以正则曲。其正也，不失上下之伦；其曲也，不失仁义之理。道用，与世乐业，不用，有所依归。不以傲上华世[2]，不以枯槁为名。故道者，世之所以治，而身之所以安也。今以不事上为道，以不顾家为行，以枯槁为名，世行之则乱，身行之则危。且天之与地，而上下有衰矣〔3〕。明王始立，而居国为制矣。政教错〔4〕，而民行有伦矣。今以不事上为道，反天地之衰矣；以不顾家为行，倍先圣之道矣〔5〕；以枯槁为名，则世塞政教之途矣。有明上，可以为下；遭乱世，不可以治乱。说若道，谓之惑，行若道，谓之狂。惑者狂者，木石之朴也〔6〕，而道义未戴焉〔7〕。"

【注释】

〔1〕枯槁：指形容憔悴。

〔2〕华：通"哗"。

〔3〕衰：差等。

〔4〕错：通"措"，施行。

〔5〕倍：通"背"。

〔6〕朴：指木石之类未经加工的状态。

〔7〕戴：通"载"。

【译文】

叔向问晏子说："当官不能侍奉君主，引退不能和顺家庭，目空一切，自乐其业，把自己弄得形容憔悴以博得遗世的名声，不怀疑自己所坚持的做法，这种人可以说能够实行他们的理想之道吗？"

晏子回答说："我听说古代能够实行道的人，世道可以匡正就匡正，不可以匡正就委曲求全。他们匡正世道，不失去上下的伦常；他们委曲求全时，不失去仁义的原则。道能够实行，就与世人一起安居乐业，道不能实行，也有依托与归宿。不用傲视君主来哗众取宠，不用形容憔悴弃世隐居而博取虚名。所以道是国家能够治理好，而自己又能平安的根本。现在把不侍奉君主当作道，把不顾家庭当作有好的操行，把形容憔悴弃世隐居当作有名节。国家实行这种道就会混乱，自身实行这种道就会发生危险。况且天和地、人与人上下之间有等差，圣明的君主开始建国立业，为了统治国家制定法度，政治和教化施行，百姓的行为就有了规范。现在把不侍奉君主当作道，这就违反了天地的等差；把不顾及家庭当作好的操行，这就背离了古代圣贤的大道了；把形容憔悴弃世隐居当作有名节，那么就阻碍了国家施行政治和教化的途径了。这种道，有明君时不可以拿来治理百姓，遭逢乱世又不可以治理混乱。鼓吹这种道叫作迷惑，实行这种道叫作狂妄。迷惑的人和狂妄的人，就像没有经过雕琢的木块石头，在他们身上道义并不具备。"

叔向问人何若则荣
晏子对以事君亲忠孝第二十六

叔向问晏子曰："何若则可谓荣矣？"

晏子对曰："事亲孝，无悔往行；事君忠，无悔往辞。和于兄弟，信于朋友。不谞过[1]，不责得[2]。言不相坐[3]，行不相反。在上治民，足以尊君，在下莅修，足以变人。身无所咎[4]，行无所创[5]。可谓荣矣。"

【注释】

〔1〕谞：隐藏。

〔2〕责：求取。

〔3〕坐：争论是非曲直。

〔4〕咎：罪责。

〔5〕创：毁伤。

【译文】

叔向问晏子说："人怎样做就可以称得上荣耀了？"

晏子回答说："侍奉长辈孝顺，对以往的行为没有可后悔的；

侍奉君主忠诚，对以往说过的话没有可后悔的。对兄弟和睦，对朋友诚信。不掩饰自己的过失，不贪求利益。与人交谈不相互争论是非曲直，行为不与平常所说的话相反。高居上位管理百姓，足以使君主受到尊敬，身居下位主持教化，足以使人改过向善。为人没有可以指责的地方，行为没有可以毁伤的地方。这样就可以称得上是荣耀了。"

叔向问人何以则可保身
晏子对以不要幸第二十七

叔向问晏子曰："人何以则可谓保其身？"

晏子对曰："《诗》曰：'既明且哲，以保其身。夙夜匪懈，以事一人[1]。'不庶几[2]，不要幸[3]，先其难乎而后幸，得之时其所也[4]，失之非其罪也。可谓保其身矣。"

【注释】

〔1〕语见《诗经·大雅·烝民》。哲，睿智。夙，早。匪，不。事，侍候。一人，指周宣王。

〔2〕庶几：希望，这里指有所谋求之心。

〔3〕要：通"侥"。

〔4〕时：是。

【译文】

叔向问晏子说："人怎样做可以称得上是保全自身了？"

晏子回答说："《诗经》中说：'知识渊博又明理，保全节操永流芳。日夜工作不松懈，全心全意侍周王。'不怀希望、不求意外地获得，先做艰难的事然后有所得，得到是他应该得到的，没有得到不是他的过失。这样就可以称得上是保全自身了。"

曾子问不谏上不顾民以成行义者
晏子对以何以成也第二十八

曾子问晏子曰[1]："古者尝有上不谏上，下不顾民，退处山谷，以成行义者也？"

晏子对曰："察其身无能也[2]，而托乎不欲谏上，谓之诞意也[3]。上昏乱，德义不行，而邪辟朋党[4]，贤人不用，士亦不易其行，而从邪以求进。故有隐有不隐，其行法士也。乃夫议上，则不取也[5]。夫上不谏上，下不顾民，退处山谷，婴不识其何以为成行义者也。"

【注释】

〔1〕曾子：名参，字子舆。孔子的学生。以孝著称。

〔2〕察：审察。

〔3〕诞意：妄诞欺人。

〔4〕朋党：结党。

〔5〕此处多有脱误，意不可解，译文中拟删而不加翻译。

【译文】

曾子问晏子说："古代曾有对上不劝谏君主，对下不顾及百姓，退隐山谷之间，而成就洁行高义的人吗？"

晏子回答说："看来这种人本身没有才能，却托辞说不愿劝谏君主，这叫作妄诞欺人。君主昏聩迷乱，不能实行德政和仁义，邪僻的人朋比为奸，贤德的人得不到任用，士人也有不去改变这种情况，而跟着干邪僻的事以求得做官的机会。所以有隐居的也有不隐居的，这都取决于士人自己。对上不劝谏国君，对下不顾及百姓，退隐山谷之间，我不懂得这些人是怎么成就洁行高义的。"

梁丘据问子事三君不同心
晏子对以一心可以事百君第二十九

梁丘据问晏子曰："子事三君[1]，君不同心，而子俱顺焉，仁人固多心乎[2]？"

晏子对曰："婴闻之，顺爱不懈，可以使百姓，强暴不忠，不可以使一人。一心可以事百君，三心不可以事一君。"

仲尼闻之曰："小子识之[3]！晏子以一心事百君者也。"

【注释】

〔1〕三君：晏子一生，历仕三君：齐灵公、齐庄公、齐景公。

〔2〕固：本来，诚然。

〔3〕小子：长辈称晚辈或老师称学生。 识：记住。

【译文】

梁丘据问晏子说："您先后侍奉了三位君主，三位君主的心各不相同，而您都能顺从，仁德的人本来就有多种心吗？"

晏子回答说："我听说，顺从君主爱护百姓不懈怠，就可以役使百姓，强横暴虐不忠诚，役使不了一人。一心一意可侍奉好一百个君主，三心二意不可能侍奉好一个君主。"

孔子听到此事后说："学生们记住这些话！晏子是能用一颗心侍奉一百个君主的人啊。"

柏常骞问道无灭身无废
晏子对以养世君子第三十

柏常骞去周之齐[1]，见晏子曰："骞，周室之贱史也，不量其不肖，愿事君子。敢问正道直行则不容于世，隐道危行则不忍，道亦无灭，身亦无废者何若？"

晏子对曰："善哉！问事君乎！婴闻之，执二法裾[2]，则不取也；轻进苟合，则不信也；直易无讳，则速伤也；新始好利，则无敝也[3]。且婴闻养世之君子[4]，从重不为进，从轻不为退，省行而不伐[5]，让利而不夸，陈物而勿专[6]，见象而勿强[7]。道不灭，身不废矣。"

【注释】
〔1〕去：离开。
〔2〕执二法裾：前人认为二，当作"一"；法，当作"浩"。裾，通"倨"。
〔3〕无敝：当作"无不敝"。
〔4〕养：教育。
〔5〕省：反省。
〔6〕陈：陈述。　专：自以为是。
〔7〕象：现象，这里指上天降下凶吉的征兆。

【译文】
柏常骞离开周王室到齐国去，见到晏子说："我只不过是周王室的一个地位低下的史官，不自量自己不贤德，愿意来侍奉您。请问坚持正道行为端正，就不能容于世人，违背正道行为不正，那又不忍心这么做。如果想不废弃正道，自身的品行也不丧失应该怎么做?"

晏子回答说:"您问的是侍奉君主的事情吗? 问得好啊! 我听说,粗率不恭,就不会被君主听取;轻率地妄加附和,就不会被君主信任;率直没有忌讳,就很快会受到伤害;喜欢变旧图新贪求名利,没有不失败的。况且我听说有心于匡济世人的君子,承担重大的事不是为了做官,承担轻易的事不是为了隐退,反省自己的行为不自夸,见到好处谦让而不自傲,陈说论列事物时不自以为是,看见上天显现的兆象就顺从而不强行违背。这样的话,正道就不会废弃,自身的品行也不会丧失了。"

内篇杂上第五

庄公不说晏子晏子坐地讼公而归第一

晏子臣于庄公，公不说，饮酒，令召晏子。晏子至，入门，公令乐人奏歌曰："已哉已哉[1]！寡人不能说也，尔何来为？"晏子入坐，乐人三奏，然后知其谓己也。遂起，北面坐地[2]。

公曰："夫子从席[3]，曷为坐地？"

晏子对曰："婴闻讼夫坐地，今婴将与君讼，敢毋坐地乎？婴闻之，众而无义，强而无礼，好勇而恶贤者，祸必及其身，若公者之谓矣。且婴言不用，愿请身去。"遂趋而归，管籥其家者纳之公[4]，财在外者斥之市[5]，曰："君子有力于民，则进爵禄，不辞富贵；无力于民而旅食[6]，不恶贫贱。"遂徒行而东，耕于海滨，居数年，果有崔杼之难。

【注释】

〔1〕已：止。

〔2〕北面：面朝北。

〔3〕从席；从坐。

〔4〕管籥：锁钥。

〔5〕斥：斥卖。

〔6〕旅食：寄食他乡。

【译文】

晏子做齐庄公的臣子，庄公不喜欢他，饮酒时下令召晏子来。晏子到了，刚进门，庄公就命令乐人奏乐歌，歌词是："算了算了！寡人得不到喜悦啊，你来做什么？"晏子入座，乐人连续三次演奏这首歌曲，然后晏子才明白这是说的自己。于是就离开座席，面向北坐在地上。

庄公说："先生跟我一起坐吧，为什么坐在地上呢？"

晏子回答说："我听说打官司的人要坐在地上，现在我将与君主打官司，怎敢不坐在地上呢？我听说，人多而不讲道义，恃强而不讲礼仪，喜好勇力而厌恶贤德的人，祸患一定会落到他身上，说的就是像君主这样的人。况且我说的话不被采纳，希望君主允许我辞职离开这里。"于是快步走回去了，把锁在家中的东西全部拿出来交公，把在外的财产拿到市面上卖掉，说："君子有力量为百姓办事，就晋爵加俸，不推辞富贵；无力为百姓办事就辞官寄食他乡，不厌恶贫贱。"于是步行向东方而去，在海滨耕田种地。过了几年，齐国果然发生了崔杼杀死庄公的祸乱。

庄公不用晏子晏子致邑
而退后有崔氏之祸第二

晏子为庄公臣，言大用，每朝，赐爵益邑。俄而不用[1]，每朝，致邑与爵[2]。爵邑尽，退朝而乘，喟然而叹[3]，终而笑。其仆曰："何叹笑相从数也？"晏子曰："吾叹也，哀吾君不免于难；吾笑也，喜吾自得也，吾亦无死矣。"

崔杼果弑庄公。晏子立崔杼之门，从者曰："死乎？"晏子曰："独吾君也乎哉？吾死也！"曰："行乎？"曰："独吾罪也乎哉？吾亡也[4]！"曰："归乎？"

曰:"吾君死,安归!君民者岂以陵民?社稷是主;臣君者,岂为其口实[5]?社稷是养。故君为社稷死,则死之,为社稷亡,则亡之。若君为己死而为己亡,非其私昵,孰能任之,且人有君而弑之,吾焉得死之?而焉得亡之?将庸何归!"

门启而入。崔子曰:"子何不死?子何不死?"晏子曰:"祸始吾不在也,祸终吾不知也,吾何为死?且吾闻之,以亡为行者,不足以存君;以死为义者,不足以立功。婴岂其婢子也哉!其缢而从之也[6]!"遂袒免[7],坐,枕君尸而哭[8],兴[9],三踊而出[10]。

人谓崔子必杀之,崔子曰:"民之望也,舍之得民。"

【注释】

〔1〕俄而:不久。

〔2〕致:归还。

〔3〕喟然:通作"喟然"。

〔4〕亡:出逃。

〔5〕口实:指俸禄。

〔6〕缢:上吊。

〔7〕袒免:袒衣免冠。古代丧礼,五服外的远亲,无丧服之制,袒衣免冠以示哀思。袒,解衣露出躯体。 免:脱去冠帽。

〔8〕枕:这里表示把庄公尸枕在自己腿上。

〔9〕兴:起身。

〔10〕踊:跳跃,此指顿足。

【译文】

晏子做齐庄公的臣子,他的建议都得到郑重采纳,每次朝见,庄公都赐给他爵位,增加他的食邑。没有多久,晏子的建议就不被采纳了，每次设朝，庄公都收回他的一些食邑与爵位。爵位与食邑都被收完了，晏子退朝出来乘车，感慨地叹息，叹息完后又大笑。他的仆人说："您为什么几次三番时而叹息时而大笑呢？"晏子说："我叹息，是哀怜我们的君主不能免于灾难；我大笑，是幸喜我能保全自身，我不会死了。"

崔杼果然杀死了庄公。晏子站在崔杼的门外，仆从说："为君主殉死吗？"晏子说："难道只是我一个人的君主吗？我为什么要殉死！"仆从说："出亡国外吗？"晏子说："难道是我一个人的罪过吗？我为什么要出亡！"仆从说："回去吗？"晏子说："我的君主已经死了，怎么可以回去？作为统治百姓的君主，难道可以凌驾于百姓之上吗？君主的责任是主理国家；给君主当臣子的人，难道是为了自己的俸禄吗？臣子的责任是治理国家。所以君主是为国家而死的，臣子就为他殉死，君主为了国家而出亡，臣子就随他一起出亡。如果君主是为了自己的私利而死，为了自己的私利而出亡，不是他宠爱的人，谁能担当此责。况且有人侍奉君主却把君主杀了，我怎么能为他殉死呢？怎么能为他出亡呢？但是我又将回到哪里去呢！"

崔杼家的门开了，晏子走进去。崔杼说："你为什么还不殉死，你为什么还不殉死？"晏子说："祸乱发生的时候我不在场，祸乱结束了我也不知道，我为什么要殉死？况且我听说，把出亡看作好的品行的人，不足以保全君主；把死看作有节义的人，不足以建立功勋。我难道是君主的嫔妃侍女吗，他上吊我也跟着上吊！"于是晏子袒露身体，脱下帽子，坐在地上，将庄公的尸体枕靠在自己的大腿上痛哭，哭完，站起身来，顿了三下脚，走了出去。

有人对崔杼说一定得杀掉晏子，崔杼说："他是百姓敬仰的人，放了他可以得民心。"

崔庆劫齐将军大夫盟晏子不与第三

崔杼既弑庄公而立景公，杼与庆封相之，劫诸将军大夫及显士庶人于太宫之坎上〔1〕，令无得不盟者。为坛三仞，坎其下〔2〕，以甲千列环其内外〔3〕，盟者皆脱剑而入。维晏子不肯，崔杼许之。有敢不盟者，戟拘其颈〔4〕，剑承其心〔5〕，令其自盟曰："不与崔庆而与公室者〔6〕，受其不祥。"言不疾，指不至血者死。所杀七人。

次及晏子，晏子奉杯血，仰天叹曰："呜呼！崔子为无道，而弑其君，不与公室而与崔庆者，受此不祥。"俛而饮血。崔子谓晏子曰："子变子言，则齐国吾与子共之；子不变子言，戟既在脰〔7〕，剑既在心，维子图之也。"晏子曰："劫吾以刃，而失其志，非勇也；回吾以利〔8〕，而倍其君〔9〕，非义也。崔子！子独不为夫《诗》乎？《诗》云：'莫莫葛藟，施于条枚。恺恺君子，求福不回〔10〕。'今婴且可以回而求福乎？曲刃钩之〔11〕，直兵推之〔12〕，婴不革矣！"

崔杼将杀之，或曰："不可！子以子之君无道而杀之，今其臣有道之士也，又从而杀之，不可以为教矣。"崔子遂舍之。晏子曰："若大夫为大不仁，而为小仁，焉有中乎〔13〕！"

趋出，授绥而乘〔14〕，其仆将驰，晏子抚其手曰："徐之〔15〕，疾不必生，徐不必死，鹿生于野，命悬于厨，婴命有系矣〔16〕。"按之成节而后去〔17〕。

《诗》云："彼己之子，舍命不渝〔18〕。"晏子之谓也。

【注释】

　　〔1〕劫：胁迫。　太宫：太庙。　坎：坑。

　　〔2〕坎：挖坑。

　　〔3〕甲：披甲戴盔的武士。　列：二十五人为一列。　环：围绕。

　　〔4〕戟：古代兵器。青铜制，将戈、矛合成一体，既能直刺，又能横砍。　拘：指用戟的横刃扣住。

　　〔5〕承：指对着。

　　〔6〕与：归附。

　　〔7〕脰：颈项。

　　〔8〕回：改变方向。

　　〔9〕倍：通"背"。

　　〔10〕语见《诗经·大雅·旱麓》。莫莫，茂密。葛藟，都是蔓生的草。施，蔓延。恺恺，原诗作"岂弟"，快乐平易。回，违。

　　〔11〕钩：钩砍。

　　〔12〕直兵：指剑。　推：刺。

　　〔13〕中：恰当。

　　〔14〕绥：车上的绳子。

　　〔15〕徐：慢。

　　〔16〕系：悬系。

　　〔17〕成节：指车子有节奏地缓慢行驶。

　　〔18〕语见《诗经·郑风·羔裘》。已，原诗作"其"。渝，改变。

【译文】

　　崔杼杀了庄公以后立景公为君，崔杼和庆封共同为相辅佐景公，他们胁迫那些将军、大夫、著名人士和一些百姓，到太庙旁的坑穴边，下令不准任何人不参加盟誓。筑起了两丈多的高坛，在坛下挖了坑穴，用上千披盔戴甲的武士围绕在坑穴边，盟誓的人都得解下佩剑才准进入。只有晏子一人不肯解剑，崔杼允许他佩剑上坛。有敢于不参加盟誓的人，便用戟勾住他的头，剑抵住他的心，命令参加盟誓的人自己发誓说："不归顺崔杼、庆封而归顺王室的，遭受灾祸。"话说得不够恶狠狠，手指没有咬出血的人被处死，先后被杀死的有七人。

　　依次轮到晏子起誓，晏子捧着歃血的杯子，仰天长叹说："呜呼！崔杼干无道的事，杀死自己的君主，凡不归顺王室而归顺崔杼、庆封的人，将遭受灾祸。"说完低头将杯中的血酒一饮而尽。崔杼对晏子说："你如果改变你的话，那么我与你共同享有齐国；如果你不改变你的话，戟就会架在你的颈项上，剑就会指向你的心脏，希望你考虑。"晏子说："用利剑胁迫我，强迫我抛弃志节，这不是勇敢；用厚利诱惑我改变主张，让我背叛我的君主，这是不道义的。崔杼！你难道没有读过《诗经》吗！《诗经》中说：'茂密葛藤长又柔，蔓延缠绕树梢头。平易近人好君子，不违祖德把福求。'现在我就可以用邪曲的行为来求福吗？弯曲的利戟钩砍我的颈项，笔直的利剑直刺我的胸膛，我也不会改变我的志向。"

崔杼打算杀晏子，有人说："不可以！您因为您的君主无道而杀了他，现在他的臣子是有道义的人，您又随后杀了他，这样就无法说服天下人。"崔杼就放了晏子。晏子说："像崔大夫这样干了大不仁义的事，而做小有仁义的事，怎么能称得上是合适的呢！"

于是快步走出，拉住车上的绳子登上了车。他的车夫要驾车奔驰，晏子按着车夫的手说："慢慢行走！跑快了不一定能活，慢慢走不一定会死，鹿生长在野外，它的命掌握在厨师手中，我的命也悬系在他人手中。"于是有节奏地驾着车子不紧不慢地离去了。

《诗经》中说："他是这样一个人，肯舍生命保节操。"这说的就是晏子。

晏子再治阿而见信景公任以国政第四

景公使晏子为东阿宰[1]，三年，毁闻于国。景公不说，召而免之。晏子谢曰："婴知婴之过矣，请复治阿，三年而誉必闻于国。"

景公不忍，复使治阿，三年而誉闻于国。景公说，召而赏之[2]。景公问其故，对曰："昔者婴之治阿也，筑蹊径[3]，急门闾之政[4]，而淫民恶之[5]；举俭力孝弟[6]，罚偷窳[7]，而惰民恶之；决狱不避，贵强恶之[8]；左右所求，法则予，非法则否，而左右恶之；事贵人体不过礼[9]，而贵人恶之。是以三邪毁乎外，二谗毁于内，三年而毁闻乎君也。今臣谨更之，不筑蹊径，而缓门闾之政，而淫民说；不举俭力孝弟，不罚偷窳，而惰民说；决狱阿贵强，而贵强说；左右所求言诺，而左右说；事贵人体过礼，而贵人说。是以三邪誉乎外，二谗誉乎内，三年而誉闻于君也。昔者婴之所以当诛者宜赏，今所以当赏者宜诛，是故不敢受。"

景公知晏子贤，乃任以国政，三年而齐大兴。

【注释】

〔1〕东阿：邑名。　宰：邑的长官。
〔2〕此下当脱"辞而不受"四字。
〔3〕筑蹊径：堵住小路，以防奸邪。　蹊径：小路。
〔4〕门闾之政：指防止盗贼。
〔5〕淫民：奸邪的人。
〔6〕弟：通"悌"，亲爱兄长。
〔7〕偷窳：懒惰。
〔8〕贵强：权贵豪强。
〔9〕体不过礼：不超过礼仪的规定。

【译文】

　　景公派晏子当东阿邑的邑宰，任职三年，晏子的坏名声就传遍全国，景公很不高兴，召回晏子并且要免去他的官职。晏子谢罪说："我知道我错在哪里了，请求让我再去管理东阿邑，三年后好名声一定会传遍全国。"

　　景公不忍心免去晏子的官职，于是派他再去管理东阿邑，三年后好名声果然传遍国都。景公很高兴，召见晏子要赏赐他，晏子辞谢不接受。景公问为什么，晏子回答说："过去我管理东阿邑，堵住小路，加紧对门闾之间的防盗管理，奸邪的人憎恶这样做；提倡勤俭、孝顺父母、友爱兄弟，惩罚懒惰的人，游手好闲的人就憎恶这样做；判决案件不避权贵豪强，权贵豪强就憎恶这样做；君主左右的人有求于我，符合法规的就给予，不符合法规的就拒绝，君主左右的人就憎恶这样做；我接待显贵的人不超过礼仪规范，显贵的人就憎恶这样做。所以淫民、惰民、贵强三种邪僻的人在外说我的坏话，君主左右的人和贵人两种进谗的人在内说我的坏话，三年过去我的坏名声就到君主的耳朵里了。现在我谨慎地改变了过去的做法，不堵小路，放松对门闾之间防盗的管理，奸邪的人就高兴；不提倡勤俭、孝顺父母、友爱兄弟，不惩罚懒惰的人，而游手好闲的人就高兴；判决案件曲从权贵豪强，权贵豪强就高兴；君主左右的人有求于我就答应，君主左右的人就高兴；对待显贵的人超过礼仪的规定，显贵的人就高兴。所以三种邪僻的人在外说我的好话，两种进谗的人在内称赞我，三年后我的好名声就传到君主的耳朵里了。过去我做的将要受到惩罚的事实际应该受到奖赏，现在做的将要受到奖赏的事实际应该受到惩罚，所以我不敢接受君主的奖赏。"

　　景公知道晏子贤德，就将治理国家的政事交给晏子，三年后，齐国大为兴盛。

景公恶故人晏子退国乱复召晏子第五

　　景公与晏子立于曲潢之上[1]，晏子称曰："衣莫若新，人莫若故。"

　　公曰："衣之新也，信善也[2]，人之故，相知情[3]。"

　　晏子归，负载使人辞于公曰："婴故老耄无能也〔4〕，请毋服壮者之事〔5〕。"

公自治国，身弱于高、国〔6〕，百姓大乱。公恐，复召晏子。诸侯忌其威，而高、国服其政，田畴垦辟，蚕桑豢收之处不足〔7〕，丝蚕于燕，牧马于鲁，共贡入朝。

墨子闻之曰："晏子知道，景公知穷矣〔8〕。"

【注释】

〔1〕潢：水池。

〔2〕信：确实，的确。

〔3〕相知情：相互知道实情。

〔4〕老耄：年老。耄，七十称"耄"。

〔5〕服：担当。

〔6〕高、国：高氏和国氏，都是齐国贵族。

〔7〕豢收：豢养放牧牲畜。收，当作"牧"。

〔8〕穷：指能力用尽。

【译文】

景公与晏子站在曲潢池旁边，晏子说："衣服不如新的好，人不如故旧的好。"

景公说："衣服新的，确实是好，人如果是故旧，相互之间知道的实情太多了。"

晏子回到家中，装载了自己家里的东西并派人向景公辞行说："我本来就年老无能了，请求不再承担壮年人所做的事。"

于是景公自己治理国家，弄得自己势力比高、国二氏还弱，百姓大乱。景公恐慌了，又召回晏子。诸侯忌惮晏子的威势，高、国二氏信服晏子的施政，田地都开垦出来，养蚕种桑，豢养放牧牲畜的地方不敷使用，于是借燕国之地养蚕取丝，借鲁国之地放牧马匹，燕国、鲁国一起进贡朝拜齐国。

墨子听到这件事情后说："晏子懂得治国的道理，景公知道自己无力治国。"

齐饥晏子因路寝之役以振民第六

景公之时饥[1]，晏子请为民发粟，公不许。当为路寝之台[2]，晏子令吏重其赁[3]，远其兆[4]，徐其日，而不趋[5]。三年台成而民振，故上说乎游，民足乎食。

君子曰："政则晏子欲发粟与民而已，若使不可得，则依物而偶于政[6]。"

【注释】

〔1〕饥：灾荒。

〔2〕当：适逢。

〔3〕重其赁：增加佣工的工价。　赁：雇佣。

〔4〕兆：通"垗"，即域，指修建"路寝"的台址。本句的意思就是把"路寝"的台址选得远远的。

〔5〕趋：同"促"，催促。

〔6〕依：凭借。　偶：通"寓"，寄寓。　政：指晏子因筑台之事而寄寓救济之事。

【译文】

景公执政的时候发生了饥荒，晏子请求给百姓发放救济粮，景公不允许。适逢修建路寝台，晏子就命令官吏增加修台的工价，加长运输距离，放缓修台的日期，不去催促修台的工期。三年后路寝台修成，百姓也得到了救济，所以景公满足了游览的乐趣，百姓也得到了足够的粮食。

君子说："按照施政方法，晏子只是想把粮食发放给百姓就行了，可是这个办法行不通，他就借筑台之事施行发放粮食救济灾民的政事。"

景公欲堕东门之堤晏子谓不可变古第七

景公登东门防[1]，民单服然后上[2]，公曰："此大伤牛马蹄矣，夫何不下六尺哉？"

晏子对曰："昔者吾先君桓公，明君也，而管仲贤相也。夫以贤相佐明君，而东门防全也。古者不为[3]，殆有为也[4]。蚤岁溜水至[5]，入广门[6]，即下六尺耳，乡者防下六尺[7]，则无齐矣。夫古之重变古常[8]，此之谓也。"

【注释】

〔1〕防：堤防。

〔2〕单服：单衣。

〔3〕不为：指不下六尺事。

〔4〕殆：恐怕。 为：原因。

〔5〕蚤：通"早"。 溜水：当作"淄水"。齐都营丘，淄水从它的南面经过然后到达东面，淄水大涨时会有水患。

〔6〕广门：广里，在东门以北。

〔7〕乡：通"向"，从前。

〔8〕重：重视，不轻易。

【译文】

景公登上齐国都城东门外的堤防，看见百姓穿着单衣然后才能爬上去，景公说："这个堤防太高会大大伤害牛马的蹄趾，为什么不放低六尺呢？"

晏子回答说："从前我们的先君桓公，是圣明的君主，而管仲则是贤能的宰相。以贤能的宰相辅佐圣明的君主，而东门外的堤防才得以全部修筑好。古时候修堤防不放低六尺，恐怕是有原因的。早年淄水泛滥，大水涌入广里，水位正是低于堤防六尺，先前如果堤防修低了六尺，那就没有现在的齐都了。古时候不轻易改变常法，说的就是这种情况啊。"

景公怜饥者晏子称治国之本以长其意第八

景公游于寿宫[1]，睹长年负薪者[2]，而有饥色。公悲之，喟然叹曰："令吏养之！"

晏子曰："臣闻之，乐贤而哀不肖，守国之本也。今君爱老，而恩无所不逮，治国之本也。"公笑，有喜色。

晏子曰："圣王见贤以乐贤，见不肖以哀不肖，今请求老弱之不养，鳏寡之无室者，论而共秩焉[3]。"

公曰："诺。"于是老弱有养，鳏寡有室。

【注释】

〔1〕寿宫：又名"胡宫"，齐的行宫。

〔2〕长年：年老。

〔3〕共：通"供"。　秩：禄。这里指供给衣食。

【译文】

景公在寿宫游玩，看见一个背着柴草的老年人，脸上有饥饿之色。景公很悲伤，长叹一声后说："让官吏供养他。"

晏子说："我听说，喜欢贤德的人而怜悯贫困的人，这是保持住国家的根本。现在君主能爱怜老年人，而恩惠无微不至，这是治理国家的根本啊。"景公笑起来，面有喜色。

晏子说："圣明的君主看见贤德的人就喜欢贤德的人，看见贫困的人就怜悯贫困的人，现在我请求给那些年老体弱没有供养的人，没有家室的鳏夫寡妇，根据他们的不同情况而供给衣食。"

景公说："好吧。"于是年老体弱的人有了供养，鳏寡之人有了家室。

景公探雀鷇鷇弱反之晏子称长幼以贺第九

景公探雀鷇[1]，鷇弱，反之[2]。晏子闻之，不待时而入见景公[3]。公汗出惕然，晏子曰："君何为者也?"公曰："吾探雀鷇，鷇弱，故反之。"

晏子逡巡北面再拜而贺曰[4]："吾君有圣王之道矣!"

公曰："寡人探雀鷇，鷇弱，故反之，其当圣王之道者何也?"

晏子对曰："君探雀鷇，鷇弱，反之，是长幼也。吾君仁爱，曾禽兽之加焉[5]，而况于人乎! 此圣王之道也。"

【注释】
〔1〕鷇：待哺食的雏鸟。
〔2〕反：通"返"。
〔3〕不待时：王念孙云当作"不时"。 景公：涉上文而衍。
〔4〕逡巡：退却。
〔5〕曾：乃。

【译文】
景公探取等待哺食的幼鸟，看见幼鸟体弱，又将它送回鸟巢。晏子听到这件事后，没有等待就入宫拜见景公。景公汗流满面，显出紧张的样子。晏子说："君王做了什么事了?"景公说："我探取待哺食的幼鸟，幼鸟体弱，所以又将它送回鸟巢。"

晏子往后退却几步面朝北拜了又拜恭贺说："我们的君主具有圣明君主的道德了!"

景公说："我探取待哺食的幼鸟，幼鸟体弱，所以又将它送回鸟巢，这样为什么就称得上具有圣明君主的德行了呢?"

晏子回答说："君王探取待哺食的幼鸟，幼鸟体弱，又将它送回鸟巢，这是慈爱幼弱的表现。我们的君主仁爱，连禽兽都给予恩惠，更何况对人呢! 这就是圣明君主的道德啊。"

景公睹乞儿于途晏子讽公使养第十

景公睹婴儿有乞于途者，公曰："是无归矣〔1〕!"

晏子对曰："君存〔2〕，何为无归? 使吏养之，可立而以闻。"

【注释】

〔1〕是：此。

〔2〕存：存问。

【译文】

景公看见有个小孩在道路上乞讨，景公说："这个小孩无家可归呀!"

晏子说："有君主关心过问，他怎么会无家可归呢? 命令官吏抚养他，等小孩长大成人后，再报告君主知道。"

景公惭刖跪之辱不朝晏子称直请赏之第十一

景公正昼〔1〕，被发〔2〕，乘六马，御妇人以出正闱^[3]，刖跪击其马而反之^[4]，曰："尔非吾君也。"公惭而不朝。

晏子睹裔款而问曰："君何故不朝？"

对曰："昔者君正昼，被发，乘六马，御妇人以出正闱，刖跪击其马而反之，曰：'尔非吾君也。'公惭而反，不果出，是以不朝。"

晏子入见。景公曰："昔者寡人有罪，被发，乘六马，以出正闱，刖跪击马而反之，曰：'尔非吾君也。'寡人以天子大夫之赐^[5]，得率百姓以守宗庙，今见戮于刖跪^[6]，以辱社稷，吾犹可以齐于诸侯乎^[7]？"

晏子对曰："君勿恶焉^[8]。臣闻下无直辞，上有隐君，民多讳言，君有骄行。古者明君在上，下多直辞；君上好善，民无讳言。今君有失行，刖跪直辞禁之，是君之福也。故臣来庆，请赏之，以明君之好善；礼之，以明君之受谏。"

公笑曰："可乎？"

晏子曰："可。"

于是令刖跪倍资无征^[9]，时朝无事也。

【注释】
〔1〕正昼：日间。
〔2〕被发：披散着头发。被，通"披"。
〔3〕正闱：宫中正门。
〔4〕刖跪：受过刖足之刑的人。古代常用刖足之人作守门人。跪，足。
〔5〕天：衍字。
〔6〕戮：通"辱"。

〔7〕齐：并列。

〔8〕恶：厌恶。

〔9〕倍资：加倍给予钱财。无征：免去徭役赋税。

【译文】

景公在大白天，披散着头发，驾着六匹马拉的车，载着宫中后妃从宫中正门外出，受过刖刑的看门人拍打景公的马，让景公返回，并说："你这个样子不是我们的君主啊。"景公感到羞惭而不上朝理政。

晏子看到裔款便问道："君主为什么不上朝理政？"

裔款回答说："昨天君主在大白天，披散着头发，驾着六马高车，载着宫中后妃从宫中正门外出，刖足的看门人拍打君主的马，让君主返回，并说：'你这个样子不是我们的君主。'君主羞惭地返回宫中，最终没有出宫门，所以不愿上朝。"

晏子入宫拜见景公。景公说："昨天我有过错，披散着头发，驾着六马高车，从王宫的正门外出，刖足的看门人拍打我的马，让我返回，并且说：'你这个样子不是我们的君主。'我有赖先生您的帮助，得以率领百姓守护国家基业，现在被刖足人羞辱，使国家蒙受了耻辱，我还可以和诸侯平起平坐吗？"

晏子回答说："君王不必记恨这件事。我听说下边没有耿直的话，上边就会有被蒙蔽的君主，百姓如果忌讳不敢讲话，君主就会有骄横的行为。古代圣明的君主在位，下边就会有很多耿直的话；国君喜好善言，百姓说话就不会忌讳。现在君王有过失的行为，刖足的看门人就直言禁止君王，这是君王的福气。所以我来庆贺。请求赏赐他，以表明君王喜好善言；礼待他，以表明君王接受劝谏。"

景公笑着说："这可以吗？"

晏子说："可以。"

于是景公下令加倍给刖足的看门人钱财，并免除他的徭役和赋税，那一段时期朝廷平安无事。

景公夜从晏子饮晏子称不敢与第十二

　　景公饮酒，夜移于晏子，前驱款门曰[1]："君至！"晏子被元端[2]，立于门曰："诸侯得微有故乎[3]？国家得微有事乎？君何为非时而夜辱[4]？"公曰："酒醴之味，金石之声，愿与夫子乐之。"晏子对曰："夫布荐席[5]，陈簠簋者[6]，有人，臣不敢与焉[7]。"

　　公曰："移于司马穰苴之家[8]。"前驱款门，曰："君至！"穰苴介胄操戟立于门曰[9]："诸侯得微有兵乎？大臣得微有叛者乎？君何为非时而夜辱？"公曰："酒醴之味，金石之声，愿与将军乐之。"穰苴对曰："夫布荐席，陈簠簋者，有人，臣不敢与焉。"

　　公曰："移于梁丘据之家。"前驱款门，曰："君至！"梁丘据左操瑟[10]，右挈竽[11]，行歌而出。公曰："乐哉，今夕吾饮也！微此二子者[12]，何以治吾国；微此一臣者，何以乐吾身。"

　　君子曰："圣贤之君，皆有益友，无偷乐之臣[13]，景公弗能及，故两用之，仅得不亡。"

【注释】
　　[1] 前驱：先行的人。　款：叩。
　　[2] 元端：黑色礼服。元，即"玄"，黑色。
　　[3] 得微：莫非，该不会。
　　[4] 非时：不恰当的时候。
　　[5] 布荐席：铺设坐席。布，铺设。荐席，用草编织的坐席。

〔6〕簠：外方内圆，用来贮藏稻粱。　簋：内方外圆，用来盛黍稷。
〔7〕与：参与。
〔8〕司马：主军政的官员。　穰苴：姓田氏，田完的后代。
〔9〕介胄：甲胄，指披甲戴盔。
〔10〕瑟：拨弦乐器。
〔11〕挈：提。　竽：古代簧管乐器，形似笙而较大，管数也较多。
〔12〕微：不是，没有。
〔13〕偷：苟且。

【译文】

景公饮酒，深夜将宴席移到晏子家，先行的人敲门说："君主驾到！"晏子穿好黑色礼服，站在门前说："诸侯莫非有什么变故吧？国家莫非有事变吧？君王为什么在不该外出的深夜屈尊来我家？"景公说："酒醴的美味，金石的乐声，希望与先生一同享受。"晏子说："铺设坐席，陈列食器，自有人侍候，我不敢参与这事。"

景公说："改到司马穰苴的家去。"先行的人敲门说："君主驾到！"司马穰苴披甲戴盔，拿着戟站在门前问："莫非是诸侯有什么军事行动么？莫非是大臣发生了反叛的事了？君王为什么在不该外出的深夜屈尊来我家？"景公说："酒醴的美味，金石的乐声，希望与将军一同享乐。"司马穰苴说："铺设坐席，陈列食器，自有人侍候，我不敢参与这事。"

景公说："改到梁丘据家去。"先行的人敲门说："君主驾到！"梁丘据左手拿着瑟，右手提着竽，边走边唱迎出来。景公说："今天夜里我饮酒真快乐啊！如果没有晏子与司马穰苴二人，怎么能治理好我的国家？没有梁丘据，怎么能使我快乐！"

君子说："圣贤的君主，都有对自己有益的朋友，没有苟且作乐的臣子，景公达不到这样，所以两类臣子都被任用，只能保住自己不致败亡。"

景公使进食与裘晏子对以社稷臣第十三

晏子侍于景公，朝寒，公曰："请进暖食。"

晏子对曰："婴非君奉馈之臣也[1]，敢辞。"

公曰："请进服裘。"

对曰："婴非君茵席之臣也[2]，敢辞。"

公曰："然夫子之于寡人何为者也?"

对曰："婴，社稷之臣也。"

公曰："何谓社稷之臣?"

对曰："夫社稷之臣，能立社稷，别上下之义，使当其理[3]；制百官之序，使得其宜[4]；作为辞令[5]，可分布于四方。"

自是之后，君不以礼，不见晏子。

【注释】

〔1〕奉馈：进献食物。奉，献。馈，进食于人。

〔2〕茵：垫子，褥子。

〔3〕当：恰当。

〔4〕使得其宜：事百官各得其所。

〔5〕作为：制定。 辞令：法令。

【译文】

晏子侍奉在景公身边，早上寒冷，景公说："请给我拿热的饮食来。"

晏子回答说："我不是君王进奉食物的侍臣，因此不能从命。"

景公说："请给我拿皮衣来。"

晏子回答说："我不是君王管理服饰坐席的侍臣，因此不能从命。"

景公说："既然这样，先生对于我来说是干什么的呢?"

晏子回答说："我是社稷之臣。"

景公说："什么叫社稷之臣?"

晏子回答说："社稷之臣，能够国家稳固，区分君臣上下之义，使他们都与自己的名分相当；规定百官的等级次序，使他们各得其所；制定文告法令，可以传布到四方。"

从此以后，景公不按照礼仪就不召见晏子。

晏子饮景公止家老敛欲与民共乐第十四

晏子饮景公酒，令器必新，家老曰[1]："财不足，请敛于氓。"

晏子曰："止！夫乐者，上下同之。故天子与天下，诸侯与境内，大夫以下各与其僚[2]，无有独乐。今上乐其乐[3]，下伤其费，是独乐者也，不可！"

【注释】

〔1〕家老：春秋时卿大夫的家臣之长。

〔2〕僚：僚属。

〔3〕乐其乐：以自己的快乐为快乐。

【译文】

晏子请景公饮酒，命令酒器一定要新的，家老说："钱财不够，请允许我向百姓征收。"

晏子说："不行！快乐应该是上下共同享受。所以天子和天下人同乐，诸侯与国内的人同乐，大夫以下的人各与他们的僚属同乐，没有独自享乐的。现在高居上位的人以自己的快乐为快乐，在下的百姓却耗费钱财，这是独自享乐，不可以这样做！"

晏子饮景公酒公呼具火晏子称诗以辞第十五

晏子饮景公酒，日暮，公呼具火[1]，晏子辞曰：

"《诗》云'侧弁之俄'[2]，言失德也。'屡舞傞傞'[3]，言失容也。'既醉以酒，既饱以德[4]，既醉而出，并受其福'[5]，宾主之礼也。'醉而不出，是谓伐德'[6]，宾之罪也。婴已卜其日[7]，未卜其夜。"

公曰："善。"举酒祭之[8]，再拜而出。曰："岂过我哉[9]？吾托国于晏子也。以其家货养寡人，不欲其淫侈也，而况与寡人谋国乎！"

【注释】

〔1〕具火：准备灯火。

〔2〕语见《诗经·小雅·宾之初筵》。侧，倾斜。弁，皮帽。俄，倾斜的样子。

〔3〕语见《诗经·小雅·宾之初筵》。傞傞，醉舞盘旋不止的样子。

〔4〕原诗无此二句，系后人所加。

〔5〕语见《诗经·小雅·宾之初筵》。

〔6〕语见《诗经·小雅·宾之初筵》。伐，损害。

〔7〕卜：指选择。

〔8〕祭：盛赞主人的饮食丰美。

〔9〕过：责备。

【译文】

晏子请景公饮酒，天黑了，景公呼唤准备灯火，晏子婉辞说："《诗经》中说'头上歪戴鹿皮帽'，说的是失去了品德。'酒醉起舞不停止'，说的是失去了仪态。'如果喝醉就出门，大家托福都叫好'，说的是宾主之间的礼节。'有的醉了不肯走，那就叫作缺德佬'，这是客人的过失。我选择的是请您白天饮酒，没有选择晚上请您饮酒。"

景公说："说得好。"举起酒来称赞了饮食丰富后，拜了两次后离开晏子家。说："怎么能责备我呢？我把国事托付给了晏子。他以居家平常的饮食款待我，不想铺张浪费，更何况他与我谋划国事呢！"

晋欲攻齐使人往观
晏子以礼待而折其谋第十六

晋平公欲伐齐[1]，使范昭往观焉[2]。景公觞之[3]，饮酒酣，范昭曰："请君之弃樽[4]。"公曰："酌寡人之樽，进之于客。"

范昭已饮，晏子曰："撤樽，更之。"樽觯具矣[5]，范昭佯醉，不说而起舞，谓太师曰[6]："能为我调成周之乐乎[7]？吾为子舞之。"太师曰："冥臣不习[8]。"范昭趋而出。

景公谓晏子曰："晋，大国也，使人来将观吾政，今子怒大国之使者，将奈何？"

晏子曰："夫范昭之为人也，非陋而不知礼也，且欲试吾君臣，故绝之也[9]。"

景公谓太师曰："子何以不为客调成周之乐乎？"

太师对曰："夫成周之乐，天子之乐也，调之，必人主舞之。今范昭人臣，欲舞天子之乐，臣故不为也。"

范昭归以报平公曰："齐未可伐也。臣欲试其君，而晏子识之；臣欲犯其礼，而太师知之。"

仲尼闻之曰："夫不出于尊俎之间[10]，而知千里之外[11]，其晏子之谓也。可谓折冲矣！而太师其与焉[12]。"

【注释】

〔1〕晋平公：姬姓。周武王之子叔虞的后代。

〔2〕范昭：晋国大臣。

〔3〕觞：向人敬酒。

〔4〕弃樽：用过的酒具。樽，酒具。

〔5〕觯：古代酒器。

〔6〕太师：乐官。

〔7〕成周之乐：为周天子演奏的乐曲。

〔8〕冥臣：太师谦称。冥，盲。 习：熟悉。

〔9〕绝：拒绝。

〔10〕尊俎：古代盛酒和盛肉的器皿。

〔11〕知：与下文"折冲"易位。知，智慧。 折冲：折退敌方的战车，意思是抵御敌人。

〔12〕与：助。

【译文】

晋平公打算攻打齐国，派遣范昭到齐国去观察齐国的虚实。景公设宴并向范昭敬酒，喝酒喝得正畅快时，范昭说："请将君王用过的酒具给我斟酒。"景公说："用我的酒具斟酒，进奉给客人。"

范昭喝完这杯酒后，晏子说："将这些酒具撤了，另换酒具。"酒具更换完毕，范昭假装酒醉，很不高兴，起身跳舞，对太师说："能为我演奏成周的乐曲吗？我配合你的乐曲跳舞。"太师说："我不熟悉这乐曲。"范昭快步走了出去。

景公对晏子说："晋国是大国，派使臣来是要观察我国的政事，现在您恼怒了大国的使臣，该怎么办呢？"

晏子说："范昭的为人，不是见识短浅不懂礼仪，而是想试探我们君臣，所以我拒绝了他的无理要求。"

景公对太师说："您为什么不为客人演奏成周的乐曲呢？"

太师回答说："成周的乐曲，是周天子专门使用的乐曲，演奏这种乐曲，一定要君王随着跳舞，现在范昭是臣子，却想随着天子使用的乐曲跳舞，所以我不演奏。"

范昭回到晋国，把在齐国的情况报告晋平公说："齐国不可以攻打。我想试探他们的君臣，但是晏子识破了我的用意；我想冒犯他们的礼仪，但是太师知道了我的意图。"

孔子听到这件事后说："不离开宴席之间，却能折退敌人于千里之外，说的就是晏子吧。晏子可以称得上是有智慧的人，而太师也协助了这件事情啊！"

景公问东门无泽年谷而对以冰
晏子请罢伐鲁第十七

景公伐鲁，傅许[1]，得东门无泽[2]。公问焉："鲁之年谷何如[3]？"

对曰："阴水厥[4]，阳冰厚五寸[5]。"

不知，以告晏子。晏子对曰："君子也。问年谷而对以冰，礼也。阴水厥，阳冰厚五寸者，寒温节[6]，节则刑政平，平则上下和，和则年谷熟。年充众和而伐之，臣恐罢民弊兵[7]，不成君之意[8]。请礼鲁以息吾怨，遣其执[9]，以明吾德。"

公曰："善。"乃不伐鲁。

【注释】

〔1〕傅：通"附"，附着。这里指驻扎。　许：邑名。周成王赐给周公子的采邑。

〔2〕东门无泽：人名，姓东门，名无泽。

〔3〕年谷：一年中收获的谷物。

〔4〕阴水厥：王念孙云："此文本作'阴冰凝'。"背阴的地方的冰都还凝结着。

〔5〕阳冰：向阳的地方的冰。

〔6〕节：符合节令。

〔7〕罢：通"疲"。

〔8〕成：实现。

〔9〕遣：遣送。 执：俘房，指东门无泽。

【译文】

景公攻打鲁国，军队驻扎在鲁国的许邑，抓获了东门无泽，景公问他："鲁国每年的粮食收成怎样？"

东门无泽回答说："背阴的地方的冰都还凝冻着，向阳的地方的冰仅有五寸厚。"

景公不知道这是什么意思，就把这话告诉晏子。晏子回答说："这个人是个君子啊。问他每年谷物收成而他却用冰冻作答，这是知礼啊。所谓背阴的地方的冰都还凝冻着，向阳的地方的冰仅有五寸厚了，说明寒暑季节变化有规律，季节变化有规律，那么刑罚政事就平稳，刑罚政事平稳，那么上下就和谐。上下和谐，那么每年的谷物就能丰收，年成好百姓和睦而去攻打它，我担心恐怕会使齐国军民疲敝，不能实现君王的愿望。希望礼待鲁国，从而平息对我们齐国的怨恨，送还被抓的人，以表明我们的恩德。"

景公说："说得好。"于是不再攻打鲁国。

景公使晏子予鲁地而鲁使不尽受第十八

景公予鲁君地，山阴数百社[1]，使晏子致之。鲁使子叔昭伯受地[2]，不尽受也。

晏子曰："寡君献地，忠廉也，曷为不尽受？"

子叔昭伯曰："臣受命于君曰：'诸侯相见，交让[3]，争处其卑，礼之文也[4]；交委多[5]，争受少，行之实也。礼成文于前，行成章于后[6]，交之所以长久也。'且吾闻君子不尽人之欢，不竭人之忠，吾是以不尽受也。"

晏子归报公，公喜笑曰："鲁君犹若是乎？"

晏子曰："臣闻大国贪于名，小国贪于实，此诸侯之通患也[7]。今鲁处卑而不贪乎尊，辞实而不贪乎多，行廉不为苟得，道义不为苟合，不尽人之欢，不竭人之忠，以全其交，君之道义，殊于世俗，国免于公患。"

公曰："寡人说鲁君，故予之地，今行果若此，吾将使人贺之。"

晏子曰："不！君以骥予之地，而贺其辞[8]，则交不亲，而地不为德矣。"

公曰："善。"于是重鲁之币[9]，毋比诸侯，厚其礼，毋比宾客。君子于鲁，而后明行廉辞地之可为重名也。

【注释】

〔1〕山阴：泰山北面。山，泰山。阴，山北为阴。　社：古代二十五家为一社。

〔2〕子叔昭伯：人名。鲁国大臣。

〔3〕交：相互。让：谦让。

〔4〕文：文采。指表现形式。

〔5〕委：给。

〔6〕章：当作"实"。

〔7〕通患：通病。

〔8〕辞：指鲁国辞不全受。

〔9〕重：厚赠。

【译文】

景公赠与鲁国国君土地，在泰山北面，有几千户人家，派晏子去赠送土地，鲁国派子叔昭伯来接受土地，但没有全部接受。

晏子说："我们君主赠献土地，完全是诚心诚意的，为什么不全部接受呢?"

子叔昭伯说:"我从君主那里接受命令说:'诸侯会见时,相互谦让,争着处于卑下的地位,这是礼仪的形式;相互赠送的礼物多,争着少接受礼物,这是行为的实质。相互交往先尽到礼仪的形式,然后行为再尽到实质,这是相互交往之所以能够长久的原因。'况且我听说君子不能享尽别人对自己的欢欣,不能完全收受别人对自己的忠诚,所以我不能全部接受啊。"

晏子回来报告景公,景公高兴地笑着说:"鲁国国君是这样的吗?"

晏子说:"我听说大国贪图名义,小国贪图实惠,这是诸侯的通病。现在鲁国宁愿处于卑下的地位而不贪图尊贵的地位,推辞实惠而不贪图多取,行为廉正不愿苟且求得,遵从道义不愿无原则行事,不享尽别人对自己的欢欣,不完全接受别人对自己的忠诚,以此来维持国与国的交往,鲁国国君的道义,不同于世俗,使鲁国免除了诸侯共有的毛病。"

景公说:"我喜欢鲁国国君,因此赠给他土地,现在鲁国国君的行为果真如此,我将派人去祝贺他。"

晏子说:"不行!君主因为高兴赠给他土地,又去祝贺他推辞不全受的行为,这样就显得交往不够亲密,而原来赠送土地也算不上有恩德了。"

景公说:"说得好。"于是厚赠鲁国钱币,超过对待别的诸侯,用隆重的礼节对待鲁国使臣,超过对待别的诸侯的使臣。君子通过鲁国辞不全受的行为,然后懂得了行为廉正、辞让赠地可以使国家享有巨大的名声。

景公游纪得金壶中书晏子因以讽之第十九

景公游于纪[1],得金壶,乃发视之[2],中有丹书[3],曰:"食鱼无反[4],勿乘驽马[5]。"公曰:"善哉,知苦言[6]!食鱼无反,则恶其鳋也[7];勿乘驽马,恶其取道不远也。”

晏子对曰：“不然。食鱼无反，毋尽民力乎！勿乘驽马，则无置不肖于侧乎！”

公曰：“纪有书，何以亡也？”

晏子对曰：“有以亡也。婴闻之，君子有道，悬之闾[8]。纪有此言，注之壶[9]，不亡何待乎？”

【注释】

〔1〕纪：古国名。

〔2〕发：打开。

〔3〕丹书：朱文。丹，朱砂。

〔4〕反：翻。

〔5〕驽马：劣马。

〔6〕知苦言：当作“如若言”。

〔7〕鳋：鱼的腥味。

〔8〕闾：门闾。

〔9〕注：投，藏。

【译文】

景公到纪地游玩，得到一个铜壶，于是打开壶观看，壶中有一张丹书，写着：“吃鱼不要翻动，不要乘劣马。”景公说：“这话真好啊！吃鱼不要翻动，说的是厌恶鱼的腥味；不要乘劣马，说的是厌恶它不能走远路。”

晏子回答说：“不是这个意思。吃鱼不要翻动，是说不要耗尽百姓财力啊！不要乘劣马，是说不要将不贤德的人安置在身边啊！”

景公说：“纪国有这样的丹书，为什么会灭亡呢？”

晏子说：“它的灭亡是有原因的。我听说，君子有好的教导，应该悬挂在闾里的门上，纪国有这样的话，却藏在铜壶里，不灭亡还等什么呢？”

景公贤鲁昭公去国而自悔
晏子谓无及已第二十

　　鲁昭公弃国走齐[1]，齐公问焉[2]，曰："君何年之少，而弃国之蚤[3]？奚道至于此乎[4]？"

　　昭公对曰："吾少之时，人多爱我者，吾体不能亲[5]；人多谏我者，吾志不能用，好则内无拂而外无辅[6]；辅拂无一人，谄谀我者甚众。譬之犹秋蓬也[7]，孤其根而美枝叶，秋风一至，根且拔矣。"

　　景公辩其言[8]，以语晏子，曰："使是人反其国[9]，岂不为古之贤君乎？"

　　晏子对曰："不然。夫愚者多悔，不肖者自贤，溺者不问坠，迷者不问路。溺而后问坠，迷而后问路，譬之犹临难而遽铸兵[10]，噎而遽掘井[11]，虽速亦无及已。"

【注释】
　　〔1〕鲁昭公：鲁国国君。　弃国：失国，失去君位。　走：逃亡。
　　〔2〕齐公：当作"景公"。
　　〔3〕蚤：通"早"。
　　〔4〕奚道：什么原因。
　　〔5〕体：自身。
　　〔6〕好则：当作"是以"。　拂：通"弼"，辅佐。
　　〔7〕蓬：飞蓬，枯后根断，遇风飞旋。
　　〔8〕辩：辩赡，理由充足，有道理。
　　〔9〕反：通"返"。
　　〔10〕遽：急。　兵：兵器。

〔11〕噎：食物堵住喉咙。

【译文】

　　鲁昭公失去君位，逃亡到齐国，景公问他说："你为什么这么年轻，却这么早把君位给丢失了呢？什么原因使你到了这种地步？"

　　鲁昭公回答说："我年轻的时候，多有热爱我的人，我自己却没有亲近他们；多有劝谏我的人，却没能采纳他们的意见，所以朝廷内外都没有辅佐我的人；辅佐我的一个人也没有，阿谀奉承我的人却很多，就像秋天的飞蓬一样，它的根很孤弱，枝叶却很华茂，秋风一到，连根被拔去。"

　　景公认为他的话很有道理，将这些话告诉晏子，说："如果让此人返回他的国家，难道不会成为像古代圣贤君主那样的国君吗？"

　　晏子回答说："不是这样。愚昧的人多爱后悔，不贤德的人总是认为自己贤德，被水淹的人是因为不询问蹚水的路线，迷失方向的人是因为不问路。被水淹了才去询问蹚水的路线，迷失了方向才去问路，就好像国难临头才急急忙忙铸造兵器，喉咙噎着了，才急急忙忙去挖井，即使再快也来不及了。"

晏子使鲁有事已仲尼以为知礼第二十一

　　晏子使鲁，仲尼命门弟子往观[1]。子贡反，报曰："孰谓晏子习于礼乎？夫《礼》曰：'登阶不历，堂上不趋，授玉不跪[2]。'今晏子皆反此，孰谓晏子习于礼者？"

　　晏子既已有事于鲁君[3]，退见仲尼，仲尼曰："夫礼，登阶不历，堂上不趋，授玉不跪。夫子反此乎？"

　　晏子曰："婴闻两楹之间[4]，君臣有位焉，君行其一，臣行其二。君之来速，是以登阶历堂上趋以及位也。君授玉卑[5]，故跪以下之。且吾闻之，大者不逾闲[6]，小者出入可也。"

晏子出，仲尼送之以宾客之礼，反，命门弟子曰[7]："不计之义[8]，维晏子为能行之。"

【注释】

〔1〕门弟子：及门的弟子，门生。

〔2〕语见《礼记·曲礼上》。　历：超越。

〔3〕既已：已经完成。

〔4〕两槛之间：东楹与西楹之间，指中堂。"槛"当作"楹"。

〔5〕授：通"受"。　卑：低。

〔6〕逾：超越。　闲：本指栅栏，引申为规矩、法度。

〔7〕以上六字原脱，据《初学记·文部》补。

〔8〕计：当作"法"。

【译文】

晏子出使鲁国，孔子叫学生前去观看。子贡回来，报告孔子说："谁说晏子熟悉礼仪啊？《礼记》上说：'登台阶不能越级，殿堂之上不能快步行走，授给玉器不能下跪。'现在晏子都违反了这些规定，谁说晏子是熟悉礼仪的人呢？"

晏子完成了在鲁国国君那里的公事后，出来去会见孔子。孔子说："按礼仪规定，登台阶不越级，殿堂上不快走，授给玉器不下跪。先生违反了这些规定了吗？"

晏子说："我听说殿堂的东楹与西楹之间，国君与臣子各有固定的位置，国君跨一步，臣子行两步。君主来得快，所以我登台阶越级，在堂上快走，是为了及时赶到自己的位置上去。鲁君接受玉器时姿势很低，所以我跪下来把玉器交给他。况且我听说，大的规矩不逾越，小的方面有点出入也是可以的。"

晏子走出，孔子用对待宾客的礼仪送他，回来后，对学生们说："不拘泥于明文规定的礼仪，只有晏子才能够做到。"

晏子之鲁进食有豚亡二肩不求其人第二十二

晏子之鲁，朝食进馈膳，有豚焉[1]。晏子曰："去其二肩[2]。"昼者进膳，则豚肩不具。

侍者曰："膳豚肩亡[3]。"

晏子曰："释之矣[4]。"

侍者曰："我能得其人。"

晏子曰："止。吾闻之，量功而不量力，则民尽；藏余不分，则民盗。子教我所以改之，无教我求其人也。"

【注释】

〔1〕豚：小猪。

〔2〕去：藏。肩：四足动物的前腿根部。

〔3〕亡：失去。

〔4〕释：放下。

【译文】

晏子到鲁国去，早上吃饭，送来的膳食里有蒸熟的小猪。晏子说："把小猪的两只前腿收藏起来。"白天送进来的膳食，小猪的两只前腿却没有了。

侍候的人说："小猪的两只前腿没有了。"

晏子说："不要追查这事了。"

侍候的人说："我能找到偷猪腿的人。"

晏子说："算了。我听说，凡事只考虑功效而不考虑百姓的实际能力，那么百姓就会财力穷尽；收藏多余的财富而不分给财用不足的人，百姓就会盗窃。您应该教我改正收藏多余财富的过失，不要教我去寻找那个偷小猪腿的人。"

曾子将行晏子送之而赠以善言第二十三

　　曾子将行，晏子送之曰："君子赠人以轩[1]，不若以言。吾请以言之，以轩乎？"

　　曾子曰："请以言。"

　　晏子曰："今夫车轮，山之直木也，良匠揉之[2]，其圆中规[3]，虽有槁暴[4]，不复嬴矣[5]。故君子慎隐揉[6]。和氏之璧[7]，井里之困也[8]，良工修之，则为存国之宝，故君子慎所修。今夫兰本[9]，三年而成，湛之苦酒[10]，则君子不近，庶人不佩；湛之麋醢[11]，而贾匹马矣[12]。非兰本美也，所湛然也。愿子之必求所湛。婴闻之，君子居必择邻，游必就士[13]，择居所以求士，求士所以辟患也。婴闻汨常移质[14]，习俗移性，不可不慎也。"

【注释】
　　[1]轩：车子。
　　[2]揉：使木条弯曲。
　　[3]中：符合。　规：校正圆形的工具。
　　[4]有：通"又"。　槁：枯槁。　暴：晒。
　　[5]嬴：伸直。
　　[6]隐揉：檃栝，矫揉弯曲竹木等使平直或成形的器具。
　　[7]和氏之璧：春秋时楚国人卞和所得的璞玉，后经琢治，成为天下共传的宝玉。
　　[8]井里：乡里。　困：石头的门限。
　　[9]兰本：兰草与蒿本。

〔10〕湛：浸泡。

〔11〕麇：当作"麇"。 麇醢：麇鹿肉制的肉酱。

〔12〕贾：通"价"。

〔13〕就：交结。

〔14〕汩：扰乱。

【译文】

　　曾子将要离开齐国，晏子给他送行说："君子赠给人车子，不如赠给人言语。我请问是赠给你言语呢，还是赠给你车子呢？"

　　曾子说："请赠给我言语。"

　　晏子说："现在的车轮，原本是山中挺直的木材，良匠使它弯曲，它的圆度符合圆规，即使干枯日晒，不会再伸直了。所以君子要慎重地对待矫正弯曲。和氏璧，本来与百姓居家的石头门限一样，经过技艺高超的玉工琢治，就成为传国之宝，所以君子要慎重地对待自己的修养。现在兰草与蒿本，三年才能长成，如果把它们浸泡在苦酒里，那么君子就不接近它，普通百姓也不佩戴它；把它们浸渍在麇鹿肉制成的肉酱里，它们的价值就能换一匹马。不是兰草与蒿本的质地美，而是用来浸泡的东西使它们这样的。希望您一定要选求好改变自身性质的东西。我听说，君子居住一定要选择好邻居，交游一定要选择贤士，选择好邻居是为了寻求贤士，寻求贤士是为了避免灾祸。我听说违反伦常就会改变人的本质，风俗习惯会改变人的本性，不可以不慎重啊。"

晏子之晋睹齐累越石父
解左骖赎之与归第二十四

　　晏子之晋，至中牟〔1〕，睹弊冠反裘负刍〔2〕，息于途侧者，以为君子也。使人问焉，曰："子何为者也？"对曰："我越石父者也〔3〕。"晏子曰："何为至此？"曰："吾为人臣，仆于中牟，见使将归。"晏子曰："何为为仆？"对曰："不免冻饿之切吾身[4]，是以为仆也。"晏子曰："为仆几何？"对曰："三年矣。"晏子曰："可得赎乎？"对曰："可。"遂解左骖以赠之[5]，因载而与之俱归。

至舍，不辞而入，越石父怒而请绝[6]，晏子使人应之曰："吾未尝得交夫子也，子为仆三年，吾乃今日睹而赎之，吾于子尚未可乎？子何绝我之暴也[7]。"

越石父对之曰："臣闻之，士者诎乎不知己[8]，而申乎知己，故君子不以功轻人之身，不为彼功诎身之理。吾三年为人臣仆，而莫吾知也。今子赎我，吾以子为知我矣。向者子乘，不我辞也，吾以子为忘；今又不辞而入，是与臣我者同矣。我犹且为臣，请鬻于世。"

晏子出，见之曰："向者见客之容[9]，而今也见客之意[10]。婴闻之，省行者不引其过[11]，察实者不讥其辞，婴可以辞而无弃乎[12]！婴诚革之。"乃令粪洒改席[13]，尊醮而礼之[14]。

越石父曰："吾闻之，至恭不修途，尊礼不受摈[15]。夫子礼之，仆不敢当也。"晏子遂以为上客。

君子曰："俗人之有功则德，德则骄，晏子有功，免人于厄，而反诎下之，其去俗亦远矣。此全功之道也。"

【注释】
〔1〕中牟：古邑名。
〔2〕刍：喂牲畜的干草。
〔3〕越石父：人名。

〔4〕切：迫切。

〔5〕赠：当作"赎"。

〔6〕绝：断交。

〔7〕暴：急速。

〔8〕诎：屈。

〔9〕容：外表。

〔10〕意：气质意志。

〔11〕引：避开。

〔12〕无弃：不被拒绝。

〔13〕粪洒：扫除清洗。

〔14〕醮：古代嘉礼中一种简单的仪节，用于冠礼和婚礼。

〔15〕摈：通"傧"。

【译文】

晏子去晋国，到了中牟，看见一个头戴破帽，反穿皮衣，背着干草在路旁休息的人，觉得他是个君子，就派人去询问他。问道："您是干什么的？"那人回答说："我叫越石父。"晏子说："为什么来到这里？"越石父说："我在中牟给人家当奴仆，被人差遣，正在归去的途中。"晏子说："为什么当奴仆呢？"越石父回答说："我无法免除身受饥寒交迫的痛苦，所以才当奴仆的。"晏子说："你当奴仆多长时间了。"越石父回答说："三年了。"晏子说："可以赎身吗？"越石父回答说："可以。"于是晏子就解下左边拉车的马把他赎了出来，并用车载着越石父，与他一起回到客舍。

到了家，晏子没有打招呼就进去了，越石父非常生气，请求与晏子断绝关系。晏子派人回答他说："我没有与先生交朋友啊，您当了三年奴仆，我今天才看见您并为您赎身的，我对您还不可以吗？您为什么这么快就与我绝交呢？"

越石父回答说："我听说，作为士，在不了解自己的人面前可以受屈辱，在了解自己的人面前可以施展自己的抱负。所以君子不因为自己对人有功就看轻别人，也不因为别人对自己有功就屈身于人。我为别人当了三年奴仆，没有一个人了解我。今天您为我赎身，我认为您是了解我了。刚才您登车，不向我打招呼，我以为您是忘了，现在又不打招呼就进去了，这就和把我当奴仆的人一样了。我还是个奴仆，请把我转卖给别人吧。"

晏子走出来，会见越石父说："刚才我只看到您的外表，现在看到了您的内在气质。我听说，能够反省自己行为的人，不要再去举出他的过失，能够详察实情的人，不要再去讥诮他所说的话，我可以向您解说而不被您拒绝吗？请容许我改正我的过失。"于是下令洒扫门庭，更改筵席，用"醮礼"来迎越石父。

越石父说："我听说，最恭敬的礼待不必打扫道路，尊重的礼待不必用傧相相迎。先生礼待我，我不敢当啊。"晏子于是把越石父尊为上宾。

君子说："世俗的人对人有功就自以为有德，自以为有德就会自满，晏子对人有功，使别人免除困厄，反而屈己礼下于人，他离开世俗已经很远了。这就是保全功德的方法啊。"

晏子之御感妻言而自抑损
晏子荐以为大夫第二十五

晏子为齐相，出，其御之妻从门间而窥[1]，其夫为相御，拥大盖[2]，策驷马，意气扬扬，甚自得也。既而归[3]，其妻请去。夫问其故，妻曰："晏子长不满六尺，相齐国，名显诸侯。今者妾观其出，志念深矣，常有以自下者[4]。今子长八尺，乃为人仆御，然子之意，自以为足，妾是以求去也。"其后，夫自抑损[5]，晏子怪而问之，御以实对，晏子荐以为大夫。

【注释】
〔1〕间：门缝。
〔2〕盖：车盖。古代车上的篷子，用来遮雨蔽日。形圆如伞，下有柄。

〔3〕既而：不久。

〔4〕自下：谦逊的样子。

〔5〕抑损：抑制谦退。

【译文】

晏子当齐国的相，有一天外出，他的御者的妻子从门缝里往外观望，她看见自己的丈夫给国相驾车，扶着大车盖，鞭赶着四匹拉车的马，显得神气十足，非常得意。不久之后，御者回到家里，妻子请求离他而去。丈夫问为什么，妻子说："晏子身高不足六尺，当上了齐国的相，在诸侯中享有显赫的名声。今天我看他外出，大志深藏，保持着谦逊有礼的态度。现在您身高八尺，却给人驾车，但是看你的心意，倒是十分满足，所以我要求离开你。"从此以后，她的丈夫自我抑制，变得谦逊了。晏子觉得奇怪，就问他，御者如实将情况告诉晏子，晏子就推荐他为大夫。

泯子午见晏子晏子恨不尽其意第二十六

燕之游士〔1〕，有泯子午者〔2〕，南见晏子于齐。言有文章〔3〕，术有条理，巨可以补国，细可以益晏子者，三百篇。睹晏子，恐慎而不能言〔4〕。晏子假之以悲色〔5〕，开之以礼颜〔6〕，然后能尽其复也。

客退，晏子直席而坐〔7〕，废朝移时〔8〕。在侧者曰："向者燕客侍，夫子胡为忧也？"

晏子曰："燕，万乘之国也；齐，千里之途也。泯子午以万乘之国为不足说，以千里之途为不足远，则是千万人之上也，且犹不能殚其言于我，况乎齐人之怀善而死者乎！吾所以不得睹者，岂不多矣！然吾失此，何之有也？"

【注释】

〔1〕游士：凭借道德、学说进行游说的人。

〔2〕泯子午：人名。

〔3〕文章：文采。

〔4〕慎：恐。

〔5〕假：宽容，这里有给予的意思。　悲：慈。

〔6〕开：舒缓。

〔7〕直：正。

〔8〕废朝：过了早晨的时间。

【译文】

燕国的游说之士中，有个名叫泯子午的人，从燕国南行到齐国拜见晏子。他的言辞很有文采，学术很有条理，从大的方面讲可以补益国家，从小的方面讲可以有益于晏子，这样的文章有三百篇。他看到晏子后，却害怕得不能畅所欲言。晏子用和蔼的脸色宽慰他，用彬彬有礼的态度使他放松，然后泯子午才能把他想说的话全部说出来。

客人走后，晏子端正地坐在席子上，一直坐到过了早晨的时间很久。在一旁侍候的人说："刚才燕国客人在您身边时，先生为什么感到不安啊？"

晏子说："燕国，是拥有万辆战车的强国；齐国，是疆土纵横千里的大国。泯子午认为拥有万辆战车的强国还不值得游说，疆土纵横千里还算不上广阔，他的才能超出千万人之上，尚且不能把他想说的话向我说完，何况齐国人当中那些胸怀才德而至死不得任用的人呢？我看不到的有才德的人，不是很多吗！然而我失去了这些有才德的人，还有什么功劳可言呢？"

晏子乞北郭骚米以养母
骚杀身以明晏子之贤第二十七

齐有北郭骚者〔1〕，结罘罔〔2〕，捆蒲苇〔3〕，织履，以养其母，犹不足，踵门见晏子曰[4]："窃说先生之义，愿乞所以养母者。"晏子使人分仓粟府金而遗之，辞金受粟。

有间，晏子见疑于景公，出奔，过北郭骚之门而辞。北郭骚沐浴而见晏子曰："夫子将焉适[5]？"晏子曰："见疑于齐君，将出奔。"北郭骚曰："夫子勉之矣！"晏子上车太息而叹曰："婴之亡岂不宜哉！亦不知士甚矣。"

晏子行，北郭子召其友而告之曰："吾说晏子之义，而尝乞所以养母者焉。吾闻之，养其亲者身伉其难[6]。今晏子见疑，吾将以身死白之。"著衣冠，令其友操剑，奉笥而从[7]，造于君庭[8]，求复者曰："晏子，天下之贤者也，今去齐国，齐必侵矣。方见国之必侵[9]，不若死，请以头托白晏子也[10]。"因谓其友曰："盛吾头于笥中，奉以托。"退而自刎。其友因奉托而谓复者曰："此北郭子为国故死，吾将为北郭子死。"又退而自刎。

景公闻之，大骇，乘驲而自追晏子[11]，及之国郊，请而反之。晏子不得已而反，闻北郭子之以死白己也，太息而叹曰："婴之亡，岂不宜哉！亦愈不知士甚矣。"

【注释】
〔1〕北郭骚：姓北郭，名骚。
〔2〕罘：捕兽的网。 罔：通"网"。
〔3〕蒲苇：水生植物名。
〔4〕踵门：到门。
〔5〕适：往，去到。

〔6〕伉：当。

〔7〕笥：盛饭食或衣物的方形竹器。

〔8〕造：到。

〔9〕方：将。

〔10〕托白：剖白。在这里，"托"有以此为凭证的意思。

〔11〕驲：古代驿站专用的车。

【译文】

　　齐国有一个叫北郭骚的人，靠织网捕兔，打柴草，编草鞋来奉养自己的母亲，还是不足以维生，他亲自到晏子的家门求见晏子说："我内心仰慕先生的高义，希望乞求一些能够奉养母亲的东西。"晏子叫人拿些粮仓里的粮食和库房里的钱币赠送给北郭骚，北郭骚谢绝了钱币，接受了粮食。

　　过了一些日子，晏子被景公猜忌，逃往国外，路过北郭骚的家门时向他告辞。北郭骚沐浴后拜见晏子说："先生将到哪里去？"晏子说："我被齐君怀疑，将要逃亡到国外。"北郭骚说："先生保重啊！"晏子上车长叹一声说："我逃亡国外难道不是应该的吗！我也太不了解士人了。"

　　晏子走后，北郭骚把他的朋友请来，告诉他们说："我敬佩晏子的高义，曾经向他乞求用来奉养母亲的东西。我听说，赡养过自己双亲的人，自己应当为他承担灾难。现在晏子被齐君猜忌，我将用自身的死来为他剖白。"他穿上衣服戴上帽子，让朋友拿着剑，捧着竹箱跟在他后边，来到宫廷，向守门通报情况的人说："晏子，是天下贤德的人，现在离开齐国，齐国一定会遭到侵略。眼见国家一定会遭到侵略，不如去死，请用我的头为晏子剖白。"于是对他的朋友说："把我的头装在竹箱里，奉托给你。"北郭骚退下来就自刎而死。他的朋友于是捧着北郭骚所交托的竹箱，对守门通报的人说："这个北郭先生为了国家的事而死，我将为北郭先生而死。"又退下自刎了。

　　景公听到这件事以后，大为惊骇，乘坐驿车亲自去追赶晏子，一直追到齐国的边境才追上，请求晏子回去。晏子不得已而返回，听到北郭先生用死来为自己剖白，长叹一声说："我逃亡国外难道不是应该的吗！我更加觉得自己太不了解士人啊。"

景公欲见高纠晏子辞以禄仕之臣第二十八

景公问晏子曰："吾闻高纠与夫子游〔1〕，寡人请见之。"

晏子对曰："臣闻之，为地战者，不能成其王；为禄仕者，不能正其君。高纠与婴为兄弟久矣，未尝干婴之行〔2〕，特禄之臣也〔3〕，何足以补君乎？"

【注释】

〔1〕高纠：人名。　游：交游。

〔2〕干：干涉，过问。

〔3〕特：只，不过。

【译文】

景公问晏子说："我听说高纠与先生交游，我希望见见他。"

晏子回答说："我听说，为了土地而发动战争的人，不可能成就帝王的功业；为了俸禄而做官的人，不可能匡正他的君主。高纠与我作为兄弟已经很久了，可是从来没有过问过我的行为，只不过是一个为了俸禄而当官的臣子，怎么能对君主有所帮助呢？"

高纠治晏子家不得其俗乃逐之第二十九

高纠事晏子而见逐，高纠曰："臣事夫子三年，无得〔1〕，而卒见逐〔2〕，其说何也？"

晏子曰："婴之家俗有三〔3〕，而子无一焉。"

纠曰："可得闻乎？"

晏子曰："婴之家俗，闲处从容不谈议[4]，则疏；出不相扬美，入不相削行[5]，则不与；通国事无论[6]，骄士慢知者[7]，则不朝也[8]。此三者，婴之家俗，今子是无一焉。故婴非特食馈之长也[9]，是以辞。"

【注释】

〔1〕无得：指没有得到禄位。
〔2〕卒：最终。
〔3〕家俗：家规。
〔4〕议：通"义"。
〔5〕削：切磋。
〔6〕通国：全国。
〔7〕知：通"智"。
〔8〕朝：朋友过访。
〔9〕特：只。

【译文】

高纠侍奉晏子而被辞退了，高纠说："我侍奉先生三年，没有得到禄位，最终却被辞退了，这怎么解释啊？"

晏子说："我的家规有三条，而您一条都没有做到。"

高纠说："可以让我知道吗？"

晏子说："我的家规是，居家休闲时不言及道义的人，就疏远；外出不宣扬美德，入内不切磋品行的人，就不亲近；不议论国家大事，对贤士骄横对智者怠慢的人，就不交往。这三条，就是我的家规，现在您一条都不具备。我不是仅仅供给人食物的人，所以才辞退您。"

晏子居丧逊答家老仲尼善之第三十

晏子居晏桓子之丧[1]，粗衰[2]，斩[3]，苴绖带[4]，杖^[5]，菅屦^[6]，食粥，居倚庐^[7]，寝苫^[8]，枕草。其家老曰："非大夫丧父之礼也。"

晏子曰："唯卿为大夫^[9]。"

曾子以闻孔子，孔子曰："晏子可谓能远害矣。不以己之是驳人之非，逊辞以避咎^[10]，义也夫！"

【注释】

〔1〕晏桓子：名弱，晏子之父。

〔2〕衰：古时丧服，用粗麻布制成，长及胸前。

〔3〕斩：即斩衰，五服中最重的一种。用极粗的生麻布制成，不缝边，以示无饰。

〔4〕苴绖：古时服重丧者所束的麻带。

〔5〕杖：丧棒。

〔6〕菅：草名。又称菅茅、苞子草。茎可以作绳织屦。

〔7〕倚庐：古人守丧时住的房子。倚木为庐，门向北开，用草木等物盖成，不涂泥。在中门外东墙下。

〔8〕苫：居丧时睡的草席子。

〔9〕唯卿为大夫：春秋时有大夫丧父之礼，晏子不想指斥大夫丧父之礼不符合礼，说"唯卿为大夫"，是谦称自己不是大夫，所以为父服士服。

〔10〕咎：责备。

【译文】

晏子为父亲晏桓子守丧，穿着粗麻布做成的丧服，腰间系着麻带，手执丧杖，脚穿草鞋，每天以粥为食，居住在倚庐里，睡草席，用草做枕头。他的家老说："这不是大夫丧父的礼仪。"

晏子说："只有卿才是大夫。"

曾子将这件事告诉孔子，孔子说："晏子可以说是能远离祸害的呀。不用自己的正确来驳斥别人的错误，而是用谦逊的言辞来避免别人的责备，真是有道义啊！"

内篇杂下第六

灵公禁妇人为丈夫饰不止
晏子请先内勿服第一

灵公好妇人而丈夫饰者[1]，国人尽服之，公使吏禁之，曰："女子而男子饰者，裂其衣[2]，断其带。"裂衣断带相望，而不止。

晏子见，公问曰："寡人使吏禁女子而男饰，裂断其衣带，相望而不止者，何也？"

晏子对曰："君使服之于内，而禁之于外，犹悬牛首于门，而卖马肉于内也。公何以不使内勿服，则外莫敢为也。"

公曰："善。"使内勿服，逾月[3]，而国莫之服。

【注释】
〔1〕灵公：齐灵公，齐顷公之子，在位二十八年。谥"灵"。
〔2〕裂：扯裂。
〔3〕逾：超过。王念孙认为，"逾"上当有"不"字。

【译文】
齐灵公喜好宫中的妇女穿男子的服装，于是都城里的女子全都穿上了男子的服装，灵公派官吏去禁止这种风气，说："有女子穿男人服装的，就扯裂她们的衣服，割断她们的衣带。"被扯裂衣服割断衣带的女子随处可见，但是不能禁止住。

晏子觐见灵公，灵公问："我派官吏禁止女子穿男人的服装，被扯裂衣服割断衣带的女子随处可见，还是不能禁止住，这是为什么呢？"

晏子回答说："君主让宫内的女子穿男子的衣服，却禁止宫外的女子穿，就像在门上挂着牛头，门内卖的是马肉一样。君主为什么不让宫内的女子不穿男子的服装，这样宫外的女子就不敢穿了。"

灵公说："说得好。"下令宫内的女子不准穿男子的服装，不到一个月，都城里就没有女子穿男子的服装了。

齐人好毂击晏子绐以不祥而禁之第二

齐人甚好毂击[1]，相犯以为乐，禁之不止。

晏子患之，乃为新车良马，出与人相犯也，曰："毂击者不祥，臣其祭祀不顺[2]，居处不敬乎？"下车而弃去之，然后国人乃不为。

故曰："禁之以制[3]，而身不先行，民不能止。故化其心[4]，莫若教也。"

【注释】

〔1〕毂：车轮的中心，中有圆孔，可以插轴。
〔2〕顺：慎。
〔3〕制：法制。
〔4〕化：改变。

【译文】

齐国人非常喜欢撞击车毂，相互撞击取乐，禁止不了。

晏子对此很担忧，就制作了一部新车用骏马拉着，出去与别人相撞，然后说："车毂撞击过了车子就不吉利了，我大概是祭祀神灵不谨慎，平常对神灵不恭敬吧？"于是下车丢下车子就走了，从此以后，齐国人才不做撞击车毂的事。

所以说："用法令去禁止，而自身不先执行，百姓就不能被禁止。所以要改变百姓的心性，没有比身教更好的了。"

景公梦五丈夫称无辜晏子知其冤第三

景公畋于梧丘[1]，夜犹早，公姑坐睡[2]，而梦有五丈夫北面韦庐[3]，称无罪焉。公觉，召晏子而告其所梦。公曰："我其尝杀不辜，诛无罪邪？"

晏子对曰："昔者先君灵公畋，五丈夫罝而骇兽[4]，故杀之，断其头而葬之。命曰'五丈夫之丘[5]'。此其地邪？"

公令人掘而求之，则五头同穴而存焉。公曰："嘻！"令吏葬之。

国人不知其梦也，曰："君悯白骨，而况于生者乎！不遗余力矣，不释余知矣。"故曰，君子之为善易矣。

【注释】
〔1〕梧丘：当道的高地。
〔2〕姑：姑且。
〔3〕韦庐：临时搭建的行宫帐殿。
〔4〕罝：网。
〔5〕丘：坟墓。

【译文】
景公在当道的高地上打猎，夜还不深，就暂时坐着打瞌睡，梦见五个男子背南朝北地对着行宫，自称没有罪。景公惊醒过来，召来晏子把梦见的情景告诉他。景公说："我难道曾经杀过无辜，诛杀过无罪的人吗？"

晏子回答说："从前先君灵公打猎，有五个男子布置捕兽网时吓走了野兽，所以杀了他们，砍下他们的头掩埋在一起，命名为'五丈夫之丘'。这里大概就是掩埋他们的地方吧？"

景公命令人挖地寻找，发现五个人头还在同一个洞穴里。景公说："啊！"命令官吏重新埋葬这五个人。

齐国人不知道景公是做了梦才这样做的，说："君王连死去的人都怜悯，何况对活着的人呢！为了国家我们应该竭尽全力，把全部的智慧奉献出来。"所以说，君子做好事太容易了。

柏常骞禳枭死将为景公请寿晏子识其妄第四

景公为路寝之台，成，而不踊焉[1]。柏常骞曰："君为台甚急，台成，君何为而不踊焉？"公曰："然，有枭昔者鸣[2]，声无不为也，吾恶之甚，是以不踊焉。"柏常骞曰："臣请禳而去。"公曰："何具？"对曰："筑新室，为置白茅[3]。"

公使为室，成，置白茅焉。柏常骞夜用事[4]。明日，问公曰："今昔闻枭声乎[5]？"公曰："一鸣而不复闻。"使人往视之，枭当陛，布翼[6]，伏地而死。公曰："子之道若此其明，亦能益寡人之寿乎？"对曰："能。"公曰："能益几何？"对曰："天子九，诸侯七，大夫五。"公曰："子亦有征兆之见乎？"对曰："得寿，地且动。"公喜，令百官趋具骞之所求。

柏常骞出，遭晏子于途[7]，拜马前，骞辞曰："为禳君鸮而杀之，君谓骞曰：'子之道若此其明也，亦能益寡人寿乎？'骞曰：'能。'今且大祭，为君请寿，故将往，以闻。"晏子曰："嘻！亦善能为君请寿也。虽然，吾闻之，维以政与德而顺乎神，为可以益寿，今徒祭，可以益寿乎？然则福兆有见乎？"对曰："得寿，地将动。"晏子曰："骞！昔吾见维星绝[8]，枢星散[9]，地其动，汝以是乎？"柏常骞俯有间，仰而对曰："然。"晏子曰："为之无益，不为无损也。汝薄敛，毋费民，且无令君知之[10]。"

【注释】

〔1〕踊：上，登。

〔2〕枭：鸮，猫头鹰一类的鸟。 昔：夜。

〔3〕白茅：俗称茅草，禾本科。多年生草本，可以入药。

〔4〕用事：指祈禳之事。

〔5〕鸮：即上文所说的"枭"。

〔6〕布翌：展开翅膀。翌，"翼"的古字。

〔7〕遭：遇。

〔8〕维星：亦称"斗杓"，北斗七星中的玉衡、开阳、摇光三星。绝：消失。

〔9〕枢星：古星名，亦称"天枢"，北斗第一星。 散：散乱。

〔10〕无：前人认为当作"先"。

【译文】

景公修建路寝高台，建成后，却不登台。柏常骞问景公："君王建台的时候非常急迫，现在建成了，君王为什么不登台呢？"景公说："是这样，我听到有枭在夜里鸣叫，什么声音都叫出来了，我非常讨厌它，所以不登台。"柏常骞说："我请求祭祷使它离开。"景公说："需要准备些什么东西？"柏常骞说："修一间新房子，在房内放上白茅草。"

景公派人建造房子，建成后，在房子里放上白茅草。柏常骞夜里进行祭祷。第二天，他问景公说："今夜听到枭的叫声了吗？"景公说："叫了一声就不再听到了。"派人去察看，看见枭落在台阶上，张开翅膀，趴在地上死了。景公说："你的道术如此高明，还能为我增加寿命吗？"柏常骞回答说："能。"景公说："能增加几岁？"柏常骞回答说："天子增加九岁，诸侯增加七岁，大夫增加五岁。"景公说："你也能使增寿有征兆出现吗？"柏常骞回答说："如果得到增寿，地就会震动。"景公满心欢喜，命令百官赶快把柏常骞所需要的东西都准备好。

柏常骞出来，在路上遇到晏子，在马前向晏子揖拜。柏常骞说："我为君主襄祷枭，杀死了它。君主对我说：'你的道术如此高明，还能为我增寿吗？'我说：'能。'现在将举行大的祭祀，为君主请求增寿，所以将到您那里去，把情况告诉你。"晏子说："嘻！你能够为君王请求增寿，这样也太好了。尽管如此，我听说，只有政事和德行顺应神灵的旨意才可以增寿，现在仅仅靠祭祀，可以增寿吗？既然这么说，那么能使得福的征兆出现吗？"柏常骞说："得到增寿，地将会震动。"晏子说："柏常骞！夜里我看见维星隐而不见，枢星散乱不明，这是将要地震的征兆。你是以此来证明你能够为君主增寿的吧？"柏常骞低下头，过了一会儿，抬起头来回答说："是的。"晏子说："做这种事情没有好处，不做也没有害处。你少征敛些，不要耗费百姓的财力，而且一定要让君王先知道此事的前前后后。"

景公成柏寝而师开言室夕
晏子辨其所以然第五

景公新成柏寝之台[1]，使师开鼓琴[2]，师开左抚宫[3]，右弹商[4]，曰："室夕[5]。"公曰："何以知之？"师开对曰："东方之声薄[6]，西方之声扬[7]。"公召大匠曰[8]："室何为夕？"大匠曰："立室以宫矩为之[9]。"

于是召司空曰〔10〕："立宫何为夕?"司空曰："立宫以城矩为之。"

明日，晏子朝公，公曰："先君太公以营丘之封立城〔11〕，曷为夕?"

晏子对曰："古之立国者，南望南斗〔12〕，北戴枢星，彼安有朝夕哉〔13〕！然而以今之夕者，周之建国，国之西方，以尊周也。"

公蹵然曰："古之臣乎！"

【注释】
〔1〕柏寝台：台名。
〔2〕师开：名叫开的乐师。师，乐师。
〔3〕宫：古代五声音阶的第一音阶。
〔4〕商：古代五音之一。
〔5〕室夕：房子偏向西方。夕，西。
〔6〕薄：低沉。
〔7〕扬：高昂。
〔8〕大匠：木工之长。
〔9〕矩：规矩。
〔10〕司空：官名。掌管工程。
〔11〕太公：吕尚，齐国的始祖。姜姓，吕氏，名望。 营丘之封：吕尚辅佐周武王灭商有功，封于齐，建都营丘。
〔12〕南斗：即"斗宿"。相对北斗而言位置在南，故称。
〔13〕朝夕：东西。

【译文】
景公新建成柏寝台，叫乐师开在台上弹琴，乐师开左手奏宫调，右手弹商调，说："房子是偏西的。"景公说："你是怎么知道的?"乐师开说："东方的声音低沉，西方的声音高昂。"景公召见大匠说："建房子为什么要偏西?"大匠："建房子是按建宫室的规矩建的。"于是又召见司空，说："建宫室为什么要偏西?"司空说："建宫室是按建都城的规矩建的。"

第二天，晏子朝见景公，景公说："先君太公在封地营丘建都城，为什么要偏西?"

晏子回答说："古时候建都城，南边可以望见斗宿，北边在北斗星之下，那时哪里有偏东偏西的呢! 然而现在都城偏向西方，是因为周王朝建的都城，在齐国都城的西方，为了尊敬周天子啊。"

景公恭敬地说："真是古代的贤臣啊!"

景公病水梦与日斗晏子教占梦者以对第六

景公病水[1]，卧十数日，夜梦与二日斗，不胜。

晏子朝，公曰："夕者梦与二日斗，而寡人不胜，我其死乎?"

晏子对曰："请召占梦者。"

出于闺[2]，使人以车迎占梦者。至，曰："曷为召见?"晏子曰："夜者，公梦二日与公斗[3]，不胜，公曰:'寡人死乎?'故请君占梦，是所为也。"

占梦者曰："请反具书[4]。"晏子曰："毋反书。公所病者，阴也，日者，阳也。一阴不胜二阳，故病将已[5]。以是对。"

占梦者入，公曰："寡人梦与二日斗而不胜，寡人死乎?"占梦者对曰："公之所病，阴也，日者，阳也。一阴不胜二阳，公病将已。"

居三日，公病大愈，公且赐占梦者。占梦者曰："此非臣之力，晏子教臣也。"

公召晏子，且赐之。晏子曰："占梦者以占之言对，故有益也。使臣言之，则不信矣。此占梦者之力也，臣无功焉。"

公两赐之，曰："以晏子不夺人之功，以占梦者不蔽人之能。"

【注释】

〔1〕病水：水气之病。

〔2〕闱：宫中小门。

〔3〕公梦二日与公斗：王念孙云："案此当作'公梦与二日斗'。"

〔4〕反：翻。 具：当作"其"。 书：指占梦之书。

〔5〕已：止，痊愈。

【译文】

景公患水胀病，卧床十几天，有一天夜里梦见自己和两个太阳相斗，不能取胜。

晏子朝见景公，景公说："夜里我梦见自己和两个太阳相斗，我不能取胜，我大概要死了吧？"

晏子回答说："请去召占梦的人来。"

晏子从宫中小门走出来，派人用车子去迎接占梦的人。占梦的人到后，说："为什么事召见我？"晏子说："夜里，君主梦见自己和两个太阳相斗，不能取胜，君主说：'我要死了吧？'所以请你为君王占梦。这就是请你来要做的事情。"

占梦的人说："请让我翻翻占梦的书。"晏子说："不用翻书了。君主所患的病，是属阴；太阳，是属阳。一个阴不能战胜两个阳，所以君主的病就要痊愈了。就用这些话回答。"

占梦的人进入宫内，景公说："我梦见自己与两个太阳斗，不能取胜，我要死了吗？"占梦的人回答说："君主所患的病，是属阴，太阳，是属阳，一个阴不能战胜两个阳，君主的病就要痊愈了。"

过了三天，景公的病彻底痊愈，景公将赏赐占梦的人，占梦的人说：“这不是我的功劳，是晏子教我的。”

景公召见晏子，将赏赐他。晏子说：“占梦的人用占梦的话来回答，所以对君主有好处。假使由我来说这些话，君主就不会相信。这是占梦人的功劳，我没有功劳。”

景公两个人都赏赐了，说：“是因为晏子不抢夺别人的功劳，占梦的人不隐瞒别人的才能。”

景公病疽晏子抚而对之乃知群臣之野第七

景公病疽在背[1]，高子、国子请[2]。公曰：“职当抚疡[3]。”高子进而抚疡，公曰：“热乎？”曰：“热。”“热何如？”曰：“如火。”“其色何如？”曰：“如未熟李。”“大小何如？”曰：“如豆[4]。”“堕者何如[5]？”曰：“如屦辨[6]。”

二子者出，晏子请见。公曰：“寡人有病，不能胜衣冠以出见夫子，夫子其辱视寡人乎？”晏子入，呼宰人具盥[7]，御者具巾，刷手温之[8]，发席傅荐[9]，跪请抚疡。公曰：“其热何如？”曰：“如日。”“其色何如？”曰：“如苍玉[10]。”“大小何如？”曰：“如璧[11]。”“其堕者何如？”曰：“如珪[12]。”

晏子出，公曰：“吾不见君子，不知野人之拙也。”

【注释】

〔1〕疽：痈疽。

〔2〕高子、国子：即高氏、国氏，均为齐太公的后代。 请：当作“请见”。

〔3〕抚：看视。 疡：疮，即痈疽。

〔4〕豆：古代食器。形似高足盘，或有盖。用来盛食物。这里指豆口。

〔5〕堕：下陷。

〔6〕辨：判，当中分开。

〔7〕宰人：官吏，掌管内外事务。　具：准备。　盥：沐浴的用具。

〔8〕刷：洗净。

〔9〕傅：通"附"，附着，靠近。　荐：草席。

〔10〕苍：青色。

〔11〕璧：古玉器名。平圆形，正中有孔。

〔12〕珪：同"圭"，古玉器名，长条形。

【译文】

　　景公背上长了痈疽，高子、国子请求拜见，景公说："你们应当为我看看痈块。"高子走近景公看视痈块，景公说："发热吗？"高子说："热。"景公问："热得怎样？"高子说："像火一样。"景公问："颜色怎么样？"高子说："像没有成熟的李子。"景公问："大小怎样？"高子说："像豆口。"景公问："下陷的地方怎样？"高子说："像鞋子当中断裂了。"

　　高子、国子出来后，晏子请求拜见。景公说："我有病，不能穿戴衣冠出来见先生，先生可以屈尊进来看看我吗？"晏子进入，呼唤官吏准备沐浴用具，侍候的人准备浴巾，要他们洗净手并使手温暖，晏子离开座席走近景公的坐席，跪下来请求看视景公的痈块。景公说："痈块发热得怎样？"晏子说："像太阳。"景公问："颜色怎么样？"晏子说："像青色的玉。"景公问："大小怎样？"晏子说："像璧那么大。"景公问："下陷的地方怎样？"晏子说："像圭。"

　　晏子出宫后，景公说："没有见过君子，就不知道粗鄙的人的鄙俗了。"

晏子使吴吴王命傧者称天子晏子详惑第八

　　晏子使吴，吴王谓行人曰[1]："吾闻晏婴，盖北方辩于辞、习于礼者也。命摈者曰[2]：'客见则称天子请见。'"

明日，晏子有事，行人曰："天子请见。"晏子蹴然。行人又曰："天子请见。"晏子蹴然。又曰："天子请见。"晏子蹴然者三，曰："臣受命弊邑之君，将使于吴王之所，以不敏而迷惑[3]，入于天子之朝，敢问吴王恶乎存[4]？"

然后吴王曰："夫差请见[5]。"见之以诸侯之礼。

【注释】

〔1〕行人：官名。掌管朝觐聘问之事。

〔2〕摈：通"傧"。

〔3〕不敏：自称时的谦词。敏，聪明。

〔4〕存：在。

〔5〕夫差：吴国国君，吴王阖闾之子。

【译文】

晏子出使吴国，吴王夫差对行人说："我听说，晏婴是北方善于辞令、熟习礼仪的人。你去命令迎送宾客的人说：'客人来求见时，就说天子请他会见。'"

第二天，晏子去拜见吴王，行人说："天子请您会见。"晏子显出不安的神态。行人又说："天子请您会见。"晏子又显出不安的神态。行人第三次说："天子请您会见。"晏子第三次显出不安的神态，说："我从我国国君那里接受了命令，出使到吴王所在的地方，因为我愚昧而感到迷惑，以为来到周天子的朝廷。请问吴王在哪里？"

如此之后，吴王才说："夫差请会见。"晏子按拜见诸侯的礼仪拜见吴王。

晏子使楚楚为小门
晏子称使狗国者入狗门第九

晏子使楚。以晏子短，楚人为小门于大门之侧而延晏子[1]，晏子不入，曰："使狗国者，从狗门入。今臣使楚，不当从此门入。"傧者更道[2]，从大门入。

见楚王，王曰："齐无人耶？"

晏子对曰："临淄三百闾[3]，张袂成阴[4]，挥汗成雨，比肩继踵而在[5]，何为无人？"

王曰："然则子何为使乎？"

晏子对曰："齐命使，各有所主，其贤者使使贤王，不肖者使使不肖王。婴最不肖，故直使楚矣[6]。"

【注释】

〔1〕延：邀请，引进。

〔2〕傧者：迎接宾客的人。 更：改。

〔3〕临淄：齐国国都。 闾：二十五家为一闾。

〔4〕袂：衣袖。

〔5〕比肩继踵：肩并肩、脚尖接脚跟，形容人多。

〔6〕直：特，但。

【译文】

晏子出使楚国。因为晏子身材矮小，楚国人就在大门的旁边开了一个小门请晏子进去。晏子拒绝从小门进去，说："出使狗国的人，从狗门进去。现在我出使楚国，不应该从这个门进入。"迎接宾客的人改道引晏子从大门进入。

晏子见到楚王，楚王说："齐国没有人才吗？"

晏子回答说："齐国都城临淄有三百间人家，展开衣袖可以遮住太阳，挥洒汗珠就会成为大雨，人多得肩并肩、脚尖接脚跟，怎么能说没有人才呢？"

楚王说："既然这样，为什么要您做使臣呢？"

晏子回答说："齐国派遣使臣，各有各的出使对象，那些贤德的人，就派遣他们出使贤德的国君；不贤德的人，就派遣他们出使不贤德的国君。我是最不贤德的人，所以只好出使楚国了。"

楚王欲辱晏子指盗者为齐人晏子对以橘第十

晏子将至楚，楚闻之，谓左右曰："晏婴，齐之习辞者也[1]，今方来，吾欲辱之，何以也？"左右对曰："为其来也，臣请缚一人，过王而行，王曰：'何为者也？'对曰：'齐人也。'王曰：'何坐[2]？'曰：'坐盗。'"

晏子至，楚王赐晏子酒，酒酣，吏二缚一人诣王[3]，王曰："缚者曷为者也？"对曰："齐人也，坐盗。"王视晏子曰："齐人固善盗乎[4]？"

晏子避席对曰："婴闻之，橘生淮南则为橘，生于淮北则为枳[5]，叶徒相似，其实味不同[6]。所以然者何？水土异也。今民生长于齐不盗，入楚则盗，得无楚之水土使民善盗耶[7]？"

王笑曰："圣人非所与熙也[8]，寡人反取病焉[9]。"

【注释】

〔1〕习辞：善于辞令。

〔2〕坐：犯某种罪。

〔3〕诣：至。

〔4〕固：本来。

〔5〕枳：植物名。果实小，果肉少而味酸，不堪食用，果实可入药。

〔6〕实：果实。

〔7〕得无：莫非，莫不是。

〔8〕熙：通"嬉"，戏弄，玩笑。

〔9〕病：这里指喻遭到不快。

【译文】

晏子将要到楚国去，楚王听到这个消息，对左右的人说："晏婴是齐国善于辞令的人，现在他将要来了，我想羞辱他，用什么办法呢？"身边的人回答说："当晏子来到的时候，请让我们捆绑一个人，从大王面前走过，大王就说：'这人是干什么的？'我们回答说：'是齐国人。'大王说：'犯了什么罪？'我们说：'犯了偷盗罪。'"

晏子到达楚国，楚王为晏子设宴赐酒，酒喝得正畅快的时候，两个官吏捆绑着一个人来到楚王面前，楚王说："捆绑着的人是干什么的？"官吏说："是齐国人，犯了偷盗罪。"楚王看着晏子说："齐国人生来就善于偷盗吗？"

晏子离开座席回答说："我听说，橘树生长在淮河以南就是橘树，生长在淮河以北就成了枳树，只是叶子相似，它们的果实味道不同。为什么会这样呢？是因为水土不同啊。现在人生长在齐国不偷盗，到了楚国就偷盗，莫不是楚国的水土使得百姓善于偷盗吧？"

楚王笑着说："圣人是不能与他开玩笑的，我反而自讨没趣了。"

楚王飨晏子进橘置削晏子不剖而食第十一

景公使晏子于楚，楚王进橘，置削〔1〕，晏子不剖而并食之。楚王曰："当去剖。"

晏子对曰："臣闻之，赐人主之前者[2]，瓜桃不削，橘柚不剖。今者万乘无教令，臣故不敢剖，不然，臣非不知也。"

【注释】

〔1〕削：一种长刃有柄的小刀。

〔2〕赐人主之前者：在君主面前接受赏赐的人。

【译文】

景公派遣晏子出使楚国，楚王命人送上橘子，放置了削皮的小刀，晏子没有剖开橘子，连皮一起吃下去了。楚王说："吃橘子应该剖开去皮。"

晏子回答说："我听说，在君王面前接受赏赐的人，瓜桃不削皮，橘子、柚子不剖开。现在您作为拥有万辆战车的君王没有下命令，我所以不敢剖开，之所以不这样做，并不是我不知道吃橘子应该剖开。"

晏子布衣栈车而朝陈桓子侍
景公饮酒请浮之第十二

景公饮酒，田桓子侍[1]，望见晏子，而复于公曰："请浮晏子[2]。"公曰："何故也？"无宇对曰："晏子衣缁布之衣[3]，麋鹿之裘[4]，栈轸之车[5]，而驾驽马以朝，是隐君之赐也[6]。"公曰："诺。"

晏子坐，酌者奉觞进之，曰："君命浮子。"晏子曰："何故也？"田桓子曰："君赐之卿位以尊其身，宠之百万以富其家，群臣其爵莫尊于子，禄莫重于子，今子衣缁布之衣，麋鹿之裘，栈轸之车，而驾驽马以朝，是则隐君之赐也，故浮子。"

晏子避席曰："请饮而后辞乎，其辞而后饮乎？"

公曰："辞然后饮。"

晏子曰："君之赐卿位以尊其身，婴非敢为显受也，为行君令也[7]；宠以百万以富其家，婴非敢为富受也，为通君赐也[8]。臣闻古之贤臣，有受厚赐，而不顾其国族[9]，则过之[10]；临事守职，不胜其任，则过之。君之内隶[11]，臣之父兄，若有离散在于野鄙[12]，此臣之罪也。君之外隶，臣之所职，若有播亡[13]在于四方，此臣之罪也。兵革之不完，战车之不修，此臣之罪也。若夫弊车驽马以朝，意者非臣之罪乎[14]？且臣以君之赐，父之党无不乘车者[15]，母之党无不足于衣食者，妻之党无冻馁者，国之闲士待臣而后举火者数百家[16]。如此者，为彰君赐乎，为隐君赐乎？"

公曰："善！为我浮无宇也。"

【注释】

〔1〕田桓子：又称陈桓子，名无宇，谥桓子。

〔2〕浮：古时行酒令罚酒之称。

〔3〕缁布：黑布。缁，黑色。

〔4〕麋鹿之裘：麋鹿皮制成的皮衣。麋鹿的皮毛粗硬，是低贱的兽皮。

〔5〕栈轸：用竹木制成的车子。轸，车后的横木。

〔6〕隐：掩盖。

〔7〕行：执行。

〔8〕通：表达。

〔9〕国族：这里指"邦族"，乡邻乡里。

〔10〕过：责备。

〔11〕内隶：内宫侍臣。

〔12〕野鄙：荒野边地。

〔13〕播亡：迁徙流亡。

〔14〕意：意想。

〔15〕党：亲族。

〔16〕举火：生火做饭。

【译文】

景公饮酒，田桓子在一旁侍候，他看见晏子到来，便禀告景公说："请罚晏子喝酒。"景公说："为什么呢？"田桓子说："晏子穿黑色的粗布衣服，麋鹿皮缝制的皮衣，乘坐竹木制成的车子，用劣马拉着车子入朝，这是掩盖了君王给他的赏赐。"景公说："是。"

晏子坐下后，斟酒的侍臣向晏子献上一杯酒，说："君王命令罚您喝酒。"晏子说："为什么呢？"田桓子说："君王赐给您上卿的爵位使您尊贵，赠给您上百万的俸禄使您富足，群臣中没有人爵位比您尊贵，俸禄没有人比您多。现在您穿着黑色的粗布衣服，麋鹿皮缝制的皮衣，乘坐竹木制成的车子，用劣马拉着车子来朝见，这就是掩盖君王给您的赏赐。所以要罚您喝酒。"

晏子离开座席说："请问我是喝完酒以后再解释呢，还是先解释然后再喝酒？"

景公说："先解释然后喝酒。"

晏子说："君王赐给我上卿的爵位使我尊贵，我不敢为了自身的显贵而接受，而是为了执行君主的命令；君主赏赐给我百万俸禄使我富足，我不敢为了自己的富足而接受，是为了表达君主的恩赐。我听说古代的贤德的臣子，有谁接受厚赏重赐后，不顾及他的乡族邻里，就会责备他；有谁处理政事承担职务不能胜任，就会责备他。君主内宫的侍臣，我的父兄，如果有人四处流亡迁徙，这就是我的罪过；君主派在外的官吏，我管辖的属官，如果有人四处流亡迁徙，这就是我的罪过；兵器甲胄不完备，战车没有修整好，这就是我的罪过。至于乘坐破旧的车子，驾着劣马来朝见，我想这不是我的罪过吧？况且我因为有了君主的赏赐，父亲的亲族没有不乘车的，母亲的亲族没有衣食不足的，妻子的亲族没有受冻挨饿的，国内闲居的士人等待我救济后才能生火做饭的有几百家。这样做，是为了彰显君王的赏赐呢，还是为了掩盖君王的赏赐呢？"

景公说："说得好！给我罚无宇喝酒。"

田无宇请求四方之学士
晏子谓君子难得第十三

田桓子见晏子独立于墙阴，曰："子何为独立而不忧？何不求四乡之学士可者而与坐？"

晏子曰："共立似君子，出言而非也。婴恶得学士之可者而与之坐？且君子之难得也，若美山然，名山既多矣，松柏既茂矣，望之相相然[1]，尽目力不知厌，而世有所美焉，固欲登彼相相之上，仡仡然不知厌[2]。小人者与此异，若部娄之未登[3]，善，登之无蹊，维有楚棘而已[4]；远望无见也，俯就则伤婴[5]，恶能无独立焉？且人何忧，静处远虑，见岁若月，学问不厌，不知老之将至，安用从酒[6]！"

田桓子曰："何谓从酒？"

晏子曰："无客而饮，谓之从酒。今若子者，昼夜守尊[7]，谓之从酒也。"

【注释】
〔1〕相相然：山高峻的样子。
〔2〕仡仡然：用力登山的样子。
〔3〕部娄：附娄，小土山。

〔4〕楚棘：荆棘。楚，灌木。

〔5〕婴：当作"要"。"要"通"腰"。

〔6〕从：通"纵"。

〔7〕尊：古代酒器。

【译文】

田桓子看见晏子独自站在墙的阴凉处，说："您为什么独自站立而不感到忧愁？为什么不寻找四方学士中有才学的人与他们坐在一起呢？"

晏子说："大家站在一起好像都是君子，说出话来就不是了。我哪能找到学士中有才学的人与他们坐在一起呢？何况君子是难以寻求到的，就像美丽的高山一样。名山很多，山上的松柏很茂盛，远望它高高耸立，用尽眼力也不会感到厌倦，因而世人都赞美它，所以想登上那高高的山巅，奋力攀登也不知道厌倦。小人却与此相反，就像那小土丘，没有登上去的时候，觉得它还好，要登它又没有路，只有荆棘罢了；远远望去什么都看不见，俯下身去登临就会伤害身体。我怎么能不独自站立呢？况且人有什么值得忧愁的呢？静静地待着可以想得很远，看一年的时间就像一个月那么短暂，勤学好问，不知道厌倦，忘记了老年将要到来，怎么用得着去纵酒呢！"

田桓子说："什么叫纵酒？"

晏子说："没有客人而自己独饮，就叫纵酒。就像您现在一样，白天黑夜守着酒杯，就叫纵酒了。"

田无宇胜栾氏高氏欲分其家
晏子使致之公第十四

栾氏、高氏欲逐田氏、鲍氏〔1〕，田氏，鲍氏先知而遂攻之。高彊曰："先得君〔2〕，田、鲍安往？"遂攻虎门〔3〕。二家召晏子〔4〕，晏子无所从也。从者曰："何为不助田、鲍?"晏子曰:"何善焉,其助之也?""何为不助栾、高?"曰:"庸愈于彼乎[5]?"

门开,公召而入。栾、高不胜而出[6],田桓子欲分其家,以告晏子,晏子曰:"不可!君不能饬法,而群臣专制,乱之本也。今又欲分其家,利其货,是非制也[7]。子必致之公。且婴闻之,廉者,政之本也;让者,德之主也。栾、高不让,以至此祸,可毋慎乎!廉之谓公正,让之谓保德,凡有血气者[8],皆有争心,怨利生孽[9],维义可以为长存。且分争者不胜其祸,辞让者不失其福,子必勿取。"

桓子曰:"善。"尽致之公,而请老于剧[10]。

【注释】

〔1〕栾氏:栾施,字子旗。 高氏:高彊,字子良。 田氏:田桓子。 鲍氏:鲍国,谥"文子"。

〔2〕得君:指劫持国君。

〔3〕虎门:王者的正寝之门。一说即路寝之门。古代君王视朝于路寝,门外画虎像,所以称路寝的门为虎门。

〔4〕二家:双方。

〔5〕庸:何。 愈:超过。 彼:指田桓子与鲍国。

〔6〕出:逃亡。

〔7〕制:法度。

〔8〕血气:有血液和气息的动物。此指人。

〔9〕怨:通"蕴",积聚。

〔10〕剧:剧城,故纪国。

【译文】

栾施、高彊想驱逐田桓子和鲍国,田桓子、鲍国事先知道消息,于是就攻打栾施与高彊。高彊说:"先劫持国君,田桓子和鲍国还能往哪里跑?"于是就去攻打虎门。争斗的双方都邀请晏子帮助,晏子谁也没有依从。侍从晏子的人说:"为什么不帮助田桓子、鲍国呢?"晏子说:"他们有什么好呢,值得我去帮助他们?"侍从又说:"为什么不帮助栾施、高彊呢?"晏子说:"难道栾施、高彊比田桓子、鲍国他们好吗?"

官门开了,景公召晏子入宫。栾施、高彊没有取胜,便逃亡国外,田桓子打算分掉他们的家产,将这个想法告诉晏子。晏子说:"不可以这么做!国君不能整饬法纪,因而群臣专权,这是祸乱的根源。现在又想分掉他们的家产,贪图他们的财货,这是不符合法度的。您一定要把他们的家产交给景公。况且我听说,廉洁是政治的根本;谦让是美德的主体。栾施、高彊不谦让,因此遭到这样的祸患,可以不慎重吗!廉洁就叫作公正,谦让就叫作美德。凡是有血气的人,都有争斗之心,积聚财货就会生出灾害,只有实行仁义才可以长久保存自己。而且纷争的人会有不尽的灾祸,谦让的人不会失去自己的福运,您一定不要拿走他们的家财。"

田桓子说:"好。"于是将栾施、高彊的家产全部交给景公,自己请求告老回到剧城。

子尾疑晏子不受庆氏之邑
晏子谓足欲则亡第十五

庆氏亡[1],分其邑,与晏子邶殿[2],其鄙六十[3],晏子勿受。

子尾曰[4]:"富者,人之所欲也,何独弗欲?"

晏子对曰:"庆氏之邑足欲,故亡。吾邑不足欲也,益之以邶殿,乃足欲,足欲,亡无日矣。在外不得宰吾一邑[5],不受邶殿,非恶富也,恐失富也。且夫富,如布帛之有幅焉,为之制度[6],使无迁也[7]。夫生厚而用利，于是乎正德以幅之，使无黜慢^[8]，谓之幅利，利过则为败，吾不敢贪多，所谓幅也。"

【注释】
〔1〕庆氏：指庆封。
〔2〕邶殿：齐国别都。
〔3〕鄙：边邑。
〔4〕子尾：齐惠公之孙。
〔5〕在外：指逃亡在外。
〔6〕制度：规定幅度。
〔7〕迁：这里指变易。
〔8〕黜慢：废除和轻慢。

【译文】
　　庆封逃亡国外后，景公把他的食邑分给大臣，分给晏子邶殿边鄙的六十个邑，晏子不接受。
　　子尾说："富足，是人人都希望得到的，为什么唯独您不想要呢？"
　　晏子回答说："庆封的食邑能够满足他的欲望，所以他逃亡国外了。我的食邑不能满足我的欲望，把邶殿的食邑增加给我，就能满足我的欲望，欲望满足了，离逃亡国外也就没有多久了。逃亡国外，连原来已有的一个食邑也不能由我作主了，不接受邶殿，不是厌恶富足，而是害怕失去富足。再说富足，就像布帛有一定的门幅一样，为它规定一定的幅度，使它不随意改变。百姓都想生活丰厚，器物富饶，于是端正道德来约束他们，使他们不会丧失和轻慢道德，这叫作为利益规定一定的幅度，利益超过幅度就会导致败亡，我不敢贪求多得，就是所说的利益有一定的幅度。"

景公禄晏子平阴与稾邑
晏子愿行三言以辞第十六

　　景公禄晏子以平阴与稾邑^[1]，反市者十一社^[2]。

晏子辞曰："吾君好治宫室，民之力弊矣；又好盘游玩好[3]，以饬女子[4]，民之财竭矣；又好兴师，民之死近矣。弊其力，竭其财，近其死，下之疾其上甚矣！此婴之所为不敢受也。"

公曰："是则可矣。虽然，君子独不欲富与贵乎？"

晏子曰："婴闻为人臣者，先君后身，安国而度家[5]，宗君而处身[6]，曷为独不欲富与贵也！"

公曰："然则曷以禄夫子？"

晏子对曰："君商渔盐[7]，关市讥而不征[8]；耕者十取一焉。弛刑罚：若死者刑，若刑者罚，若罚者免。若此三言者，婴之禄，君之利也。"

公曰："此三言者，寡人无事焉，请以从夫子。"公既行若三言，使人问大国，大国之君曰："齐安矣。"使人问小国，小国之君曰："齐不加我矣[9]。"

【注释】

〔1〕平阴：地名。　橐：当作"棠"，即莱邑。

〔2〕反：通"贩"。

〔3〕盘游：娱乐游逸。

〔4〕饬：通"饰"，装饰。

〔5〕度：居。

〔6〕宗：尊崇。

〔7〕商：当作"宽"。

〔8〕关市：人员物资积聚之地。　讥：稽查，察问。

〔9〕加：侵凌。

【译文】

景公把平阴和棠邑给晏子作食邑，贩卖货物的集市有十一社。

晏子辞谢说："您喜欢修建宫室，百姓的精力疲敝了；又喜欢娱乐游逸，爱好玩物，打扮宫内的嫔妃，百姓的财力枯竭了；又喜欢兴兵打仗，百姓接近死亡的边缘了。使百姓精力疲敝，使百姓财力枯竭，使百姓接近死亡的边缘，在下的百姓非常痛恨他们的君主！这是我之所以不敢接受的原因。"

景公说："您说的话固然是对的。尽管如此，难道您那么不想富贵吗？"

晏子说："我听说作为臣子的，先考虑君主然后考虑自己，先使国家安定才能居家度日，使君主受到尊崇才能立身，怎么会不想富贵呢？"

景公说："既然这样，那么我用什么作先生的俸禄呢？"

晏子回答说："君王放宽渔、盐的税收，关市只稽查但不征税。对种地的十成收获征收一成。减轻刑罚：如果是该判死罪的改判徒刑，如果是该判徒刑的改判处罚，如果是该判处罚的就免于处罚。如果实行这三项建议，就可当作是我的俸禄，也是君王的利益啊。"

景公说："这三项建议，我不会多加干涉，就依从先生的话去办吧。"景公实行了这三项建议以后，派人去询问大国，大国的国君说："齐国安定了。"派人去询问小国，小国的国君说："齐国不会侵凌我们了。"

梁丘据言晏子食肉不足
景公割地将封晏子辞第十七

晏子相齐，三年，政平民说。梁丘据见晏子中食[1]，而肉不足，以告景公。

旦日[2]，割地将封晏子，晏子辞不受，曰："富而不骄者，未尝闻之；贫而不恨者，婴是也。所以贫而不恨者，以善为师也。今封，易婴之师，师已轻，封已重矣，请辞。”

【注释】

〔1〕中食：中等膳食。

〔2〕旦日：第二天。

【译文】

晏子任齐国的相，三年时间，政治清平百姓和乐。一天梁丘据看见晏子吃的是中等的膳食，肉不充足，就把这事告诉景公。

第二天，景公划分出土地要封给晏子，晏子辞谢不接受，说："富足但不骄傲的人，不曾听说过；贫穷但不怨恨的人，我就是了。之所以贫穷但不怨恨的原因，是把善行当作老师。现在封赏我，是改换我的老师。老师被看得太轻，封赏被看得太重，我请求辞去封赏。"

景公以晏子食不足致千金而
晏子固不受第十八

晏子方食，景公使使者至。分食食之，使者不饱，晏子亦不饱。

侍者反，言之公，公曰："嘻！晏子之家，若是其贫也。寡人不知，是寡人之过也。"使吏致千金与市租[1]，请以奉宾客。晏子辞，三致之，终再拜而辞曰："婴之家不贫。以君之赐，泽覆三族[2]，延及交游[3]，以振百姓，君之赐也厚矣！婴之家不贫也。婴闻之，夫厚取之君，而施之民，是臣代君君民也，忠臣不为也。厚取之君，而不施与民，是为筐箧之藏也[4]，仁人不为也。进取与君，退得罪于士，身死而财迁于它人，是为宰藏也[5]，智者不为也。夫十总之布[6]，一豆之食[7]，足于中免矣[8]。"

景公谓晏子曰："昔吾先君桓公，以书社五百封管仲[9]，不辞而受，子辞之何也？"

晏子曰："婴闻之，圣人千虑，必有一失；愚人千虑，必有一得。意者管仲之失，而婴之得者耶？故再拜而不敢受命。"

【注释】
〔1〕市租：货物的税款。
〔2〕三族：父族，母族，妻族。
〔3〕交游：往来的朋友。
〔4〕筐：方形盛物的竹器。 箧：竹箱子。
〔5〕宰：主人。
〔6〕总：量词。古丝八十根叫总。这里借指最普通的织物。
〔7〕豆：量词。四升为一豆。
〔8〕中：身。 免：免除饥寒。
〔9〕书社：古制二十五家为社。把社内人名登录簿册，叫作"书社"，借指按社登记入册的人口及其土地。

【译文】
晏子正在吃饭，景公派遣的使者到了。晏子便将自己的饭分给使者吃，使者没吃饱，晏子也没有吃饱。

使者回去以后，把这事告诉景公。景公说："啊！晏子的家，原来是如此贫穷，我不知道，这是我的过错。"就派官吏送给晏子千金钱财和市场上的税款，让他用来款待宾客。晏子辞谢，景公再三派官吏送给他，晏子最终恭敬地拜谢推辞说："我的家不贫穷。凭着君王的赏赐，我的父族、母族、妻族都受到了恩泽，还扩大到朋友，并用它赈济百姓，君王的赏赐已经很丰厚！我的家不贫穷啊。我听说，从君王那里得到丰厚的赏赐，用来施舍给百姓，这是臣子代替君王统治百姓了，忠臣不做这种事。从君王那里得到丰厚的赏赐，却不施舍给百姓，这就成了储藏钱财的竹箱子了，有仁心的人不做这种事。先从君王那里得到赏赐，然后又遭到士人的怪罪，自己死后钱财转移到别人手里，这就是为钱财的主人保管了，聪明的人不做这种事。粗布衣裳，四升粗粮，足够使自己免除饥寒了。"

景公对晏子说："从前我的先君桓公，把五百社的土地和人口分封给管仲，他没有推辞就接受了，您为什么要推辞呢？"

晏子说："我听说，智者千虑，必有一失；愚者千虑，必有一得。我想管仲的千虑之失，或许是我的千虑之得吧？所以我再次拜谢，不敢接受您的赏赐。"

景公以晏子衣食弊薄使田无宇
致封邑晏子辞第十九

晏子相齐，衣十升之布[1]，脱粟之食[2]，五卯、苔菜而已[3]。左右以告公，公为之封邑，使田无宇致台与无盐[4]。

晏子对曰："昔吾先君太公受之营丘，为地五百里，为世国长[5]，自太公至于公之身，有数十公矣[6]。苟能说其君以取邑，不至公之身，趣齐搏以求升土[7]，不得容足而寓焉[8]。婴闻之，臣有德益禄，无德退禄，恶有不肖父为不肖子为封邑以败其君之政者乎？"遂不受。

【注释】

〔1〕十升之布：指粗布。布八十缕为升。朝服十五升，为细布。

〔2〕脱粟：糙米。"脱粟"上当有"食"字。

〔3〕卵：当作"卵"。五卵，指各种禽鸟的蛋，也有说是指成颗粒的粗盐。　苔菜：指蔬菜。

〔4〕台、无盐：台邑、无盐邑，齐国地名。

〔5〕世国：世代承袭的诸侯国。

〔6〕数十：二字互倒，当作"十数"。

〔7〕搏：攫取。　升土：指土地。

〔8〕寓：寄居。

【译文】

晏子当齐国的相，穿的是粗布衣裳，吃的是糙米、禽蛋和蔬菜。景公的左右侍从将此事告诉了景公，景公因此要封赏食邑给晏子，派田无宇将台邑和无盐邑送给他。

晏子回答说："从前我们的先君太公受封营丘，受封的土地方圆五百里，是诸侯国的首领。从太公一直传到您这一代，已经有十几位君主了。如果能取悦君主的人都能获得食邑，等不到君位传到您这一代，人们都会到齐国来求取土地，您连立足栖身的地方都没有了。我听说，臣子有德，就增加他的俸禄，臣子无德，就退还俸禄，哪里有不贤德的父亲为不贤德的儿子为取得封邑而败坏他们的君主的政事呢？"终于没有接受封邑。

田桓子疑晏子何以辞邑
晏子答以君子之事也第二十

景公赐晏子邑，晏子辞。田桓子谓晏子曰："君欢然与子邑，必不受以恨君〔1〕，何也？"

晏子对曰："婴闻之，节受于上者，宠长于君〔2〕；俭居处者，名广于外。夫长宠广名，君子之事也。婴独庸能已乎？"

【注释】

〔1〕恨：通"很"，逆、不听从。

〔2〕长：长期。

【译文】

景公赐给晏子食邑，晏子辞谢不接受。田桓子对晏子说："君主高高兴兴地把食邑赐给您，您总是不肯接受，因而忤逆君主的意愿，这是为什么呢？"

晏子回答说："我听说，从君主那里接受赏赐有节制的人，就能长期得到君主的宠信；居处俭朴的人，名声就会传扬在外。能够长期得到君主的宠信，名声能够传扬，这是君子所做的事情。我怎么能独自不这么做呢？"

景公欲更晏子宅
晏子辞以近市得求讽公省刑第二十一

景公欲更晏子之宅，曰："子之宅近市湫隘[1]，嚣尘不可以居[2]，请更诸爽垲者[3]。"

晏子辞曰："君之先臣容焉[4]，臣不足以嗣之[5]，于臣侈矣。且小人近市[6]，朝夕得所求，小人之利也。敢烦里旅[7]！"

公笑曰："子近市，识贵贱乎？"

对曰："既窃利之，敢不识乎？"

公曰："何贵何贱？"是时也，公繁于刑，有鬻踊者。故对曰："踊贵而屦贱。"公愀然改容[8]，公为是省于刑。

君子曰："仁人之言，其利博哉！晏子一言，而齐侯省刑。《诗》曰：'君子如祉，乱庶遄已〔9〕。'其是之谓乎！"

【注释】

〔1〕湫隘：低下狭小。

〔2〕嚣尘：喧嚣纷扰。

〔3〕诸：之于。　爽垲：明亮干燥。

〔4〕先臣：指晏子的先辈。

〔5〕嗣：继承。

〔6〕小人：自谦之词。

〔7〕里旅：里的有司。

〔8〕愀然：忧伤的样子。

〔9〕语见《诗经·小雅·巧言》。　祉：福，指任用贤德的人。遄：速。　已：停止。

【译文】

景公打算更换晏子的住宅，说："您的住宅靠近集市，低矮狭窄，喧嚣纷扰，不可以居住，请换到明亮干燥的地方去住吧。"

晏子辞谢说："这是我的先人曾经居住过的地方，我还不够格继承它，能住在这里对我来说已经很奢侈了。再说我居住的地方靠近集市，早晚都能得到我想要的东西，对我很有益处。怎么敢劳烦里的官吏帮我迁居呢！"

景公笑着说："您靠近集市，知道什么东西贵什么东西便宜吗？"晏子说："既然自己已经从中得到益处，怎么能不知道呢？"

景公说："那什么东西贵什么东西便宜呢？"当时，景公制定了很多的刑罚，有卖为受过刖刑的人制作的假脚穿的鞋子，所以晏子回答说："假脚穿的鞋子贵，常人穿的鞋子便宜。"景公听了十分忧伤，变了脸色，于是景公为此而减省了刑罚。

君子说："仁人的话，它的好处真大啊！晏子一句话，齐侯就减省了刑罚。《诗经》中说：'君王如能用贤良，祸乱很快能平定。'大概说的就是这样的事吧。"

景公毁晏子邻以益其宅
晏子因陈桓子以辞第二十二

晏子使晋，景公更其宅，反则成矣。

既拜，乃毁之，而为里室[1]，皆如其旧，则使宅人反之。且[2]："谚曰：'非宅是卜[3]，维邻是卜。'二三子先卜邻矣[4]，违卜不祥。君子不犯非礼，小人不犯不祥，古之制也，吾敢违诸乎？"卒复其旧宅。

公弗许，因陈桓子以请[5]，乃许之。

【注释】
〔1〕里室：邻里的居室。
〔2〕且：当作"曰"。
〔3〕卜：选择。
〔4〕二三子：诸位。
〔5〕陈桓子：田无宇，田桓子。

【译文】
晏子出使晋国，景公翻修晏子的住宅，等到晏子返回时，住宅已经修建成了。

晏子拜谢了景公以后，就拆毁了新宅，用来修建邻里的居室，全都与原来一样，让原来的住户迁回来。晏子说："谚语说：'不要选择住宅，唯有选择邻居。'你们已选择好邻居了，违背选择是不吉利的。君子不做不符合礼的事情，小人不做不吉利的事情，这是古时候定下的制度，我怎么敢违背它呢？"最终恢复了原来的住宅。

景公不准许，后来靠了陈桓子的请求，景公才同意了。

景公欲为晏子筑室于宫内
晏子称是以远之而辞第二十三

景公谓晏子曰："寡人欲朝夕见，为夫子筑室于闺内，可乎？"

晏子对曰："臣闻之，隐而显，近而结[1]，维至贤耳。如臣者，饰其容止，以待承令[2]，犹恐罪戾也[3]。今君近之，是远之也。请辞。"

【注释】

〔1〕结：敛抑。
〔2〕承令：接受命令。
〔3〕罪戾：罪过。

【译文】

景公对晏子说："我想早晚都能够与先生相见，打算为先生在宫内修建居室，可以吗？"

晏子回答说："我听说，退隐而能够使名声显扬，受到君主的亲近而自己能有所敛抑，只有最贤圣的人才能做到。像我这样的人，整饬自己的仪容举止，等候接受君主的命令，还担心有过失。现在君王是想亲近我，实际上是疏远我了，我请求辞谢。"

景公以晏子妻老且恶欲内爱女
晏子再拜以辞第二十四

景公有爱女，请嫁与晏子，公乃往燕晏子之家[1]，饮酒酣，公见其妻曰："此子之内子耶^[2]?"

晏子对曰："然，是也。"

公曰："嘻！亦老且恶矣^[3]。寡人有女少且姣^[4]，请以满夫子之宫^[5]。"

晏子违席而对曰："乃此则老且恶^[6]，婴与之居故矣^[7]，故及其少且姣也。且人固以壮托乎老，姣托乎恶。彼尝托，而婴受之矣。君虽有赐，可以使婴倍其托乎^[8]?"再拜而辞。

【注释】

〔1〕燕：通"宴"，饮酒。

〔2〕内子：卿大夫的嫡妻。

〔3〕恶：丑陋。

〔4〕姣：美丽。

〔5〕满：充实。

〔6〕乃此：乃今，现在。

〔7〕故：旧，久。

〔8〕倍：通"背"。

【译文】

景公有一个心爱的女儿，请求嫁给晏子，景公就到晏子家去饮酒，酒喝到畅快的时候，景公看见晏子的妻子，说："这就是您的妻子吗？"

晏子回答说："是，是的。"

景公说："哈！又老又丑啊。我有一个女儿，既年轻又美貌，请让她嫁给先生充实先生的居室吧。"

晏子离开座席，恭敬地回答说："我的妻子现在是又老又丑，我与她一起生活已经很久了，所以也赶上她既年轻又漂亮的时候。况且人家一向是壮年的时候托身于人一直到老年，漂亮的时候托身于人一直到变丑。她将终身托付于我，而我也接受了她的托付。

即使君王想把女儿恩赐给我，怎么可以使我辜负我的妻子的托付呢？"晏子拜了又拜，辞谢了。

景公以晏子乘弊车驽马使梁丘据
遗之三返不受第二十五

晏子朝，乘弊车。景公见之曰："嘻！夫子之禄寡耶？何乘不任之甚也[1]？"

晏子对曰："赖君之赐，得以寿三族[2]，及国游士，皆得生焉。臣得暖衣饱食，弊车驽马，以奉其身，于臣足矣。"

晏子出，公使梁丘据遗之辂车乘马[3]，三返不受。公不说，趣召晏子。晏子至，公曰："夫子不受，寡人亦不乘。"

晏子对曰："君使臣临百官之吏，臣节其衣服饮食之养，以先国之民，然犹恐其侈靡而不顾其行也。今辂车乘马，君乘之上，而臣亦乘之下，民之无义，侈其衣服饮食而不顾其行者，臣无以禁之。"遂让不受。

【注释】

〔1〕不任：不堪。

〔2〕寿：保。

〔3〕辂车：大车。 乘：古战车一乘四马，所以用"乘"作"四"的代称。

【译文】

晏子上朝，乘坐破旧的车子，用劣马拉车。景公看见这种情况后说："啊！先生的俸禄太少了吗？为什么乘坐如此破旧不堪的车子呢？"

晏子回答说："仰赖君王的恩赐，得以保全父族、母族及妻族的衣食，还兼及国内的游士，都得以生存。我能够穿得暖吃得饱，有破旧的车子和劣马供我使用，对我来说已经很满足了。"

晏子出宫后，景公派梁丘据赠送给晏子四马拉的辂车，梁丘据往返多次，晏子都不肯接受。景公很不高兴，立即召见晏子。晏子到后，景公说："先生不接受我四马辂车，那我也不乘这样的车子了。"

晏子回答说："君主委派我担任管理百官的官吏，我节制衣服饮食的供养，以此作为国内百姓的表率，即使这样，我还担心他们奢侈浪费而不顾及自己的行为。现在四马拉的辂车，在上的君主乘坐，在下的臣子也乘坐，如果百姓不讲礼仪，使自己的衣服饮食奢侈而不检点自己的行为，我没有办法禁止他们。"于是辞谢了，没有接受。

景公睹晏子之食菲薄而嗟其贫
晏子称其参士之食第二十六

晏子相景公，食脱粟之食，炙三弋、五卵、苔菜耳矣[1]。公闻之，往燕焉，睹晏子之食也，公曰："嘻！夫子之家如此其贫乎！而寡人不知，寡人之罪也。"

晏子对曰："以世之不足也，免粟之食饱[2]，士之一乞也[3]；炙三弋，士之二乞也；五卵，士之三乞也。婴无倍人之行[4]，而有参士之食[5]，君之赐厚矣！婴之家不贫。"再拜而谢。

【注释】
〔1〕炙：烤。　弋：用绳系在箭上射。此指飞禽。

〔2〕免粟：即脱粟，糙米。

〔3〕乞：求。

〔4〕倍：双倍。

〔5〕参：三。

【译文】

　　晏子当景公的相，吃的是糙米，烤三只飞鸟、五个蛋、蔬菜罢了。景公听到这种情况，到晏子家饮酒，看晏子的饭食后，景公说："啊！先生的家是如此贫穷啊！我却不知道，这是我的罪过啊。"

　　晏子回答说："这是因为世间的食物还不充足啊。有糙米能够吃饱，这是士人第一愿望得到的事；有烤熟的飞鸟吃，这是士人第二愿望得到的事；有蛋吃，这是士人第三愿望得到的事，我没有超过别人双倍的品行，却有三种士人愿望得到的饭食，君王的赏赐已经很丰厚了！我的家不贫穷。"再次拜谢，推辞了景公的赏赐。

梁丘据自患不及晏子
晏子勉据以常为常行第二十七

　　梁丘据谓晏子曰："吾至死不及夫子矣[1]！"

　　晏子曰："婴闻之，为者常成，行者常至。婴非有异于人也，常为而不置[2]，常行而不休者，故难及也[3]。"

【注释】

　　〔1〕及：赶上。

　　〔2〕置：放下。

　　〔3〕故：通"胡"。

【译文】

梁丘据对晏子说："我就是到死也赶不上先生了！"

晏子说："我听说，只要努力去做就常常能获得成功，只要坚持前行就常常能到达目的地。我并没有异人之处，只是不断去做不放弃，不断前行不停止，怎么会难以赶上呢？"

晏子老辞邑景公不许
致车一乘而后止第二十八

晏子相景公，老[1]，辞邑。公曰："自吾先君定公至今，用世多矣[2]，齐大夫未有老辞邑者矣。今夫子独辞之，是毁国之故[3]，弃寡人也。不可！"

晏子对曰："婴闻古之事君者，称身而食[4]，德厚而受禄，德薄则辞禄。德厚受禄，所以明上也；德薄辞禄，可以洁下也。婴老薄无能，而厚受禄，是掩上之明，污下之行，不可。"

公不许，曰："昔吾先君桓公，有管仲恤劳齐国，身老，赏之以三归[5]，泽及子孙。今夫子亦相寡人，欲为夫子三归，泽至子孙，岂不可哉？"

对曰："昔者管子事桓公，桓公义高诸侯，德备百姓。今婴事君也，国仅齐于诸侯[6]，怨积乎百姓，婴之罪多矣，而君欲赏之，岂以其不肖父为不肖子厚受赏以伤国民义哉？且夫德薄而禄厚，智惛而家富[7]，是彰污而逆教也，不可。"

公不许。晏子出。异日朝[8]，得间而入邑[9]，致车一乘而后止。

【注释】

〔1〕老：告老，致仕。

〔2〕用世：见用于世，为世所用。

〔3〕故：指旧有的制度。

〔4〕称：相当，符合。 食：俸禄。

〔5〕三归：解说不一，一种认为是娶三姓之女，也有认为是指台名，还有认为是指市租常例之归之公者。

〔6〕齐：相等，等同。

〔7〕惛：不明了，糊涂。

〔8〕异日：他日。

〔9〕间：空隙。

【译文】

晏子当景公的相，告老的时候，要归还食邑。景公说："从我的先君丁公开始到现在，当官的人太多了，齐国的大夫中还没有告老时归还食邑的人。现在唯独先生要归还食邑，这是破坏国家原有的规定，这是抛弃我啊。不可以这样做！"

晏子回答说："我听说古代侍奉君主的人，接受与自己的才能相符的食邑。德行淳厚就接受俸禄，德行微薄就归还俸禄。德行淳厚就接受俸禄，是为了彰明君主的英明；德行微薄就归还俸禄，可以使下边的人廉洁。我年老德薄没有能力，却接受丰厚的俸禄，这是掩盖君王的英明，玷污臣下廉洁的操行。不可以这样做！"

景公不答应，说："从前我的先君桓公，有管仲为齐国忧劳，管仲年老的时候，桓公把按例收取的市租赏赐给他，恩泽延及子孙。现在先生也当我的相，我也想把按例收取的市租赏赐给先生，并使恩泽延及子孙，难道不可以吗？"

晏子回答说："从前管仲侍奉桓公，桓公的大义高于诸侯，使百姓普遍受到恩惠。现在我侍奉君王，齐国地位仅仅与其他诸侯相同，百姓那里积聚了很多的怨恨，我的罪过太多了，而君王还想赏赐我，难道我这个不贤德的父亲为了替不贤德的儿子接受丰厚的赏赐，而伤害国家和百姓的道义吗？况且德行微薄，俸禄却很丰厚，才智昏庸，家财却很富足，这是表彰污浊的行为，违背了圣人的教诲。不可以这样做。"

景公还是不答应。晏子退出。他日晏子入朝，景公又找准机会赠赐食邑，一直到晏子接受了一车四马才了结此事。

晏子病将死妻问所欲言云毋变尔俗第二十九

晏子病，将死，其妻曰："夫子无欲言乎？"

子曰[1]："吾恐死而俗变[2]，谨视尔家[3]，毋变尔俗也。"

【注释】

〔1〕子曰：当作"晏子曰"。

〔2〕俗：此言家规。

〔3〕视：看顾。

【译文】

晏子病重，快要死了，他的妻子问他说："先生没有要说的话吗？"

晏子说："我担心死后家规改变，小心看顾好你的家，不要改变你家的家规。"

晏子病将死凿楹纳书命子壮示之第三十

晏子病，将死，凿楹纳书焉[1]，谓其妻曰："楹语也，子壮而示之。"

及壮，发书之言曰[2]："布帛不可穷[3]，穷不可饰；牛马不可穷，穷不可服[4]；士不可穷，穷不可任；国不可穷，穷不可窃也[5]。"

【注释】

　〔1〕楹：厅堂的前柱。　书：书信。

　〔2〕发：打开。

　〔3〕穷：缺少，贫乏。

　〔4〕服：使用。

　〔5〕窃：通"践"，实行。

【译文】

　晏子病重，快要死了，命人凿开厅堂的柱子将遗书放在里面，对他的妻子说："放在厅堂柱子里的遗言，等儿子长大后再给他看。"

　等到儿子长大了，打开书信，上面写着："布帛不可以缺少，缺少了就没有衣服穿；牛马不可以缺少，缺少了就无法役使它们；士人不可以缺少，缺少了就没有人可以任用；国家不可以贫乏，贫乏了政令就无法推行。"

外篇第七^[1]

景公饮酒命晏子去礼晏子谏第一

景公饮酒数日而乐，释衣冠，自鼓缶^[2]，谓左右曰："仁人亦乐是夫？"梁丘据对曰："仁人之耳目，亦犹人也，夫奚为独不乐此也？"公曰："趣驾迎晏子。"

晏子朝服以至，受觞再拜。公曰："寡人甚乐此乐，欲与夫子共之，请去礼。"

晏子对曰："君之言过矣！群臣皆欲去礼以事君，婴恐君子之不欲也^[3]。今齐国五尺之童子，力皆过婴，又能胜君，然而不敢乱者，畏礼也。上若无礼，无以使其下；下若无礼，无以事其上。夫麋鹿维无礼，故父子同麀^[4]，人之所以贵于禽兽者，以有礼也。婴闻之，人君无礼，无以临其邦^[5]；大夫无礼，官吏不恭；父子无礼，其家必凶；兄弟无礼，不能久同。《诗》曰：'人而无礼，胡不遄死^[6]。'故礼不可去也。"

公曰："寡人不敏无良，左右淫蛊寡人^[7]，以至于此，请杀之。"

晏子曰："左右何罪？君若无礼，则好礼者去，无礼者至；君若好礼，则有礼者至，无礼者去。"

公曰："善。请易衣革冠，更受命^[8]。"

晏子避走，立乎门外。公令人粪洒改席〔9〕，召，衣冠以迎晏子。晏子入门，三让，升阶，用三献焉〔10〕。嗛酒尝膳〔11〕，再拜，告餍而出〔12〕，公下拜，送之门，反，命撤酒去乐，曰："吾以彰晏子之教也。"

【注释】

〔1〕《晏子春秋》外篇第七，计 27 篇，所记内容大多与内篇诸篇大同小异，辞有详略，所以前人整理刊行时，另置为"外篇"。

〔2〕缶：瓦质的打击乐器。

〔3〕子：衍字。

〔4〕麀：牝鹿，母鹿。

〔5〕邦：国。

〔6〕语见《诗经·鄘风·相鼠》。遄，速。

〔7〕淫蛊：惑乱、迷惑。

〔8〕更：再，重新。

〔9〕粪：扫除。

〔10〕三献：古代祭祀时献酒三次，依次叫初献爵、亚献爵、终献爵，合称"三献"。"献"下当有"礼"字。

〔11〕嗛：嘴里含着东西。

〔12〕餍：吃饱。

【译文】

景公一连喝了几天的酒，喝得很高兴，他脱掉衣服摘下帽子，亲自敲击缶，并对左右的侍臣说："仁人也喜欢这样取乐吗？"梁丘据回答说："仁人的耳朵眼睛，也和常人一样，为什么唯独他们不喜欢这样呢？"景公说："快驾车去把晏子接来。"

晏子穿着朝服来了，接过酒杯，拜了又拜。景公说："我非常喜欢这样的快乐，想与先生共同享受，请不要拘于礼仪。"

晏子回答说："君主的话错了！群臣如果都想免去礼仪来侍奉君王，恐怕君主就不想这样做了。现在齐国五尺高的儿童，力气都超过我，又能胜过君主，然而不敢作乱的原因，是畏惧礼仪呀。

君主如果不讲礼仪，就不能驾驭臣下；臣下如果没有礼仪，就不能侍奉君主。唯独麋鹿是没有礼仪的，所以父子共同占有一只母鹿。人之所以比禽兽高贵，是因为有礼仪啊。我听说，君主如果没有礼仪，就无法统治他的国家；大夫如果没有礼仪，下面的官吏就不会恭敬；父子之间如果没有礼仪，他们的家庭一定会有祸殃；兄弟之间如果没有礼仪，就不能长期相处。《诗经》中说：'人如果没有礼仪，为什么不赶快去死。'所以礼仪是不能丢掉的。"

景公说："我不聪敏，没有善行，左右的侍臣迷惑我，以至于到了这种地步，请把他们杀掉。"

晏子说："左右的侍臣有什么罪？君主如果没有礼仪，那么爱好礼仪的人就会离开，不讲礼仪的人就会到来；君主如果讲礼仪，那么讲礼仪的人就会到来，不讲礼仪的人就会离去。"

景公说："说得好。请让我换换衣冠，再来接受您的教诲。"

晏子回避走开，站立在门外。景公下令洒水扫除更换坐席，召晏子进来，穿戴好衣冠迎接他。晏子进门，推让三次，登上台阶上堂，用了三献的礼仪。晏子喝了酒，尝了膳食，再次拜谢，称说吃饱了，而后离去，景公离开座位和他拜别，送他到门口，返回后，命令撤去酒席，停止奏乐，说："我以此来彰显晏子对我的教诲。"

景公置酒泰山四望而泣晏子谏第二

景公置酒于泰山之阳^[1]，酒酣，公四望其地，喟然叹，泣数行而下，曰："寡人将去此堂堂国者而死乎！"左右佐哀而泣者三人，曰："吾细人也，犹将难死，而况公乎！弃是国也而死，其孰可为乎？"

晏子独搏其髀^[2]，仰天而大笑曰："乐哉！今日之饮也。"

公怫然怒曰[3]："寡人有哀，子独大笑，何也？"

晏子对曰："今日见怯君一，谀臣三人，是以大笑。"

公曰："何谓谀怯也？"

晏子曰："夫古之有死也，令后世贤者得之以息，不肖者得之以伏。若使古之王者毋知有死，自昔先君太公至今尚在，而君亦安得此国而哀之？夫盛之有衰，生之有死，天之分也[4]。物有必至[5]，事有常然[6]，古之道也。曷为可悲？至老尚哀死者，怯也；左右助哀者，谀也。怯谀聚居，是故笑之。"

公惭而更辞曰："我非为去国而死哀也。寡人闻之，彗星出，其所向之国君当之，今彗星出而向吾国，我是以悲也。"

晏子曰："君之行义回邪[7]，无德于国，穿池沼，则欲其深以广也；为台榭，则欲其高且大也；赋敛如掊夺[8]，诛僇如仇雠。自是观之，茀又将出[9]。天之变，彗星之出，庸可悲乎？"

于是公惧，乃归，窴池沼[10]，废台榭，薄赋敛，缓刑罚，三十七日而彗星亡。

【注释】

〔1〕阳：当作"上"。

〔2〕髀：大腿。

〔3〕怫然：脸色变了的样子。

〔4〕分：职分。

〔5〕至：极。

〔6〕常然：规律。

〔7〕义：通"仪"，仪容，举止。　回：曲。

〔8〕扬夺：攘夺。"扬"通"挥"。

〔9〕茀：通"孛"，彗星的一种。

〔10〕寰：通"填"。

【译文】

景公在泰山上摆设酒宴，酒喝得正畅快的时候，景公向四面眺望齐国的土地，深深叹息，流下了几行眼泪，说："我将会离开这堂堂大国而死吗？"身边的侍臣有三个人陪着景公悲哀哭泣，说："我们地位低微的人，尚且不愿意死去，何况君主呢！丢下这样的国家死去，谁愿意呢？"

晏子独自拍着大腿，仰天大笑说："今天喝酒喝得真畅快啊！"

景公变脸，忿怒地说："我有悲哀，你却独自大笑，这是为什么？"

晏子回答说："我今天见到了一个怯懦的君主，三个阿谀奉承的侍臣，所以大笑。"

景公说："什么叫阿谀奉承和怯懦？"

晏子回答说："自古人就有死，可以使后世贤德的人得以休息，让不贤德的人得以藏伏。如果让古时当君王的人长生不死，过去我们的先君太公至今还健在，君王又怎么能享有齐国并为此悲哀呢？大凡事物有盛就有衰，有生就有死，这是自然的定数。万物必然有它的终极，事物有它的规律，这是千古不变的道理，有什么值得悲哀的呢？人到了老年还为会死亡而悲哀，是怯懦；左右的人跟着悲哀，是阿谀奉承。怯懦和阿谀奉承的人聚集在一起，所以我发笑。"

景公感到惭愧而改口说："我并不是为了会丢下国家死去而悲哀。我听说，彗星出现，它所朝向的国家，国君要承当它带来的灾难。现在彗星出现，朝向我国，我因此悲哀。"

晏子说："君王的行为举止邪僻不正，对国家没有德义，开凿池塘，就想挖得又深又宽；修建楼台亭榭，就想修得又高又大；征收赋税就像掠夺一样，诛戮百姓就像杀死仇敌一样。由此看来，孛星又将要出现。天象的变异，彗星的出现，有什么值得悲哀的呢？"

于是景公畏惧了，就回都城，填塞了池塘，废弃了楼台亭榭，减轻赋税，放宽刑罚，三十七天后彗星消失了。

景公梦见彗星使人占之晏子谏第三

景公梦见彗星。明日，召晏子而问焉："寡人闻之，有彗星者必有亡国。夜者，寡人梦见彗星，吾欲召占梦者使占之。"

晏子对曰："君居处无节[1]，衣服无度，不听正谏，兴事无已[2]，赋敛无厌，使民如将不胜[3]，万民恐怨[4]，茀星又将见梦，奚独彗星乎！"

【注释】

〔1〕节：节制。

〔2〕事：土木之事。

〔3〕胜：尽。

〔4〕恐：怨恨。

【译文】

景公梦见彗星。第二天，把晏子召来问他说："我听说，有彗星出现，一定会亡国。昨夜，我梦见了彗星，我想把占梦的人召来，让他们占卜一下。"

晏子回答说："君王的生活起居没有节制，衣服不符合法度，不听劝谏，大兴土木没完没了，征收赋税贪得无厌，役使百姓就好像生怕他们的力气没用完，万民怨恨不满，茀星又将会出现在梦里，哪里仅是彗星呢！"

景公问古而无死其乐若何晏子谏第四

景公饮酒乐，公曰："古而无死，其乐若何？"

晏子对曰："古而无死，则古之乐也，君何得焉？昔爽鸠氏始居此地[1]，季荝因之[2]，有逢伯陵因之[3]，蒲姑氏因之[4]，而后太公因之。古若无死，爽鸠氏之乐，非君所愿也。"

【注释】

〔1〕爽鸠氏：少皞，是传说中古代东夷族首领。东夷族以鸟为图腾，相传他曾以鸟名为官名，爽鸠属鹰类，"爽鸠氏"是少皞主管刑狱之官。始：初，最早。

〔2〕季荝：虞、夏时的诸侯。　因：沿袭。

〔3〕有：通"又"。　逢伯陵：商代诸侯，姜姓。

〔4〕浦姑氏：殷、周之间的诸侯，在周成王即位时，随同武庚和东方夷族反抗周朝，被周公所灭。

【译文】

景公喝酒喝得十分快乐，他说："要是自古以来人不会死，那是何等的快乐呢？"

晏子说："要是自古以来人不会死，那就是古代人的快乐了，君王又怎么能够享受得到呢？从前爽鸠氏最早居住在这块土地上，接着是季荝，再接着是逢伯陵，再接着是蒲姑氏，然后才是齐国先君太公。要是自古以来人不会死，爽鸠氏的快乐，就不是君王所能希望的了。"

景公谓梁丘据与己和晏子谏第五

景公至自畋[1]，晏子侍于遄台[2]，梁丘据造焉[3]。

公曰："维据与我和夫!"

晏子对曰："据亦同也，焉得为和？"

公曰："和与同异乎？"

对曰："异。和如羹焉[4]，水、火、醯、醢、盐、梅[5]，以烹鱼肉，燀之以薪[6]，宰夫和之[7]，齐之以味[8]，济其不及[9]，以泄其过[10]。君子食之，以平其心。君臣亦然。君所谓可，而有否焉，臣献其否，以成其可；君所谓否，而有可焉，臣献其可，以去其否。是以政平而不干[11]，民无争心。故《诗》曰：'亦有和羹，既戒且平。奏鬷无言，时靡有争[12]。'先王之济五味[13]，和五声也[14]，以平其心，成其政也。声亦如味：一气、二体、三类、四物、五声、六律、七音、八风、九歌[15]，以相成也；清浊、大小、短长、疾徐、哀乐、刚柔、迟速、高下、出入、周流[16]，以相济也。君子听之，以平其心，心平德和。故《诗》曰：'德音不瑕[17]。'今据不然，君所谓可，据亦曰可；君所谓否，据亦曰否。若以水济水，谁能食之？若琴瑟之专一[18]，谁能听之？同之不可也如是。"

公曰："善。"

【注释】

〔1〕畋：打猎。

〔2〕遄台：地名。

〔3〕造：到。

〔4〕羹：五味调和的汤。

〔5〕醯：醋。 醢：肉酱。

〔6〕燀：炊。

〔7〕宰夫：厨师。

〔8〕齐：等同，指调和。

〔9〕济：增加。

〔10〕泄：减少。

〔11〕干：犯。

〔12〕语见《诗经·商颂·烈祖》。和羹，调制好的汤汁。戒，完备。奏鬷，《诗经》作"鬷假"，祭祷。

〔13〕五味：甜、酸、苦、辛、咸五种味道。

〔14〕五声：古乐五声音阶的五个阶名，即宫、商、角、徵、羽，也称五音。

〔15〕一气：指顺气而动。　二体：指文舞、武舞。文舞执羽籥，武舞执干戚。　三类：指风、雅、颂。　四物：四方之物。　六律：律，定音器。古乐律有十二，阴阳各六，阳为律，阴为吕。六律即黄钟、太簇、姑洗、蕤宾、夷则、无射。　七音：古乐理以宫、商、角、徵、羽、变宫、变徵为七音，也称七声。　八风：八方之风。　九歌：相传为夏禹时的乐歌。

〔16〕疾：快。　徐：慢。　周：密。　流：当作"疏"。

〔17〕语见《诗经·豳风·狼跋》。　德音：品德名誉。　瑕：瑕疵。

〔18〕专一：指只弹奏一个音。

【译文】

　　景公从打猎的地方回来，晏子在遄台侍奉他，梁丘据来了。景公说："只有梁丘据与我和谐了！"

　　晏子回答说："梁丘据与您只是相同而已，哪里说得上和谐。"

　　景公说："和谐与相同不一样吗？"

　　晏子说："不一样。和谐就像调制羹汤，用水、火、醋、酱、盐、梅来烹调鱼肉，用柴火烧煮，厨师调配，使味道适中，味道不够就增加，味道过了就减少。君子吃了它，心情平和。君主与臣子的关系也是这样。君主认为可以的事情，其中有着不可以的地方，臣子指出其中不可以的地方，以便成就君主认为可以的事情；君主认为不可以的事情，其中有着可以的地方，臣子指出其中可以的地方，以便使君主去掉不可以的地方。因此政事平和，不相互抵触，百姓没有争夺之心。所以《诗经》中说：'还有调和美味汤，五味平正阵阵香。心中默默暗祷告，次序井井不争抢。'先王调匀五味，调和五声，是为了平静内心，使政事有成效。声音和味道一样：一气、二体、三类、四物、五声、六律、七音、八风、九歌，相辅相成；清浊、大小、短长、疾徐、哀乐、刚柔、迟速、高下、出入、疏密，相反相成。君子听了，内心平静，内心平静，道德就和谐。所以《诗经》中说：'品德名誉没有瑕疵。'现在梁丘据不是这样。君主认为可以的事情，他也说可以；君主认为不可以的事情，他也说不可以。如果用水去调剂水，谁去吃它？如果琴和瑟老弹一个声音，谁去听它？不可以样样相同的道理就像上边说的那样。"

景公说："说得好。"

景公使祝史禳彗星晏子谏第六

齐有彗星，景公使祝禳之。晏子谏曰："无益也，只取诬焉[1]。天道不谄[2]，不贰其命[3]，若之何禳之也？且天之有彗，以除秽也。君无秽德，又何禳焉？若德之秽，禳之何损[4]？《诗》云：'维此文王，小心翼翼。昭事上帝，聿怀多福。厥德不回，以受方国[5]。'君无违德，方国将至，何患于彗？《诗》曰：'我无所监，夏后及商，用乱之故，民卒流亡[6]。'若德之回乱[7]，民将流亡，祝史之为，无能补也。"公说，乃止。

【注释】

〔1〕取：收，受。 诬：欺骗。

〔2〕诣：疑惑。

〔3〕贰：不按规则，变易无常。

〔4〕损：减少。

〔5〕语见《诗经·大雅·大明》。翼翼，谨慎。昭，明白。聿，语助词。怀，来，招来。回，邪僻。方国，四方之国。

〔6〕引诗不见于《诗经》。监，借鉴。后，君。用，因为。

〔7〕回乱：邪曲昏乱。

【译文】

　　齐国出现了彗星，景公命祝史去祈祷消除。晏子进谏说："这是没有用的，只能骗骗自己。天道是不容怀疑的，上天也不会改变它的旨意，怎么可以祈祷祛除它呢！况且上天出现彗星，是为了扫除污秽。君王如果没有污秽的德行，又何必祈祷祛除它呢？如果德行污秽，祈祷又能减少什么呢？《诗经》中说：'就是这个周文王，小心谨慎很善良，明白怎样侍上帝，招来幸福无限量。他的德行真不坏，各国归附民所望。'君王如果没有违背道德的行为，四方的邦国都将会来归附，还怕什么彗星呢？《诗经》中说：'我所引为借鉴的，就是夏桀与商纣，因为失德而大乱，百姓终于流亡。'如果德行邪僻昏乱，百姓将会流亡，祝史的祈祷，也不能补救。"景公听了深以为是，就停止了祈祷祛除彗星的事。

景公有疾梁丘据裔款请诛祝史晏子谏第七

　　景公疥遂痁[1]，期而不瘳[2]。诸侯之宾，问疾者多在。梁丘据、裔款言于公曰："吾事鬼神，丰于先君有加矣。今君疾病，为诸侯忧，是祝史之罪也。诸侯不知，其谓我不敬，君盍诛于祝固、史嚚以辞宾[3]。"

　　公说，告晏子。晏子对曰："日宋之盟[4]，屈建问范会之德于赵武[5]，赵武曰：'夫子家事治，言于晋国，竭情无私〔5〕。其祝史祭祀，陈言不愧；其家事无猜，其祝史不祈。'建以语康王〔6〕，康王曰：'神人无怨，宜夫子之光辅五君〔7〕，以为诸侯主也。'"

公曰："据与款谓寡人能事鬼神，故欲诛于祝史，子称是语何故？"

对曰："若有德之君，外内不废，上下无怨，动无违事，其祝史荐信，无愧心矣。是以鬼神用飨，国受其福，祝史与焉。其所以蕃祉老寿者〔8〕，为信君使也〔9〕，其言忠信于鬼神，其适遇淫君，外内颇邪〔10〕，上下怨疾，动作辟违〔11〕，从欲厌私，高台深池，撞钟舞女，斩刈民力〔12〕，输掠其聚〔13〕，以成其违，不恤后人，暴虐淫纵，肆行非度，无所还忌，不思谤讟〔14〕，不惮鬼神，神怒民痛，无悛于心〔15〕。其祝史荐信〔16〕，是言罪也；其盖失数美〔17〕，是矫诬也〔18〕。进退无辞，则虚以成媚〔19〕，是以鬼神不飨，其国以祸之，祝史与焉。所以夭昏孤疾者〔20〕，为暴君使也，其言僭嫚于鬼神〔21〕。"

公曰："然则若之何？"

对曰："不可为也。山林之木，衡鹿守之〔22〕；泽之萑蒲〔23〕，舟鲛守之〔24〕；薮之薪蒸〔25〕，虞候守之〔26〕；海之盐蜃〔27〕，祈望守之〔28〕。县鄙之人，入从其政；偪介之关〔29〕，暴征其私；承嗣大夫〔30〕，强易其贿〔31〕；布常无艺〔32〕，征敛无度；宫室日更，淫乐不违。内宠之妾肆夺于市，外宠之臣僭令于鄙〔33〕。私欲养求，不给则应〔34〕。民人苦病，夫妇皆诅。祝有益也，诅亦有损。聊、摄以东，姑、尤以西，其为人也多矣！虽其善祝，岂能胜亿兆人之诅！君若欲诛于祝史，修德而后可。"

公说，使有司宽政，毁关去禁，薄敛已责^[35]，公疾愈。

【注释】

〔1〕疕：疟疾。

〔2〕瘳：病愈。

〔3〕盍：何不。 祝：官名，掌管祭祀之事。 固：人名。 史：官名，掌管祭祀和记事等事。 嚚：人名。

〔4〕日：往日，从前。

〔5〕屈建：屈到子。春秋时楚国人，字子木，楚康王时为令尹。范会：即士会。春秋时晋国人。士氏，名会。士芳孙。因受采邑于范，称范会、范武子。 赵武：也称赵文子、赵孟，春秋时晋国人，赵朔之子。晋悼公立，任为卿，卒谥"文"。

〔6〕康王：楚共王之子，在位二十五年，卒谥"康"。

〔7〕五君：指晋文公、晋襄公、晋灵公、晋成公、晋景公。

〔8〕蕃：蕃衍。 祉：福。 老：寿考，高寿。

〔9〕信君：诚信的君主。

〔10〕颇：偏颇。

〔11〕辟：通"僻"。 违：邪。

〔12〕斩刈：砍割，转指损害。

〔13〕输：堕，毁坏。

〔14〕谮：诽谤，怨言。

〔15〕悛：悔改。

〔16〕荐：献，进。

〔17〕盖：掩盖。 数：数说。

〔18〕矫：矫诈。

〔19〕虚：说假话。

〔20〕夭：夭折，不尽天年。 昏：昏昧。 孤：幼而无父。疾：病。

〔21〕僭：假，不可信。 嫚：通"慢"，怠慢。

〔22〕衡鹿：看守山林的官吏。"鹿"通"麓"。

〔23〕萑：芦类植物。

〔24〕舟鲛：看守沼泽的官吏。

〔25〕薮：水浅草茂的泽地。 薪：草。 蒸：细草。

〔26〕虞候：掌管水泽出产的官吏。

〔27〕蜃：大蛤。

〔28〕祈望：掌管盐、渔的官吏。

〔29〕偪介：本作"逼尔"，近。

〔30〕承嗣：世袭。

〔31〕贿：财物。

〔32〕常：法。 艺：法制。

〔33〕僭令：假传王令。

〔34〕应：同"膺"，责罚。

〔35〕已：止。 责：通"债"。

【译文】

　　景公长了疥疮后又患了疟疾，整整一年没有痊愈。有很多诸侯派来探病的人还在齐国。梁丘据、裔款对景公说："我们侍奉鬼神，祭品比先君时候更加丰盛。现在君王患病，引起诸侯的忧虑，这是祝史的罪过。诸侯不知实情，可能会说我们对鬼神不恭敬。君主为什么不杀了祝固、史嚚来辞谢探病的宾客呢？"

　　景公认为很对，将此事告诉晏子。晏子回答说："从前在宋国盟会的时候，屈建向赵武询问范会的德行如何，赵武说：'先生他家族中的事处理得很好，在晋国说话，可以尽情而无所隐瞒。他的祝史祭祀，向鬼神陈述实情心中没有惭愧；他家族中没有什么可以怀疑的事，所以他的祝史用不着为他祈福。'屈建将这些话告诉楚康王，楚康王说：'鬼神与百姓都没有怨恨，先生他荣耀地辅佐五位君主，使他们成为诸侯的盟主是很自然的事。'"

　　景公说："梁丘据与裔款说我能敬事鬼神，错在祝史，所以想杀掉他们，您说这些话，又是什么意思？"

　　晏子回答说："如果是有德行的君主，朝廷内外的事情都不会荒废，神人上下都不会有怨恨，一举一动都不违背天意人心，他的祝官、史官向鬼神陈述真实情况，就没有惭愧之心了。因此鬼神享用祭品，国家受到鬼神的福佑，祝官、史官也同样得到幸福。他们之所以子孙繁多有福，健康长寿，是因为他们是诚实的君主的使者，他们的话对鬼神忠诚信实。如果他们恰巧遇到的是荒淫无度的君主，宫内宫外偏颇邪恶，上下相互怨恨，做事邪僻背理，放纵欲望满足私心，把台榭修得很高，把池塘挖得很深，敲击钟鼓等乐器，让美女舞蹈取乐，耗尽百姓的精力，掠夺百姓的积蓄，来铸成自己的过错，不为后世子孙着想。暴虐淫乱，肆无忌惮地做不符合法度的事，丝毫没有顾忌，从来不想百姓的怨恨，也不惧怕鬼神降祸，弄得神灵发怒，百姓痛恨，还毫无悔改之心。他的祝官、史官如果向鬼神陈述真实情况，这就是说君主的过错；如果他们掩盖过失而数说美德，这就是矫诈欺骗。真的假的都不能陈述，那就只好用空话向鬼神讨好。因此鬼神不享用他们的祭品，国家因而遭到祸殃，祝官、史官也一同遭殃。他们之所以子孙夭折、昏昧、孤寡、患病，是因为他们是暴虐的君主的使者，他们的话欺骗轻侮了鬼神。"

景公说："既然这样，那么应该怎么办呢？"

晏子回答说："不可以杀祝官和史官。山林中的树木，派衡鹿看守它；湖泽中的芦苇，派舟鲛看守它；荒野中的柴草，派虞候看守它；大海中的盐蛤，派祈望看守它。边远地方的人，到国都来服役；靠近国都的关卡，横征暴敛百姓的私财；世袭的大夫，强取百姓的钱财；公布的政令没有准则，征收税赋没有节制；宫室天天改建，荒淫作乐片刻不离；宫内的宠妾在市场上放肆地掠夺，外边的宠臣在边远的地方假传命令，横行霸道；私欲膨胀，所求极多，如果不能供给，就予以虐待。百姓痛苦之极，各家夫妇都同声诅咒。如果祝祷有用的话，那么诅咒也应能招致祸害。聊地、摄地以东，姑水、尤水以西，诅咒的人太多了！即使祝官、史官善于祝祷，怎么能胜过亿万百姓的诅咒呢！君王如果想要杀祝官、史官，也应当先修养德行，然后才可以去实施。"

景公认为很对，让有关官吏放宽政令，毁掉关卡，解除禁令，减轻税赋，免除债务，景公的病很快就好了。

景公见道殣自惭无德晏子谏第八

景公赏赐及后宫，文绣被台榭[1]，菽粟食凫雁[2]。

出而见殣，谓晏子曰："此何为而死？"

晏子对曰："此餧而死[3]。"

公曰："嘻！寡人之无德也甚矣。"

对曰："君之德著而彰，何为无德也？"

景公曰："何谓也？"

对曰："君之德及后宫与台榭，君之玩物，衣以文绣；君之凫雁，食以菽粟；君之营内自乐[4]，延及后宫之族，何为其无德！顾臣愿有请于君[5]：由君之意，自乐之心，推而与百姓同之，则何殣之有！君不推此，而苟营内好私，使财货偏有所聚，菽粟币帛腐于囷府[6]，惠不遍加于百姓，公心不周乎万国[7]，则桀、纣之所以亡也。夫士民之所以叛，由偏之也。君如察臣婴之言，推君之盛德，公布之于天下，则汤武可为也。一殣何足恤哉！"

【注释】

〔1〕文：通"纹"。　被：通"披"。

〔2〕凫：鸭。　雁：鹅。

〔3〕餧：通"馁"，饥饿。

〔4〕营：经营。

〔5〕顾：但，特。

〔6〕囷：圆形的谷仓。

〔7〕周：周遍。

【译文】

景公的赏赐遍及后宫的人，楼台亭榭上披盖着锦绣，用豆类和谷子喂养鸭鹅。景公外出，看见了饿死的人，问晏子说："这个人是为什么死的？"

晏子回答说:"这人是饿死的。"

景公说:"唉!我无德到了极点了。"

晏子回答说:"君主的恩德显著而昭彰,怎么能说没有恩德呢?"

景公说:"这话是什么意思呢?"

晏子回答说:"君主的恩德遍及后宫的人与宫中的楼台亭榭,君主的玩物,都披上了锦绣;君王的鸭鹅,用粮食喂养;君主经营宫室,不仅自己享乐,还扩展到后宫的人,怎么能说没有恩德呢?只是我希望向君主请求:从君主爱后宫的心意,自己追求享乐的想法,推广到与百姓共同享受,那么哪里还会有饿死的人!君主不把爱后宫之心推广到百姓,却只顾经营宫室,喜欢独自享乐,使钱财货物只积聚在自己这里,钱粮与布帛都烂在仓库里,不能普遍地给予百姓恩惠,公正之心不能遍及各诸侯国,这就是夏桀、商纣之所以灭亡的原因。士人和百姓之所以叛离,就是由于君主偏私的缘故。君主如果能体察我所说的话,推广您的大德,公开地施予天下百姓,就可以成为成汤、周武这样的圣君了。一个饿死的人有什么值得怜恤的呢!"

景公欲诛断所爱槐者晏子谏第九

景公登箐室而望[1],见人有断雍门之槐者[2],公令吏拘之,顾谓晏子趣诛之。晏子默然不对。公曰:"雍门之槐,寡人所甚爱也,此见断之[3],故使夫子诛之,默然而不应,何也?"

晏子对曰:"婴闻之,古者人君出,则辟道十里[4],非畏也;冕前有旒[5],恶多所见也;纩纮琭耳[6],恶多所闻也;大带重半钧[7],舄履倍重[8],不欲轻也。刑死之罪,日中之朝[9],君过之,则赦之。婴未尝闻为人君而自坐其民者也[10]。"

公曰："赦之，无使夫子复言。"

【注释】

〔1〕箐室：当作"青堂"。

〔2〕梣：即"楸"，梓木。

〔3〕此：当作"比"，刚才。

〔4〕辟道：开道。

〔5〕旒：古代冕冠前后悬垂的玉串。

〔6〕纩：絮衣服的新丝绵。 纮：古时冠冕上的纽带。 珫耳：同"充耳"，古人冠冕上垂在两侧以塞耳的玉。

〔7〕钩：古代重量单位名。三十斤为一钩。此处"钩"似当作"斤"。

〔8〕舄：古代一种复底鞋。

〔9〕日中之朝：市朝，古代"日中为市"。

〔10〕坐：获罪。

【译文】

景公登上青堂远望，看见有人砍断了雍门的楸树，景公命令官吏把那个人抓起来，回头对晏子说赶快杀了他。晏子沉默不回答。景公说："雍门的楸树，是我非常喜爱的树，刚才我看见有人砍断了它，所以叫先生杀了那个砍树的人，您沉默不答话，这是为什么呢？"

晏子回答说："我听说，古代的君主出门，十里之外就让人开道，这不是害怕什么；冠冕前后垂有玉串，是不想看到太多的事情；耳朵用丝绵帽带塞住，是不想听到太多的事情；束衣的大带重半斤，脚下的鞋重一斤，不想使身体太轻，随意行动。判处死刑的罪犯，在市朝等候处决，君主经过市朝看见，就会赦免他。我从未听说过当君主的亲自判百姓的罪的。"

景公说："赦免了那个人吧，不要让先生再说了。"

景公坐路寝曰谁将有此晏子谏第十

景公坐于路寝，曰："美哉其室！谁将有此乎？"

晏子对曰：“其田氏乎，田无宇为埠矣[1]。”

公曰：“然则奈何？”

晏子对曰：“为善者，君上之所劝也[2]，岂可禁哉！夫田氏国门击柝之家[3]，父以托其子，兄以托其弟，于今三世矣。山木如市，不加于山；鱼盐蜄蜃，不加于海。民财为之归。今岁凶饥，蒿种苬敛不半[4]，道路有死人。齐旧四量而豆，豆四而区，区四而釜，釜十而钟。田氏四量，各加一焉。以家量贷，以公量收，则所以籴[5]，百姓之死命者泽矣。今公家骄汰[6]，而田氏慈惠，国泽是将焉归[7]？田氏虽无德，而施于民。公厚敛，而田氏厚施焉。《诗》曰：‘虽无德与汝，式歌且舞[8]。’田氏之施，民歌舞之也，国之归焉，不亦宜乎！”

【注释】

〔1〕埠：水堤。喻能除害利民。

〔2〕劝：鼓励，勉励。

〔3〕柝：古时巡夜所敲的木梆。

〔4〕蒿：草名。　苬：草，指可食用的野菜或水草。

〔5〕籴：买进粮食。

〔6〕骄汰：骄奢。汰，通“泰”，过分，侈泰。

〔7〕泽：通：“舍”。

〔8〕语见《诗经·小雅·车辖》。式，发语词。

【译文】

景公坐在正寝，说：“这些宫室真美啊！以后谁将得到它呢？”

晏子回答说：“大概是田氏吧！田无宇正在除害利民呢。”

景公说：“既然这样，那么应该怎么办呢？”

晏子回答说："做好事，是君王所鼓励的，怎么可以禁止呢！田氏就好比是看守国门敲梆打更的人家，父亲传给儿子，哥哥传给弟弟，到现在已经三代了。他家山上的树木运到集市上，价格不比山上贵；鱼盐蚌蛤运到集市上，价格不比海边贵。百姓的财物因此都归聚他家。今年年成不好，即使蒿苇的收成也不到往年的一半，道路上有饿死的人。齐国旧有的量器四升为一豆，四豆为一区，四区为一釜，十釜为一钟。而田氏各加一量。他用自家的大量器借贷出去，用公家的量器收进来，就是用这样的方法买进粮食，百姓中将要饿死的都得到了他的恩泽。现在公室大夫骄横奢侈，而田氏却仁爱慈惠，齐国不归他将归谁呢？田氏虽然没有大德，却能施惠于百姓。君王赋敛繁重，而田氏却施惠很多。《诗经》中说：'虽然没有恩德施于你，也应该为我快乐地唱歌跳舞。'田氏施惠百姓，让百姓快乐地为他唱歌跳舞，齐国归于田氏，不也是很自然的吗？"

景公台成盆成适愿合葬其母
晏子谏而许第十一

景公宿于路寝之宫，夜分[1]，闻西方有男子哭者，公悲之。明日朝，问于晏子曰："寡人夜者闻西方有男子哭者，声甚哀，气甚悲，是奚为者也？寡人哀之。"

晏子对曰："西郭徒居布衣之士盆成适也[2]。父之孝子，兄之顺弟也，又尝为孔子门人。今其母不幸而死，袝柩未葬[3]，家贫，身老，子孺[4]，恐力不能合袝，是以悲也。"

公曰："子为寡人吊之，因问其偏袝何所在[5]？"

晏子奉命往吊，而问偏之所在。盆成适再拜，稽首而不起，曰："偏袝寄于路寝，得为地下之臣，拥札操笔[6]，给事宫殿中右陛之下[7]，愿以某日送，未得君之意也。穷困无以图之，布唇枯舌[8]，焦心热中[9]，今君不辱而临之，愿君图之。”

晏子曰："然。此人之甚重者也，而恐君不许也。"

盆成适蹴然曰[10]："凡在君耳[11]！且臣闻之，越王好勇[12]，其民轻死；楚灵王好细腰，其朝多饿死人。子胥忠其君，故天下皆愿得以为子[13]。今为人子臣，而离散其亲戚，孝乎哉？足以为臣乎？若此而得祔，是生臣而安死母也；若此而不得，则臣请挽尸车而寄之于国门外宇溜之下[14]，身不敢饮食，拥辕执辂[15]，木干鸟栖[16]，袒肉暴骸[17]，以望君愍之[18]。贱臣虽愚，窃意明君哀而不忍也。"

晏子入，复乎公，公忿然作色而怒曰："子何必患若言而教寡人乎？"

晏子对曰："婴闻之，忠不避危，爱无恶言。且婴固以难之矣[19]。今君营处为游观，既夺人有，又禁其葬，非仁也；肆心傲听，不恤民忧，非义也。若何勿听？"因道盆成适之辞。

公喟然太息曰："悲乎哉！子勿复言。"乃使男子袒免[20]，女子发笄者以百数[21]，为开凶门[22]，以迎盆适成。适脱衰绖，冠条缨[23]，墨缘[24]，以见乎公。

公曰："吾闻之，五子不满隅[25]，一子可满朝[26]。非乃子耶！"盆成适于是临事不敢哭，奉事以礼，毕，出门，然后举声焉[27]。

【注释】

〔1〕夜分：夜半。

〔2〕盆成适：姓盆成，名适，孔子的学生。

〔3〕祔：合葬。

〔4〕孺：弱小。

〔5〕偏：偏亲，指父亲。 祔：棺中荐尸之木，这里指棺。

〔6〕札：古代的书板。

〔7〕给事：供事。

〔8〕布：读为"膊"，干。

〔9〕中：内心。

〔10〕蹴然：急遽的样子。

〔11〕凡：全，都。

〔12〕越王：指越王勾践。

〔13〕王念孙云："案此文原有四句，今脱去中二句，则文不成义。《秦策》云：'子胥忠其君，天下皆欲以为臣；孝己爱其亲，天下皆欲以为子。'文义正与此同。下文'今为人子臣'云云，正承上四句言之。"子胥：伍子胥，名员，字子胥，楚大夫伍奢之次子。以功封于申，又称申胥。

〔14〕溜：屋檐下滴水之处。

〔15〕轭：车前的横木。

〔16〕木干鸟栖：像木头一样干枯让鸟栖息在上面。

〔17〕暴：晒。

〔18〕愍：通"悯"。

〔19〕以：通"已"。

〔20〕袒免：古代丧服之轻者。袒，露出左臂。免，去冠括发。

〔21〕发：当作"髽"，古代妇人丧服的露髻。 笄：似后人所加，当删。

〔22〕凶门：指在路寝的墙上另开一门，让灵柩进来，称"凶门"。

〔23〕条：当作"绦"，用丝编织的带子或绳子。 缨：系冠的带子。

〔24〕墨缘：衣服的边缘染黑。

〔25〕隅：角落。此句意为不肖的儿子虽多，但是没有用。

〔26〕朝：朝堂。此句意为好的儿子虽少，但可以光耀门庭。

〔27〕举声：发出哭声。

【译文】

景公住在路寝台的宫室里，半夜，听到西面方向有男人的哭声，景公为此感到很悲伤。第二天上朝的时候，景公问晏子说："我昨夜听到西方有男人的哭声，哭声很哀伤，声气很悲惨，这个人是干什么的呢？我很哀怜他。"

晏子回答说："那是独自居住在城西的平民盆成适。他是父亲的孝顺儿子，哥哥的恭顺弟弟，又曾经当过孔子的学生。现在他的母亲不幸死了，灵柩没有跟他父亲合葬，家境贫寒，自己年老，孩子幼弱，担心自己没有能力使父母合葬，所以才悲伤。"

景公说："您替我去吊唁，顺便问问他父亲的灵柩葬在什么地方？"

晏子奉命前往盆成适家吊唁，并且询问他父亲的灵柩埋葬的地方。盆成适再三拜谢，叩头到地不起身，说："父亲的灵柩埋葬路寝宫的地下，他得以在地下给君主当臣子，手捧简册拿着笔，在宫殿中右边的台阶下供事服役，我希望在某一天送母亲的灵柩进去合葬，不知道君主的旨意如何。我贫穷困顿，无法可想，急得唇干舌燥，心中焦躁烦闷，现在您不怕有辱身份来到我家，恳望您想想办法。"

晏子说："是。合葬是人生很重要的事情，就是怕君王不同意呀。"

盆成适猛然站起身来说："这事全靠您了！况且我听说过，越王勾践好勇，他的百姓就不怕死；楚灵王喜欢细腰的人，他的朝中常有人饿死。伍子胥忠于他的君主，所以天下的君主都希望他作为自己的臣子；孝顺自己的父母，所以天下人都希望他作为自己的儿子。现在作为人的儿子，作为君主的臣子，却使自己的亲人离散，孝顺吗？能够当臣子吗？如果这次父母能合葬，就是使我能活下去，使死去的母亲得到安息了；如果这次父母不能合葬，那么我就请求拉着装载尸体的车子把灵柩安放在国都城门外的屋檐下，自己不吃不喝，抱着车辕，拉着车前的横木，像木头一样干枯让鸟栖息在上面，露身暴骨，以此来希望君王怜悯。我虽然愚蠢，想来英明的君主一定会哀怜我，不忍心让我这样。"

晏子入朝，向景公禀报，景公气得变了脸色，愤怒地说："您何必在乎这些话，还来告诉我呢？"

晏子回答说："我听说过,忠于君主的人不避危难,热爱君主的人不忌讳说不好听的话。况且我本来也认为这事难办呀。现在君王您在别人的墓地上营建宫室作为游乐观赏的场所,已经抢夺了人家的所有,又不许别人合葬,这是不仁;随心所欲,不听劝谏,不体恤百姓的忧伤,这是不义。您为什么不愿听呢?"于是转述了盆成适的话。

景公长长地叹息说:"真悲哀啊!您不要再说了。"于是就准备下男子袒免,女子露髻的人有数百个,并特为开了一扇让灵柩进入的门,来迎接盆成适。盆成适脱掉丧服,头戴有丝带的帽子,穿上有黑边的衣服,前来晋见景公。

景公说:"我听说过,儿子不好,再多也不能使家里的一个角落生辉;好的儿子,一个就可以誉满朝堂。不就是您吗!"盆成适在料理合葬的事的时候不敢哭,按照礼仪合葬完毕,出了宫门,然后才放声大哭。

景公筑长庲台晏子舞而谏第十二

景公筑长庲之台[1]。晏子侍坐,觞三行,晏子起舞曰:"岁已暮矣,而禾不获,忽忽矣若之何[2]?岁已寒矣,而役不罢,惙惙矣如之何?"舞三,而涕下沾襟[3]。景公惭焉,为之罢长庲之役。

【注释】

〔1〕长庲:台名。
〔2〕忽忽:与下文"惙惙"均是忧愁的意思。
〔3〕涕:眼泪。

【译文】

景公修筑长庲台。晏子在他旁边侍坐,献酒三次,晏子起身跳舞并唱道："已到了岁末了，田里的庄稼还没有收获，真让人忧愁啊，这事怎么办呢？天气已经寒冷了，而筑台的劳役还不停止，真让人忧愁啊，这事怎么办呢？"反复歌舞三次，眼泪流下来，沾湿了衣襟。景公感到惭愧，为此停止了修筑长床台的劳役。

景公使烛邹主鸟而亡之
公怒将加诛晏子谏第十三

景公好弋^[1]，使烛邹主鸟而亡之^[2]，公怒，诏吏杀之。晏子曰："烛邹有罪三，请数之以其罪而杀之。"公曰："可。"

于是召而数之公前，曰："烛邹！汝为吾君主鸟而亡之，是罪一也；使吾君以鸟之故杀人，是罪二也；使诸侯闻之，以吾君重鸟以轻士，是罪三也。"数烛邹罪已毕，请杀之。公曰："勿杀！寡人闻命矣。"

【注释】
〔1〕弋：用绳系在箭上射，泛指射鸟。
〔2〕烛邹：人名。

【译文】
　　景公爱好射鸟，派烛邹看管鸟，却让鸟逃走了，景公大怒，下命令让官吏杀死烛邹。晏子说："烛邹有三条罪状，请让我把他的罪状数说出来，然后再杀死他。"景公说："可以。"
　　于是把烛邹召来，在景公面前数说他的罪状，晏子说："烛邹！你为我们的君主看管鸟，却让鸟逃走了，这是你的第一条罪状；使我们的君主因为鸟的缘故而杀人，这是你的第二条罪状；让诸侯听到这件事，认为我们的君主重视飞鸟而轻视士人，这是你的第三条罪状。"晏子数说完烛邹的罪状后，请求杀了他。景公说："不要杀他了，我接受您的教诲了。"

景公问治国之患晏子对以佞人谗夫在君侧第十四

景公问晏子曰："治国之患亦有常乎？"

对曰："佞人谗夫之在君侧者，好恶良臣[1]，而行与小人[2]，此国之长患也[3]。"

公曰："谗佞之人，则诚不善矣。虽然，则奚曾为国常患乎？"

晏子曰："君以为耳目而好缪事[4]，则是君之耳目缪也[5]。夫上乱君之耳目，下使群臣皆失其职，岂不诚足患哉！"

公曰："如是乎！寡人将去之。"

晏子曰："公不能去也。"

公忿然作色不说，曰："夫子何小寡人甚也！"

对曰："臣何敢槁也[6]！夫能自周于君者[7]，才能皆非常也。夫藏大不诚于中者[8]，必谨小诚于外，以成其大不诚，入则求君之嗜欲能顺之，公怨良臣，则具其往失而益之，出则行威以取富。夫何密近，不为大利变，而务与君至义者也？此难得其知也。"

公曰："然则先圣奈何？"

对曰："先圣之治也，审见宾客，听治不留[9]，群臣皆得毕其诚，谗谀安得容其私！"

公曰："然则夫子助寡人止之，寡人亦事勿用。"

对曰："谗夫佞人之在君侧者，若社之有鼠也，谚言有之曰：'社鼠不可熏去。'谗佞之人，隐君之威以自守也，是难去焉。"

【注释】

〔1〕恶：说人坏话，中伤。

〔2〕与：同。

〔3〕长：当作"常"。

〔4〕缪：当作"谋"。

〔5〕缪：错误。

〔6〕槁：疑当作"骄"，自大。

〔7〕周：密。

〔8〕中：内心。

〔9〕听治：听政治事。　留：滞留。

【译文】

景公问晏子说："治理国家也有长期存在的祸患吗？"

晏子回答说："奸邪的人和善进谗言的在君主的身边，他们喜欢中伤贤良的臣子，品行与小人一样，这就是国家长期存在的祸患。"

景公说："善进谗言和奸邪的人，那的确是不好的。尽管如此，他们怎么会成为国家长期存在的祸患呢？"

晏子说："君主把他们当作耳目又喜欢和他们谋事，这样君主的视听就产生偏差了。他们在上淆乱君主的视听，在下使群臣都无法行使他们的职责，难道还不确实值得忧患吗！"

景公说："原来是这样啊！我将清除他们。"

晏子说："君主不可能清除他们。"

景公气得变了脸色，不高兴地说："先生为什么如此小看我！"

晏子回答说："我怎么敢自大呢！那些能够使自己与君主亲近的人，才能都不一般。他们内心隐藏着大的不忠诚，而在外表上一定会小心地显示出小的忠诚，以此来实现他们的大的不忠诚。这些人在朝内就探求君主的嗜好，处处顺从君主的心意，君主怨恨贤良的臣子的时候，他们就会把贤良的臣子以往的过失都列举出来，加深君主的怨恨；在朝外假借君主的威严，夺取财富。这些人与君主如此亲密，怎么会不为大的利益改变操行，而一心与君主行义呢？这种人是很难认识的。"

景公说："既然这样，那么先前的圣人是怎么对付的呢？"

晏子回答说："先前的圣人治理国家，会见宾客很慎重，处理政事决不滞留，群臣都能够竭尽他们的忠诚，谗谀小人哪里还能包藏私心呢！"

景公说："既然这样，那么先生就帮助我杜绝这些人，我也不用这些人办事了。"

晏子回答说："善进谗言和奸邪的人在君主身边，就像神社里有老鼠一样，谚语有这样的话：'神社里的老鼠不能用烟火熏走。'善进谗言和奸邪的人，隐伏在君主的威权之下来保护自己，这就是很难清除的原因。"

景公问后世孰将践有齐者
晏子对以田氏第十五

景公与晏子立曲潢之上，望见齐国，问晏子曰："后世孰将践有齐国者乎？"

晏子对曰："非贱臣之所敢议也。"

公曰："胡必然也？得者无失，则虞、夏常存矣[1]。"

晏子对曰："臣闻见不足以知之者[2]，智也；先言而后当者[3]，惠也[4]。夫智与惠，君子之事，臣奚足以知之乎！虽然，臣请陈其为政：君强臣弱，政之本也；

君唱臣和[5]，教之隆也[6]；刑罚在君，民之纪也。今夫田无宇二世有功于国，而利取分寡[7]，公室兼之，国权专之，君臣易施[8]，能无衰乎！婴闻之，臣富主亡。由是观之，其无宇之后无几，齐国，田氏之国也？婴老不能待公之事，公若即世[9]，政不在公室。"

公曰："然则奈何？"

晏子对曰："维礼可以已之。其在礼也，家施不及国，民不懈，货不移，工贾不变，士不滥[10]，官不谄，大夫不收公利。"

公曰："善。今知礼之可以为国也。"

对曰："礼之可以为国也久矣，与天地并立。君令臣忠，父慈子孝，兄爱弟敬，夫和妻柔，姑慈妇听[11]，礼之经也[12]。君令而不违，臣忠而不二，父慈而教，子孝而箴[13]，兄爱而友，弟敬而顺，夫和而义，妻柔而贞，姑慈而从[14]，妇听而婉，礼之质也[15]。"

公曰："善哉！寡人乃今知礼之尚也。"

晏子曰："夫礼，先王之所以临天下也，以为其民，是故尚之。"

【注释】

〔1〕虞、夏：虞舜、夏禹。

〔2〕不：衍字。

〔3〕当：适合，合宜。

〔4〕惠：通"慧"。

〔5〕唱：通"倡"，倡导。

〔6〕隆：隆盛。

〔7〕取：通"聚"。

〔8〕施：读为"移"。

〔9〕即世：去世。

〔10〕滥：失职。　不谞：不存疑惑，有坚决不可更改的意思。

〔11〕姑：婆婆。　听：顺从，听从。

〔12〕经：常道。

〔13〕箴：规劝。

〔14〕从：不自专。

〔15〕质：本质。

【译文】

　　景公与晏子站立在曲潢池旁，眺望齐国的土地，问晏子说："后世谁将占有齐国呢？"

　　晏子回答说："这不是我所敢议论的事。"

　　景公说："何必这样呢？得到国家就不会失去，那么虞舜、夏禹就永远存在了。"

　　晏子回答说："我听说，能够见微知著，这是聪明；先作出判断而后事情与之相符，这是智慧。聪明与智慧，是君子的事情，我怎么能够知道谁将占有齐国呢！尽管如此，我希望陈述治国的道理：君主强大臣子弱小，这是政事的根本；君主倡导臣子附和，这样才教化兴隆；刑罚的权柄掌握在君主手中，这是治理百姓的纲纪。现在田无宇家族两代人对齐国有功，集聚的财物能分给孤寡贫乏的人，兼有公室的利益，专擅国家的权柄，君主的权力移让给臣子了，公室能不衰弱吗！我听说过，臣子富有，君主就会灭亡。由此看来，大概在田无宇之后不久，齐国就会成为田氏的国家了！我老了，不能再侍候君主办事了。君主如果去世，政权就不会属于君主的家族了。"

　　景公说："既然这样，那么应该怎么办呢？"

　　晏子回答说："唯有礼才可以制止这种情况发生。根据礼制，大夫施惠不能扩大到全国范围，百姓不懈怠，财货的价格平稳，百工和商人不改变常业，士人不失职，官吏不怠慢，大夫不侵占公家的利益。"

　　景公说："说得好。我现在知道礼可以治理国家了。"

　　晏子回答说："礼可以治理国家由来已久了，它与天地同时存在。君主端正臣子忠诚，父亲慈祥儿子孝顺，兄长友爱弟弟恭敬，丈夫和蔼妻子温柔，婆婆仁慈媳妇顺从，这是礼的常道。君主端正不背理，臣子忠诚没有二心，父亲慈祥而能训教，儿子孝顺而受规劝，兄长爱护弟弟并和弟弟友好相处，弟弟尊敬顺从兄长，丈夫和蔼讲道义，妻子温柔而贞节，婆婆仁慈不专断，媳妇顺从而温婉，这是礼的实质。"

景公说："说得好啊！我今天才知道礼的尊崇了。"

晏子说："礼，是先王所用来治理天下、教化百姓的，所以尊崇它。"

晏子使吴吴王问君子之行
晏子对以不与乱国俱灭第十六

晏子聘于吴，吴王问："君子之行何如？"

晏子对曰："君顺怀之[1]，政治归之[2]，不怀暴君之禄，不居乱国之位，君子见兆则退[3]，不与乱国俱灭，不与暴君偕亡。"

【注释】

〔1〕顺：遵循天道。

〔2〕治：安定，治理得好。

〔3〕兆：指衰亡的征兆。

【译文】

晏子出访吴国，吴王问道："君子的行为是怎样的？"

晏子回答说："君主遵循天道就归向他，政事治理得好就归附他，不留恋残暴君主的俸禄，不在混乱的国家做官，君子看见衰亡的征兆就引退，不与混乱的国家一起灭亡，不和残暴的君主一起逃亡。"

吴王问齐君僈暴吾子何容焉
晏子对以岂能以道食人第十七

晏子使吴，吴王曰："寡人得寄僻陋蛮夷之乡[1]，希见教君子之行[2]，请私而无为罪。"晏子蹴然辟位。吴王曰："吾闻齐君盖贼以僈[3]，野以暴，吾子容焉[4]，何甚也？"

晏子遵而对曰[5]："臣闻之，微事不通，粗事不能者，必劳；大事不得，小事不为者，必贫；大者不能致人，小者不能至人之门者，必困。此臣之所以仕也。如臣者，岂能以道食人者哉[6]！"

晏子出，王笑曰："嗟乎！今日吾讥晏子，訾犹倮而高橇者也[7]。"

【注释】

〔1〕僻陋蛮夷：偏远落后。

〔2〕希：通"稀"。

〔3〕贼：暴虐。 僈：通"慢"，傲慢。

〔4〕吾子：指晏子。 容：容忍。

〔5〕遵：当作"遵循"，即逡巡，迟疑不决的样子。

〔6〕食：给人吃。

〔7〕訾：非议。 倮：同"裸"。 橇：当作"撅"，掀起衣服。

【译文】

晏子出使吴国，吴王说："我居住在偏远落后的地方，很少受到有关君子的品行的教诲，请私下谈谈不要怪罪。"晏子不安地离开座位。吴王说："我听说齐国的国君又暴虐又傲慢，粗野残忍，先生却能容忍他们，这也太过分了吧！"

晏子迟疑不决地回答说："我听说，精细的事不懂，粗笨的事又不会做的人，一定劳苦；大事做不来，小事又不愿做的人，一定贫穷；大而言之不能招致人才，为己所用，小而言之又不能傍人门下，为人所用的人，一定困窘。这就是我之所以做官的原因。像我这样的人，哪里是能用道义来养活人的呢！"

晏子出去以后，吴王笑着说："哎呀！今天我讥嘲晏子，就像裸体的人责备敞开衣服的人不恭敬一样了。"

司马子期问有不干君不恤民取名者乎
晏子对以不仁也第十八

司马子期问晏子曰[1]："士亦有不干君[2]，不恤民，徒居无为而取名者乎？"

晏子对曰："婴闻之，能足以赡上益民而不为者[3]，谓之不仁。不仁而取名者，婴未得闻之也。"

【注释】

〔1〕司马子期：楚平王的儿子公子结，字子期。司马是官名。
〔2〕干：干求，这里指为之服务而取得俸禄。
〔3〕赡：助益。

【译文】

司马子期问晏子说："士也有不管君主的事，不关注百姓，独自居处而能取得好名声的吗？"晏子回答说："我听说，才能足以辅助君主、谋利于百姓而不行动的人，叫作不仁。不仁而能取得好名声的人，我还没有听说过。"

高子问子事灵公庄公景公皆敬子
晏子对以一心第十九

高子问晏子曰："子事灵公、庄公、景公[1]，皆敬子，三君之心一耶？夫子之心三也？"

晏子对曰："善哉，问事君！婴闻一心可以事百君，三心不可以事一君。故三君之心非一也，而婴之心非三心也。且婴之于灵公也，尽复而不能立之政[2]，所谓仅全其四支以从其君者也[3]。及庄公陈武夫，尚勇力，欲辟胜于邪[4]，而婴不能禁，故退而野处[5]。婴闻之，言不用者，不受其禄；不治其事者，不与其难。吾于庄公行之矣。今之君。轻国而重乐，薄于民而厚于养，藉敛过量，使令过任，而婴不能禁，庸知其能全身以事君乎！"

【注释】

〔1〕景公：晏子时，景公尚在，不得以谥称之，当如下文作"今君"。

〔2〕立：确立，实行。

〔3〕支：通"肢"。

〔4〕辟：通"僻"。 胜：逾越。

〔5〕野处：居住乡间，指东耕海滨。

【译文】

高子问晏子说："您侍奉灵公、庄公、景公，他们都敬重您，三位君主的心是一样的呢？还是先生有三个心呢？"

晏子回答说："您问侍奉君主的事，问得真好啊！我听说一心可以侍奉好一百位君主，三个心不可以侍奉好一个君主。所以三位君主的心并不一样，而我也没有三个心。况且我对于灵公，只能把要说的话全部说出来，但是不能实行，这就是所说的只能保全自己的性命顺从君主的旨意罢了。到了庄公的时候，他到处安置武夫，崇尚勇力，嗜爱邪僻超过了一般邪僻的人，而我不能禁止，所以引退居住乡间。我听说，建议不被君主采纳，就不接受俸禄；不为君主办事的人，就不和君主一起受难，我对于庄公就是这样做的。现在的君主，不重视治理国家却重视享乐，治理百姓苛薄，而自我奉养丰厚，征收赋税超过了限度，役使百姓超过他们所能承受的能力，而我不能禁止，还不知道我是否能保全自己的性命来侍奉国君呢！"

晏子再治东阿上计景公迎贺晏子辞第二十

晏子治东阿，三年，景公召而数之曰[1]："吾以子为可，而使子治东阿，今子治而乱，子退而自察也。寡人将加大诛于子[2]。"

晏子对曰："臣请改道易行而治东阿，三年不治，臣请死之。"景公许。

于是明年上计[3]，景公迎而贺之曰："甚善矣，子之治东阿也！"

晏子对曰："前臣之治东阿也，属托不行[4]，货赂不至，陂池之鱼[5]，以利贫民。当此之时，民无饥，君反以罪臣。今臣后之东阿也，属托行，货赂至，并重赋敛，仓库少内，便事左右[6]，陂池之鱼，入于权宗[7]。当此之时，饥者过半矣，君乃反迎而贺。臣愚不能复治东阿，愿乞骸骨^[8]，避贤者之路。"再拜，便僻^[9]。

景公乃下席而谢之曰："子强复治东阿^[10]，东阿者，子之东阿也，寡人无复与焉^[11]。"

【注释】

〔1〕数：数落，列举罪状。

〔2〕诛：责罚。

〔3〕上计：古代臣子在年终的时候须将赋税收入写入木券，呈送国君考核，称为"上计"。

〔4〕属托：请托。

〔5〕陂池：池塘。

〔6〕便事：便辟，逢迎谄媚。

〔7〕权宗：权门，权贵。

〔8〕乞骸骨：指归隐养老。

〔9〕僻：当作"辟"，避走。

〔10〕强：勉力。

〔11〕与：参与，干涉。

【译文】

晏子治理东阿邑，过了三年，景公将他召回，责备他说："我认为您有才能，因而派您去治理东阿邑，现在您治理得不好，您回去自我反省，我要重重责罚您。"

晏子回答说："我希望改变方法来治理东阿邑，三年如果治理不好，我请您处死我。"景公答应了。

于是第二年晏子送上赋税账簿，景公迎接并向他致贺说："您把东阿邑治理得太好了！"

晏子回答说："上回我治理东阿的时候，不接受私人请托，有贿赂也不受，池塘里的鱼，用来帮助贫穷的百姓。那个时候，百姓没有挨饿，君王反而怪罪我。这次我再去治理东阿邑，接受私人请托，有贿赂我也收下了，同时加重税赋，而很少收入仓库，逢迎谄媚君王的近臣，池塘里的鱼，奉送给豪门权贵。这个时候，挨饿的百姓超过了半数，君王反而迎接我并向我致贺。我很愚笨，不能再治理东阿邑了，希望乞求告老还乡，为贤能的人让开道路。"说完再次拜谢，就要离去。

景公从座席上下来，向晏子谢罪说："您勉力再去治理东阿邑吧，东阿邑是您的东阿邑啊，我不再干涉您了。"

太卜给景公能动地
晏子知其妄使卜自晓公第二十一

景公问太卜曰[1]："汝之道何能？"对曰："臣能动地。"公召晏子而告之，曰："寡人问太卜曰：'汝之道何能？'对曰：'能动地。'地可动乎？"晏子默然不对。

出，见太卜曰："昔吾见钩星在四心之间[2]，地其动乎？"太卜曰："然。"晏子曰："吾言之，恐子死之也；默然不对，恐君之惶也[3]。子言，君臣俱得焉。忠于君者，岂必伤人哉！"

晏子出，太卜走入见公，曰："臣非能动地，地固将动也。"

陈子阳闻之[4]，曰："晏子默而不对者，不欲太卜之死也；往见太卜者，恐君之惶也。晏子，仁人也，可谓忠上而惠下也。"

【注释】

〔1〕太卜：也称"卜正"，掌管卜筮的官。

〔2〕昔：夕，夜里。 钩星：客星。 四：房宿，苍龙七宿的第四宿，有四星。 心：苍龙七宿的第五宿，有三星。古人认为钩星出现在房宿、心宿之间会发生地震。

〔3〕惶：惑。

〔4〕陈子阳：又作"田子阳"，齐臣。

【译文】

景公问太卜说："你的道术有什么能耐？"太卜回答说："我能使地震动。"景公召见晏子并告诉他，说："我问太卜说：'你的道术有什么能耐？'他回答说：'能使地震动。'可以使地震动吗？"晏子默不作声。

晏子出来后，见到太卜说："夜里我看见钩星出现在房宿和心宿之间，地大概要震动了吧？"太卜说："是。"晏子说："我说出去，担心您会因此而被处死；我默不作声，又担心君主受到你的迷惑。您自己如实说，这样君王可以不受迷惑，您也可以免于被处死了。忠于君主，难道一定要伤害他人吗！"

晏子出去以后，太卜跑进宫中拜见景公，说："不是我能使地震动，而是地本来就要发生震动。"

陈子阳听到这件事后，说："晏子默不作声，是不想让太卜被处死；自己前去见太卜，是担心君主会受到迷惑。晏子真是个仁人啊，可称得上对君主忠诚，对下属慈惠了。"

有献书谮晏子退耕而国
不治复召晏子第二十二

晏子相景公，其论人也[1]，见贤而进之，不同君所欲；见不善则废之，不辟君所爱[2]。行己而无私，直言而无讳。有纳书者曰[3]："废置不周于君前[4]，谓之专；出言不讳于君前，谓之易[5]。专易之行存，则君臣之道废矣，吾不知晏子之为忠臣也。"公以为然。

晏子入朝，公色不说，故晏子归，备载[6]，使人辞曰："婴故老悖无能，毋敢服壮者事[7]。"辞而不为臣，退而穷处，东耕海滨，堂下生藜藿[8]，门外生荆棘。七年，燕、鲁分争，百姓惛乱，而家无积；公自治国，权轻诸侯，身弱高、国。公恐，复召晏子。

晏子至，公一归七年之禄，而家无藏。晏子立，诸侯忌其威[9]，高、国服其政，燕、鲁贡职[10]，小国时朝。晏子没而后衰[11]。

【注释】

　　〔1〕论：选择。
　　〔2〕辟：通"避"。
　　〔3〕纳书：献上书信。
　　〔4〕周：亲和，调和。
　　〔5〕易：轻视。
　　〔6〕备：通"鞴"，装备车马。
　　〔7〕悖：谬误，糊涂。　服：服事，服役，服务。
　　〔8〕藜藿：泛指杂草。藜，似藿而表赤。藿，豆叶。
　　〔9〕忌：忌惮。
　　〔10〕贡职：交纳贡品。
　　〔11〕没：通"殁"，死亡。

【译文】

　　晏子当景公的相，他选择人，看到贤能的人就提拔他，不与君主所想的苟同；看见不善的人就罢免他，即使是君主宠爱的人也不回避。他自己的行为没有私心，对君主直言劝谏毫无忌讳。有人上书给景公说："罢免与提拔人不与君主协调，这就叫作专断；在君主面前说话毫无忌讳，这就叫作轻慢。臣子有专断轻慢的行为，那么君臣之间的伦理就不存在了，我真不知道晏子怎么能算是个忠臣。"景公认为说得很对。

　　晏子入朝，景公言辞和脸色很不高兴，所以晏子回家以后，就准备好车马，派人向景公告辞说："我确实年老糊涂没有能力，不敢再担当壮年人所担当的职务。"于是辞官，不再做景公的臣子，引退后居住乡间，在东海边耕田种地，院子里长满杂草，门外长满荆棘。七年之间，燕国、鲁国相互争斗，百姓恐慌不安，而家中一贫如洗；景公亲自治理国家，不再受到诸侯的尊重，王室的势力弱于高氏、国氏等卿族。景公很害怕，又把晏子召回来。

晏子回来后，景公把七年的俸禄一次归还给他，晏子全部分给贫穷的人而家中不留一点点。高氏、国氏都服从他的政令，燕国、鲁国又向齐国纳贡，小国按时来朝拜。晏子死后齐国就衰落了。

晏子使高纠治家三年
而未尝弼过逐之第二十三

晏子使高纠治家，三年而辞焉。傧者谏曰[1]："高纠之事夫子三年，曾无以爵位而逐之，敢请其罪。"

晏子曰："若夫方立之人[2]，维圣人而已。如婴者，仄陋之人也[3]。若夫左婴右婴之人不举，四维将不正[4]，今此子事吾三年，未尝弼吾过也[5]，吾是以辞之。"

【注释】

〔1〕傧者：迎送客人的人。此指侍从。
〔2〕方立之人：以道立身的人。方，道。
〔3〕仄陋：侧陋，浅陋。
〔4〕四维：古代以礼、义、廉、耻作为治国的四种纲纪。
〔5〕弼：帮助。

【译文】

晏子让高纠管理家事，三年后将他辞退了。侍从劝谏说："高纠侍奉先生三年，未曾给他一个官职，反而将他赶走，请问他有什么过错。"

　　晏子说："以道立身毫无过错的人，只有圣人才能做到。像我这样的，只是个浅陋的人。如果我左右的人不指出我的过失，礼、义、廉、耻就得不到端正。现在高纠侍奉我三年，未曾帮助我改正过失，我所以将他辞退了。"

景公称桓公之封管仲益
晏子邑辞不受第二十四

　　景公谓晏子曰："昔吾先君桓公，予管仲狐与穀[1]，其邑十七，著之于帛[2]，申之以策[3]，通之诸侯[4]，以为其子孙赏邑。寡人不足以辱而先君[5]，今为夫子赏邑，通之子孙。"

　　晏子辞曰："昔圣王论功而赏贤，贤者得之，不肖者失之，御德修礼[6]，无有荒怠。今事君而免于罪者，其子孙奚宜与焉？若为齐国大夫者必有赏邑，则齐君何以共其社稷与诸侯币帛[7]？婴请辞。"遂不受。

【注释】

　　[1] 狐、穀：都是齐国地名。
　　[2] 著：书写。
　　[3] 申：申明。策：简策，文书。
　　[4] 通：通报。
　　[5] 而：你。
　　[6] 御：进。
　　[7] 共：通"供"。

【译文】

　　景公对晏子说："从前我的先君桓公，把狐地和穀地的十七个县赏赐给管仲，命令写在帛上，并用简策记录下来，通报诸侯，把这些地方作为他子孙的赏邑。我不能够封赏您的先人，现在赏给您邑地，传给子孙后代。"

晏子辞谢说："从前圣明的君主通过评定功劳来赏赐贤德的人，贤德的人得到赏赐，不贤德的人失去赏赐，所以人人增进道德，修养礼仪，不敢荒废懈怠。现在我侍奉君王仅仅做到没有过错，子孙怎么应该接受赏赐呢？如果做了齐国大夫一定要给予赏邑，那么齐国君主拿什么来祭祀社稷并拿什么作为结交诸侯所需要的钱财和布帛呢？我请求辞谢封赏。"终于没有接受。

景公使梁丘据致千金之裘
晏子固辞不受第二十五

景公赐晏子狐之白裘[1]，元豹之茈[2]，其赀千金[3]，使梁丘据致之，晏子辞而不受，三反。公曰："寡人有此二，将欲服之，今夫子不受，寡人不敢服。与其闭藏之，岂如弊之身乎？"

晏子曰："君就赐[4]，使婴修百官之政，君服之上，而使婴服之于下，不可以为教。"固辞而不受。

【注释】

〔1〕狐之白裘：白色狐皮制成的皮衣。

〔2〕元：本作"玄"，避清圣祖玄烨讳改作"元"，黑色。 茈：疑当作"眦"，衣交领处。

〔3〕赀：价值。

〔4〕就：既，已经。

【译文】

景公赐给晏子一件用白狐皮制成的皮衣，衣襟上装饰着黑色豹皮，价值千金，派梁丘据送给晏子，晏子辞谢不接受，往返多次。景公说："我有两件这样的皮衣，打算穿上它，现在先生不接受，我也不敢穿了。与其把它收藏起来，倒不如穿在身上把它穿坏呢？"

晏子说："君王给我赏赐，使我主持百官的政事，您作为君上穿上这样的皮衣，我作为臣下也穿上这样的皮衣，就不能去教导臣民了。"坚决辞谢，不肯接受。

晏子衣鹿裘以朝景公嗟其贫
晏子称有饰第二十六

晏子相景公，布衣鹿裘以朝。公曰："夫子之家，若此其贫也，是奚衣之恶也！寡人不知，是寡人之罪也。"

晏子对曰："婴闻之，盖顾人而后衣食者，不以贪昧为非[1]；盖顾人而后行者，不以邪僻为累[2]。婴不肖，婴之族又不如婴也，待婴以祀其先人者五百家，婴又得布衣鹿裘而朝，于婴不有饰乎[3]！"再拜而辞。

【注释】

〔1〕贪昧：贪财好利。昧，同"冒"。

〔2〕累：带累，使受害。

〔3〕有饰：指相对族人而言，衣饰已很不错了。饰，增加人物形貌的华美。

【译文】

晏子当景公的相，穿着布衣和粗皮衣上朝。景公说："先生的家，是如此贫穷啊，怎么穿得这么差呢！我不知道，这是我的罪过了。"

晏子说："我听说，先看看别人是怎样的，然后再穿衣吃饭的人，就不会贪图衣着食物使自己有过失；先看看别人是怎样的，然后才行动的人，就不会有邪僻的行为使自己受到伤害。我不贤德，我的家族中的人又不如我，等待我的接济来祭祀祖先的有五百家，我还能穿着布衣和粗皮衣上朝，对我来说，不是已经穿得很好了吗！"于是拜了两拜而推辞了。

仲尼称晏子行补三君而不有
果君子也第二十七

仲尼曰："灵公污，晏子事之以整齐；庄公壮[1]，晏子事之以宣武[2]；景公奢，晏子事之以恭俭。君子也！相三君而善不通下[3]，晏子细人也。"

晏子闻之，见仲尼曰："婴闻君子有讥于婴，是以来见。如婴者，岂能以道食人者哉！婴之宗族待婴而祀其先人者数百家，与齐国之闲士待婴而举火者数百家，臣为此仕者也。如臣者，岂能以道食人者哉！"

晏子出，仲尼送之以宾客之礼，再拜其辱[4]。反[5]，命门弟子曰："救民之姓而不夸[6]，行补三君而不有，晏子果君子也。"

【注释】

〔1〕壮：卢文弨认为当作"怯"，这里也可作匹夫之勇解。
〔2〕宣武：这里指发扬符合礼义的威武。
〔3〕通：达。
〔4〕辱：指晏子屈尊光临。
〔5〕反：通"返"。

〔6〕姓：通"生"。

【译文】

孔子说："齐灵公污秽，晏子用整洁来侍奉他；齐庄公恃勇，晏子用符合礼义的威武来侍奉他；齐景公奢侈，晏子用俭朴来侍奉他。晏子真是个君子啊！不过当了三位君主的相，而好的政教不能下达于百姓，晏子是个见识短浅的人啊。"

晏子听到这些话后，就去会见孔子，说："我听说您对我有规劝的话，所以前来拜见。像我这样的人，哪里能用道义养活人呢！我的宗族中等待我的接济去祭祀祖先的有几百家，齐国没有被任用的士人等待我的接济才能生火做饭的也有几百家，我为了这个才做官的。像我这样的人，怎么能用道义养活人呢！"

晏子出门，孔子用迎送宾客的礼仪送他，再次拜谢晏子的屈尊光临。孔子返回后，告诉学生们说："晏子拯救百姓的生命而不自我夸耀，他的行为补益了三位君主而不自以为有功劳，晏子果真是个君子啊。"

外篇第八[1]

仲尼见景公景公欲封之晏子以为不可第一

仲尼之齐，见景公，景公说之，欲封之以尔稽[2]，以告晏子，晏子对曰："不可。彼浩裾自顺[3]，不可以教下；好乐缓于民[4]，不可使亲治；立命而建事[5]，不可守职[6]。厚葬破民贫国，久丧道哀费日[7]，不可使子民。行之难者在内，而传者无其外[8]，故异于服，勉于容，不可以道众而驯百姓[9]。自大贤之灭，周室之卑也，威仪加多，而民行滋薄；声乐繁充，而世德滋衰。今孔丘盛声乐以侈世[10]，饰弦歌鼓舞以聚徒[11]，繁登降之礼[12]，趋翔之节以观众[13]。博学不可以仪世[14]，劳思不可以补民，兼寿不能殚其教[15]，当年不能究其礼[16]，积财不能赡其乐[17]。繁饰邪术以营世君[18]，盛为声乐以淫愚其民[19]。其道也，不可以示世；其教也，不可以导民。今欲封之，以移齐国之俗，非所以导众存民也。"

公曰："善。"于是厚其礼而留其封[20]，敬见不问其道[21]，仲尼乃行。

【注释】

〔1〕《晏子春秋》外篇第八，计18篇，所记内容或有悖于孔子圣行

形象；或事涉乖诞，有违晏子原来言行，不足为垂训，前人特置于最末。

〔2〕尔稽：齐国地名。

〔3〕浩裾：通"傲倨"，傲慢。　自顺：自认顺天应命，顺己不从于人。

〔4〕缓：舒。

〔5〕建：与"卷"声近字通，厌倦。

〔6〕"守职"上当有"使"字。

〔7〕道哀：当作"循哀"，悲哀不止。

〔8〕传：当作"儒"。　无：通"妩"，美好。

〔9〕道：通"导"。　驯：通"训"。

〔10〕侈：淫侈。

〔11〕弦歌：指举乐行礼。　鼓舞：古代杂舞的一种。

〔12〕登降：指上下、尊卑、进退。《墨子》"礼"下有"以示仪"三字。

〔13〕趋翔：如鸟舒展翼翅，比喻步趋庄敬。《墨子》"趋翔"上有"务"字。

〔14〕仪世：作为世人的准则。

〔15〕兼寿：倍其寿命。

〔16〕当年：壮年。　究：穷尽。

〔17〕赡：使充足。

〔18〕营：惑。

〔19〕淫：惑乱。　其：衍字。

〔20〕留：停止。　封：封地。

〔21〕敬：当作"苟"，"苟"通"亟"，急。

【译文】

　　孔子到了齐国，觐见齐景公，景公很喜欢他，想把尔稽这块邑地封赏给他，景公将自己的想法告诉晏子，晏子回答说："不可以这么做。此人态度傲慢，自以为是，不能教导百姓；喜欢音乐，对百姓太过宽松，不能让他亲自治理百姓；讲求顺从天命，厌倦尽人事，不能让他担任官职；主张厚葬，耗费民财，使国家贫困，主张长时间守丧，哀痛不止，旷日费时，不能让他来管理百姓。大凡行事难在内心，而儒者只注重外表的华美，所以使服装式样与众不同，尽力修饰仪容，不能引导民众教化百姓。自从圣贤谢世，周王室日渐衰微后，行事时烦琐仪式日趋繁多，而百姓的行为却越加浇薄；音乐日益繁多，处处可闻，但是世人的道德却逐渐败坏。现在孔丘把音乐搞得很隆盛，因而使世风侈靡，把礼乐舞蹈搞得华而不实，以此来聚集生徒，把上下、尊卑、进退的礼仪搞得很繁琐，以此来显示礼节，把走路的姿态搞得很复杂，以此吸引民众来观看。他们学问渊博，但是不能被世人效法，思虑劳苦却不能对百姓有所补益，即使寿命延长一倍也不能把他们的教义完全学到手，即使到了壮年，也不能完全搞清他们的礼数，积聚再多的钱财，也不足以供给他们搞礼乐的费用。把礼仪搞得很复杂，装点歪门邪道，以此来蛊惑当世的君主，把音乐搞得很隆盛，以此来迷惑百姓。他们的学说，不可以用来垂范世人，他们的教义，不能用来教导百姓向善。现在您打算封赏他，用他的那一套来改变齐国的风俗，实在不是用来引导民众向善、熏陶百姓的方法。”

景公说：“说得好。”于是赠给孔子厚重的礼物，但没有封赏他土地，礼貌周到地会见了他，没有请教他的学说，孔子于是就离开了齐国。

景公上路寝闻哭声问梁丘据晏子对第二

景公上路寝，闻哭声，曰：“吾若闻哭声，何为者也？”

梁丘据对曰：“鲁孔丘之徒鞠语者也[1]。明于礼乐，审于服丧，其母死，葬埋甚厚，服丧三年，哭泣甚疾。”

公曰：“岂不可哉！”而色说之。

晏子曰：“古者圣人，非不知能繁登降之礼，制规矩之节，行表缀之数以教民[2]，以为烦人留日[3]，故制礼不羡于便事[4]；非不知能扬干戚、钟鼓、竽瑟以劝众也〔5〕，以为费财留工，故制乐不羡于和民；非不知能累世殚国以奉死〔6〕，哭泣处哀以持久也，而不为者，知其无补死者而深害生者，故不以导民。今品人饰礼烦事〔7〕，羡乐淫民，崇死以害生，三者，圣王之所禁也。贤人不用，德毁俗流〔8〕，故三邪得行于世。是非贤不肖杂，上妄说邪，故好恶不足以导众。此三者，路世之政〔9〕，道事之教也〔10〕。公曷为不察，声受而色说之？"

【注释】

〔1〕鞠语：姓鞠名语，疑即皋鱼。
〔2〕表缀：表率，榜样。
〔3〕留日：旷日。留，滞留，淹留。
〔4〕羡：超出。
〔5〕干戚、钟鼓、竽瑟：统指声乐歌舞。
〔6〕累：损害。
〔7〕品人：平民大众。
〔8〕流：流行。
〔9〕路世：衰世。路，通"露"，败坏。
〔10〕道事：当作"单事"，使事情败坏。单，通"瘅"，病。

【译文】

景公登上路寝台，听到有哭声，说："我好像听到哭声，是怎么一回事呢？"

梁丘据回答说："是鲁国孔丘的学生鞠语在哭。鞠语通晓礼仪音乐，详知服丧的制度，他的母亲死了，很隆重地入葬，守孝三年，哭得极为悲痛。"

景公说："这难道不好吗！"脸上流露出赞许的神色。

晏子说："古代的圣人，并不是不知道可以把上下、尊卑、进退的礼仪搞得很繁复，制定严格的仪节，作为行事的表率，以此来教化民众，是认为这样做烦扰人，耗费时间，所以制定礼仪便于行事就行了；不是不知道可以用音乐舞蹈来鼓励百姓，是认为这样做耗费钱财耽误人力，所以制作音乐只要使百姓和谐就行了；不是不会耗损世代的积累，用尽国家的财富来供奉死者，长时间哭泣守丧，之所以不这样做，是知道这样的做法对死去的人没有好处，对活着的人却有很大的害处，所以不用这样的做法来引导百姓。现在众人把礼仪搞得很浮华，把事情搞得很烦扰，使音乐搞得过了头，惑乱民心，尊崇死去的人，使活着的人受到伤害，这三件事情是圣明的君主所禁止的。贤德的人不被任用，勤俭的美德沦丧，奢侈的风俗流传，所以这三种邪僻的行为得以在世上通行。是与非、贤与不肖相互混杂，君主不明事理，赞许这种邪僻的做法，所以君主的喜好与厌恶都失去了准则，不能用来引导百姓。这三件事情，是使国家衰落的政治，使事情败坏的教令。君主为什么不详察，听到了哭声就流露出赞许的神色呢？"

仲尼见景公景公曰先生奚不见寡人宰乎第三

仲尼游齐，见景公。景公曰："先生奚不见寡人宰乎[1]？"

仲尼对曰："臣闻晏子事三君而得顺焉，是有三心，所以不见也。"

仲尼出，景公以其言告晏子，晏子对曰："不然！婴为三心[2]，三君为一心故，三君皆欲其国之安，是以婴得顺也。婴闻之，是而非之，非而是之，犹非也[3]。孔丘必据处此一心矣[4]。"

【注释】

〔1〕宰：即国相。这里指晏子。

〔2〕"婴"上当有"非"字。

〔3〕非：通"诽"，诽谤。

〔4〕据：衍字。　心：衍字。

【译文】

孔子到齐国游说，拜见景公。景公说："先生怎么不见见我的宰相呢？"

孔子回答说："我听说晏子侍奉三位君主，都处得很顺利，这是有三个心了，所以不见他。"

孔子出去后，景公把他的话告诉晏子，晏子回答说："不是这样！不是我有三个心，而是三位君主有着同一个心意的缘故。三位君主都希望自己的国家安定，所以我能够顺利地侍奉三位君主。我听说，正确的却责难它，不对的却赞誉它，这就等同于诽谤了。孔丘必定是这样了。"

仲尼之齐见景公而不见晏子子贡致问第四

仲尼之齐，见景公而不见晏子。子贡曰："见君不见其从政者，可乎？"仲尼曰："吾闻晏子事三君而顺焉，吾疑其为人。"

晏子闻之，曰："婴则齐之世民也〔1〕，不维其行〔2〕，不识其过，不能自立也。婴闻之，有幸见爱，无幸见恶，诽谤为类〔3〕，声响相应〔4〕，见行而从之者也〔5〕。婴闻之，以一心事三君者，所以顺焉；以三心事一君者，不顺焉。今未见婴之行，而非其顺也。婴闻之，君子独立不惭于影，独寝不惭于魂〔6〕。孔子拔树削迹〔7〕，不自以为辱；穷陈、蔡〔8〕，不自以为约〔9〕。非人不得其故〔10〕，是犹泽人之非斤斧〔11〕，山人之非网罟也。出之其口，不知其困也。始吾望儒而贵之，今吾望儒而疑之。"

仲尼闻之，曰："语有之[12]：言发于尔[13]，不可止于远也；行存于身，不可掩于众也。吾窃议晏子而不中夫人之过[14]，吾罪几矣[15]！丘闻君子过人以为友[16]，不及人以为师。今丘失言于夫子，讥之[17]，是吾师也。"因宰我而谢焉[18]，然仲尼见之[19]。

【注释】

〔1〕世民：世代平民。

〔2〕维：维持。

〔3〕诽谤：当作"诽誉"。 类：同类，相似。

〔4〕响：回声。

〔5〕见行而从之：根据行为给予责难或赞誉。从，跟随。

〔6〕魂：魂魄，灵魂。

〔7〕拔树削迹：《史记·孔子世家》："孔子与弟子习礼大树下，宋司马桓魋欲杀孔子，拔大树，孔子去。"

〔8〕"穷"上当有"身"字。 陈、蔡：指孔子在陈国、蔡国绝粮七日之事。

〔9〕约：窘困。

〔10〕故：原因。

〔11〕斤：斧头。

〔12〕语：谚语。

〔13〕尔：通"迩"，近。

〔14〕窃议：私议。 中：适当。 夫人：这个人，指晏子。

〔15〕几：接近。

〔16〕过：超过，胜过。

〔17〕"讥之"上当有"夫子"二字。

〔18〕因：靠。 宰我：孔子的学生。 谢：认过，道歉。

〔19〕"然"下当有"后"字。

【译文】

孔子到齐国去，拜见了景公却没有会见晏子。子贡说："拜见君主却不会见他的执政人，可以吗？"孔子说："我听说晏子侍奉三位君主都能顺从，我怀疑他的为人。"

晏子听到这话以后，说："我是齐国的世代平民，不能保持自己的品行，不能认识到自己的过错，就无法在世上有所成就。我听说，幸运的话就会得到宠爱，不幸运的话就会遭到厌恶，责难与赞誉本来就相类同而存在，声音与回声本来就相互应和，看到有什么样的行为什么样的评价就会随之而来。我听说，用一心来侍奉三位君主，才能顺利；用三心侍奉一位君主，就不会顺利。现在没有看到我的行为如何，就指责我能顺利地侍奉三位君主。我听说，君子独自站立的时候，对自己的身影不感到惭愧，独自睡眠的时候，对自己的灵魂不感到惭愧。孔子被人拔掉大树后被迫离开，自己不认为受到了侮辱；在陈国、蔡国之间绝粮七日，自己不认为窘困。不明白事情的原委就非难别人，这就像居住在水泽边的人指责刀斧没有用处一样，就像居住在山上的人指责渔网没有用处一样。话从口中说出来，却不知道这样很难自圆其说。原本我看到儒者非常尊重他们，现在我看到儒者不免要怀疑他们了。"

孔子听到晏子的话以后，说："俗话说：'在近处说出口的话，不能禁止它传播到远处而追回；自身的行为，无法在众人面前掩藏起来。我私下议论晏子的过失但不恰当，我不是有罪过了吗！我听说君子超过别人就把别人当作朋友，不及别人就把别人当作老师。现在我对晏子说错了话，他讥讽我，他就是我的老师。"于是派宰我去向晏子表示歉意，然后孔子就去会见晏子。

景公出田顾问晏子若人之众有孔子乎第五

景公出田[1]，寒，故以为浑[2]，犹顾而问晏子曰："若人之众，则有孔子焉乎？"

晏子对曰："有孔子焉则无有[3]，若舜焉则婴不识。"

公曰："孔子之不逮舜为间矣[4]，曷为'有孔子焉则无有，若舜焉则婴不识'?"

晏子对曰："是乃孔子之所以不逮舜。孔子行一节者也[5]，处民之中，其过之识[6]，况乎处君之中乎[7]！舜者处民之中，则自齐乎士[8]；处君子之中，则齐乎君子；上与圣人，则固圣人之林也[9]。此乃孔子之所以不逮舜也。"

【注释】

〔1〕田：田猎。

〔2〕浑："温"的假音字，温暖。

〔3〕前"有"字当作"若"。

〔4〕间：距离，差别。

〔5〕一节：指事物的一端。

〔6〕过：过失。之：是。

〔7〕"君"下当有"子"字。

〔8〕士：当作"民"。

〔9〕林：比喻人或事物的会聚丛集。

【译文】

景公出去打猎，天气寒冷，所以停下来取暖，还回头问晏子说："人如此众多，其中有像孔子一样的人吗？"

晏子回答说："像孔子一样的人有没有，我知道没有，至于像舜一样的人有没有，我就不知道了。"

景公说："孔子是与舜有差别不及舜，但是为什么说'像孔子一样的人有没有，我知道没有，像舜一样的人有没有，我就不知道了'呢？"

晏子回答说："这就是孔子之所以不及舜的原因了。孔子做事偏于一端，他身处平民当中，还能看出他的过失，何况身处君子当中呢！舜身处百姓当中，就能使自己与平民一样；身处君子当中，就与君子一样；再上与圣人在一起，本来就在圣人之列。这就是孔子之所以不及舜的原因。"

仲尼相鲁景公患之晏子对以勿忧第六

仲尼相鲁，景公患之，谓晏子曰："邻国有圣人，敌国之忧也。今孔子相鲁若何？"

晏子对曰："君其勿忧。彼鲁君，弱主也；孔子，圣相也。君不如阴重孔子[1]，设以相齐[2]，孔子强谏而不听，必骄鲁而有齐[3]，君勿纳也。夫绝于鲁，无主于齐，孔子困矣。"

居期年，孔子去鲁之齐，景公不纳，故困于陈、蔡之间。

【注释】
〔1〕阴：暗地里。
〔2〕设：假意许诺。
〔3〕骄：傲视。有：当作"适"。

【译文】
孔子当鲁国的相，景公对此很担忧，对晏子说："邻国有圣明的人，这是敌对国家的忧患。现在孔子当了鲁国的相，怎么办呢？"

晏子回答说："君主用不着忧虑。那鲁国的君主，是个昏庸软弱的君主；孔子，是才德智能很高的国相。君主不如暗地里假装尊崇孔子，假说许他做齐国的相，孔子如果极力劝谏鲁国君主而不被采纳，一定会看不上鲁国君主而到齐国来，到时君主不要接纳他。这样，既断绝了与鲁国的关系，在齐国又找不到依靠，孔子一定会困窘了。"

过了一年，孔子离开鲁国到齐国来，景公没有接纳，所以孔子就有了被困在陈国、蔡国之间的事。

景公问有臣有兄弟而强足恃乎
晏子对不足恃第七

景公问晏子曰："有臣而强，足恃乎[1]？"

晏子对曰："不足恃。"

"有兄弟而强，足恃乎？"

晏子对曰："不足恃。"

公忿然作色曰："吾今有恃乎？"

晏子对曰："有臣而强，无甚如汤[2]；有兄弟而强，无甚如桀[3]。汤有弑其君，桀有亡其兄[4]，岂以人为足恃哉，可以无亡也！"

【注释】

〔1〕恃：依靠。

〔2〕汤：商汤。

〔3〕桀：夏桀。

〔4〕这两句中的"有"：文廷式认为是衍字，误。

【译文】

景公问晏子说："有强有力的臣子，足以依靠吗？"

晏子回答说："不足以依靠。"

景公又问："有强有力的兄弟，足以依靠吗？"

晏子回答说："不足以依靠。"

景公生气地变了脸色，说："我现在有可以依靠的人吗？"

晏子回答说："强有力的臣子，没有谁比得上商汤了；强有力的兄弟，没有谁比得上夏桀了。商汤杀死了他的君主夏桀，夏桀驱逐了他的兄长，怎么能认为他人是足以依靠的，而依靠他人使国家不败亡呢！"

景公游牛山少乐请晏子一愿第八

景公游于牛山，少乐，公曰："请晏子一愿[1]。"晏子对曰"不[2]，婴何愿？"

公曰："晏子一愿。"对曰："臣愿有君而见畏[3]，有妻而见归[4]，有子而可遗[5]。"

公曰："善乎，晏子之愿！载一愿[6]。"晏子对曰："臣愿有君而明，有妻而材[7]，家不贫，有良邻。有君而明，日顺婴之行；有妻而材，则使婴不忘[8]；家不贫，则不惛朋友所识[9]；有良邻，则日见君子。婴之愿也。"

公曰："善乎，晏子之愿也！载一愿[10]。"晏子对曰："臣愿有君而可辅，有妻而可去[11]，有子而可怒[12]。"

公曰："善乎，晏子之愿也！"

【注释】

〔1〕愿：愿望。

〔2〕不：通"否"。

〔3〕畏：敬畏。

〔4〕归：归宿。

〔5〕遗：留给。

〔6〕载：通“再”。

〔7〕材：材质。

〔8〕忘：通“妄”。

〔9〕愠：愠怒。

〔10〕载一愿：三字原脱，据于鬯说补。

〔11〕去：驱，驱使。

〔12〕怒：通“努”，勉。

【译文】

景公在牛山游玩，缺少乐趣，景公说：“请晏子说说自己的一个心愿。”晏子回答说：“不，我有什么心愿呢？”

景公说：“您还是说一个心愿吧。”晏子说：“我希望有个君主而让我敬畏，有个妻子而与我终老，有个儿子而可以传承我。”

景公说：“晏子的心愿真好啊！再说一个心愿吧。”晏子回答说：“我希望有君主而君主英明，有妻子而材质美好，家里不贫穷，有好的邻居。有君主而君主英明，可以使我的行为每天都能顺利实行；有妻子而材质美好，就使我得到她的襄助行事合理；家里不贫穷，可以周济所相识的朋友，朋友就不会愠怒；有好的邻居，就能每天看到君子。这就是我的心愿。”

景公说：“晏子的心愿真好啊。再说一个心愿吧。”晏子回答说：“我希望有君主可以辅佐，有妻子可以役使，有儿子可以教勉。”

景公说：“晏子的心愿真好啊。”

景公为大钟晏子与仲尼柏常骞知将毁第九

景公为大钟，将悬之。晏子、仲尼、柏常骞三人朝，俱曰：“钟将毁。”冲之[1]，果毁。公召三子者而问之。

晏子对曰："钟大，不祀先君而以燕[2]，非礼，是以曰钟将毁。"

仲尼曰："钟大而悬下，冲之其气下回而上薄[3]，是以曰钟将毁。"

柏常骞曰："今庚申，雷日也，音莫胜于雷，是以曰钟将毁也。"

【注释】

〔1〕冲：碰撞。

〔2〕燕：通"宴"，乐。

〔3〕回：旋转。　薄：迫，逼迫。

【译文】

景公铸造了一口大钟，准备把它悬挂起来。晏子、孔子、柏常骞三人来朝见，都说："大钟将会毁坏。"撞击它，果然毁坏了。景公召见三人问他们。

晏子回答说："钟这么大，不用来祭祀祖先，却用来娱乐，这不符合礼的规定，所以说钟会毁坏。"

孔子说："钟这么大却悬挂在低处，撞击它，形成声浪在下回旋而向上逼迫，所以说钟将会毁坏。"

柏常骞说："今天是庚申日，也就是雷日，钟声不能胜过雷声，所以说钟将会毁坏。"

田无宇非晏子有老妻
晏子对以去老谓之乱第十

田无宇见晏子独立于闺内[1]，有妇人出于室者，发班白[2]，衣缁布之衣而无里裘[3]。田无宇讥之曰："出于室为何者也?"

晏子曰:"婴之家也。"

无宇曰:"位为中卿^[4],田七十万^[5],何以老为妻?"

对曰:"婴闻之,去老者,谓之乱;纳少者,谓之淫。且夫见色而忘义,处富贵而失伦,谓之逆道。婴可以有淫乱之行,不顾于伦,逆古之道乎?"

【注释】

〔1〕闺:内室。

〔2〕班:通"斑"。

〔3〕缁:黑色。

〔4〕中卿:官名。周制,周王室及诸侯都有卿,分上中下三级。

〔5〕"田"上当有"食"字。

【译文】

田无宇看见晏子独自一人站立在内室,有一个妇人从内室走出来,头发花白,穿着黑布衣服,里面没有穿皮衣。田无宇讥嘲晏子说:"从内室出来的人是谁啊?"

晏子说:"是我妻子。"

田无宇说:"您官至中卿,食邑田税收入七十万,为什么用个老太婆作妻子?"

晏子回答说:"我听说,休掉年老的妻子,就叫作乱;纳娶年轻的人为妾,就叫作淫荡。况且看见美色就忘掉大义,处于富贵就丢掉人伦,就叫作背离道德。我晏婴可以有淫乱的行为,不顾及人伦,背离自古以来的道德吗?"

工女欲入身于晏子晏子辞不受第十一

有工女托于晏子之家焉者^[1],曰:"婢妾,东廓之野人也[2]。愿得入身，比数于下陈焉[3]。"

晏子曰："乃今日而后自知吾不肖也！古之为政者，士农工商异居，男女有别而不通，故士无邪行，女无淫事。今仆托国主民[4]，而女欲奔仆，仆必色见而行无廉也。"遂不见。

【注释】

〔1〕托：托身，投靠。
〔2〕廓："郭"的俗字。　野人：平民。
〔3〕比：并列，列从。
〔4〕仆：自身谦称。

【译文】

有一个做工的女子想投靠晏子的家，说："我是东门外的平民，希望能投身到您的家里，在姬妾中充当一员。"

晏子说："直到今日我才知道自己不贤德啊！古代执掌朝政的人，让士人、农夫、做工的、做买卖的各居一处，男女之间有分别而互不交往，所以士人没有邪恶行为，女子没有淫秽的事情发生。现在我托身于国家管理百姓，竟有女子想私奔我，我一定有好色的表现，不廉正的行为了。"于是没有见这个女子。

景公欲诛羽人晏子以为法不宜杀第十二

景公盖姣[1]，有羽人视景公僭者[2]。公谓左右曰："问之，何视寡人之僭也？"羽人对曰："言亦死，而不言亦死，窃姣公也。"公曰："合色寡人也[3]？杀之！"

晏子不时而入见，曰："盖闻君有所怒羽人。"

公曰："然。色寡人，故将杀之。"

晏子对曰："婴闻拒欲不道[4]，恶爱不祥[5]，虽使色君，于法不宜杀也。"

公曰："恶然乎！若使沐浴，寡人将使抱背。"

【注释】

〔1〕姣：壮美。

〔2〕羽人：官名。掌管征集羽翮作旌旗车饰之用。　僭：超越本分。此指不敬。

〔3〕合：应当。　色：称其色美。

〔4〕欲：愿望。

〔5〕恶：厌恶。

【译文】

景公仪表壮美，有个羽人很不恭敬地睇看景公。景公对身边的人说："问问他，为什么不恭敬地看我？"羽人回答说："讲了是死，不讲也是死，我是偷偷地欣赏君王的美容。"景公说："应当说君王容貌美丽吗？将他杀了。"

晏子不等到朝见的时候就入朝拜见景公说："听说君主对羽人发怒了。"

景公说："是的。他称赞我漂亮，所以要杀他。"

晏子回答说："我听说拒绝别人的愿望是不道德的，厌恶别人的喜爱是不吉利的，即使羽人称赞君主容貌美好，依法不应该杀了他。"

景公说："怎么能这样说呢！如果我沐浴的话，我还要让他抱我的后背啰。"

景公谓晏子东海之中有水
而赤晏子详对第十三

景公谓晏子曰："东海之中，有水而赤，其中有枣，华而不实[1]，何也？"

晏子对曰："昔者秦缪公乘龙舟而理天下[2]，以黄布裹烝枣[3]，至东海而捐其布[4]，破黄布，故水赤；烝枣，故华而不实。"

公曰："吾详问子，何为[5]？"

对曰："婴闻之，详问者，亦详对之也。"

【注释】

〔1〕华而不实：开花而不结果。"华"通"花"。 实：果实。

〔2〕秦缪公：秦穆公。春秋时秦国国君，名任好。"缪"通"穆"。理：勘测。

〔3〕烝：通"蒸"。

〔4〕捐：丢弃。

〔5〕详：当作"佯"，假装。"何为"下当有"对"字。

【译文】

景公对晏子说："东海之中，有水是红颜色的，其中有枣树，光开花而不结果，这是为什么？"

晏子回答说："从前秦穆公乘坐龙舟勘测天下，用黄色的布包裹蒸熟的枣子，到了东海，就将黄布包丢弃到海中，黄布破了，枣子在水中，所以水变成红颜色；因为枣子是蒸熟的，所以只开花不结果。"

景公说："我是用假话问您的，您为什么要回答呢？"

晏子回答说："我听说，用假话问，也用假话回答。"

景公问天下有极大极细晏子对第十四

景公问晏子曰："天下有极大乎？"

晏子对曰："有。足游浮云[1]，背凌苍天[2]，尾偃

天间[3]，跃啄北海[4]，颈尾咳于天地乎[5]！然而潓潓
不知六翮之所在[6]。"

公曰："天下有极细乎？"

晏子对曰："有。东海有虫，巢于蚊睫[7]，再乳再
飞[8]，而蚊不为惊。臣婴不知其名，而东海渔者命曰
焦冥[9]。"

【注释】

〔1〕"足"上当有"鹏"字。

〔2〕凌：迫近。

〔3〕偃：倒垂。

〔4〕啄：以嘴啄食。

〔5〕咳：通"阂"，阻隔，阻碍。

〔6〕潓潓：通"寥寥"，空阔。　六翮：指鹏鸟的翅膀。翮，羽毛
的茎管。

〔7〕睫：睫毛。

〔8〕乳：畜兽产育崽子，这里借指鸟类产卵。

〔9〕焦冥：又作"焦螟"，传说中一种极小的虫。

【译文】

景公问晏子说："天下有极大的东西吗？"

晏子回答说："有。大鹏的脚踏在浮云里，它的背顶及苍天，
尾巴倒垂在天宇间，跳跃到北海啄食，颈项和尾巴可以把天与地
隔开，在广阔无际的天宇间，不知道它的翅膀伸展到何处。"

景公说："天下有极小的东西吗？"

晏子回答说："有。东海里有一种虫，它在蚊子的睫毛上筑
巢，不断地孵化幼虫，不断地飞动，而蚊子没有受到惊扰。我不
知这种虫的名称，但东海里打鱼的人称它为焦冥。"

庄公图莒国人扰绐以晏子在乃止第十五

庄公阖门而图莒[1]，国人以为有乱也，皆操长兵而立于闾。公召睢休相而问曰[2]："寡人阖门而图莒，国人以为有乱，皆摽长兵而立于衢间[3]，奈何？"休相对曰："诚无乱而国以为有，则仁人不存。请令于国，言晏子之在也。"公曰："诺。"以令于国："孰谓国有乱者，晏子在焉。"然后皆散兵而归。

君子曰："夫行不可不务也。晏子存而民心安，此非一日之所为也，所以见于前信于后者。是以晏子立人臣之位，而安万民之心。"

【注释】

〔1〕阖：关闭。　门：指都城城门。

〔2〕睢休相：人名，姓睢，名休相。

〔3〕摽：挥动。　衢间：当街的间门。

【译文】

齐庄公关闭了都城的城门，谋划攻打莒国，都城的人以为国家发生了祸乱，都拿着长兵器站在当街的间门外。庄公召见睢休相问道："我关闭城门，谋划攻打莒国，都城的人以为国家发生了祸乱，都拿着长兵器站在当街的间门外，怎么办呢？"睢休相回答说："事实上没有祸乱，而都城的人却认为发生了祸乱，那是因为仁德的人不在这里。请向都城下令，就说晏子在这里。"庄公说："好。"就向都城下令说："谁说国家发生了祸乱，晏子就在这里。"然后都城的人都放下武器，回家去了。

君子说："事情不可以不勉力去做啊。晏子在，民心就安定，这不是一日之功就能做到的，而是有表现在前，才有信任于后。所以晏子在朝廷任职，就能使万民的心得到安定。"

晏子死景公驰往哭哀毕而去第十六

景公游于菑[1]，闻晏子死，公乘侈舆服繁驵驱之[2]。而因为迟[3]，下车而趋；知不若车之速，则又乘。比至于国者，四下而趋。行哭而往，伏尸而号，曰："子大夫日夜责寡人，不遗尺寸[4]，寡人犹且淫泆而不收[5]，怨罪重积于百姓。今天降祸于齐，不加于寡人，而加于夫子，齐国之社稷危矣，百姓将谁告夫！"

【注释】

〔1〕菑：菑川。

〔2〕乘侈舆：当作"侈乘舆"。"侈"通"趋"，促。 服：驾。繁驵：骏马名。

〔3〕而因：当作"自以"解。

〔4〕尺寸：喻指细小。

〔5〕泆：放荡。

【译文】

景公在菑川游玩，听到晏子的死讯，景公急忙坐上车子，驾着快马快速赶路。景公认为车子跑得太慢，下车急走；知道步行不如坐车快，就又坐上车。等他赶到都城时，已先后四次下车急走了。景公边走边哭到晏子家去，伏在晏子的尸体上放声大哭，说："先生时时刻刻督责我，再细小的过失也不放过，我还是荒淫放荡，一点也不收敛，在百姓那里积聚着深深的怨恨与罪责。现在上天降祸齐国，不落到我身上，却落到先生身上，齐国的江山社稷危险了！百姓将向谁求告呢！"

晏子死景公哭之称莫复陈告吾过第十七

晏子死，景公操玉加于晏子而哭之[1]，涕沾襟。章子谏曰[2]："非礼也。"

公曰："安用礼乎？昔者吾与夫子游于公邑之上[3]，一日而三不听寡人[4]，今其孰能然乎！吾失夫子则亡，何礼之有？"免而哭[5]，哀尽而去。

【注释】

〔1〕操：持，拿着。
〔2〕章子：即弦章。
〔3〕公邑：即公阜。
〔4〕不听：不听从。此指劝谏。
〔5〕免：古人服丧时，脱帽扎发，用布缠头。

【译文】

晏子死了，景公拿玉放在晏子的尸体上哭吊他，眼泪沾湿了衣襟。弦章劝谏说："这不符合礼的规定。"

景公说："哪里还用得着礼呢？从前我与先生在公阜游览，先生一天之内就劝谏我三次，现在还有谁能这样做呢！我失去了先生，还有什么礼呢？"景公脱去帽子，极尽哀痛之情后才离去。

晏子没左右谀弦章谏景公赐之鱼第十八

晏子没十有七年，景公饮诸大夫酒。公射，出质[1]，堂上唱善，若出一口。公作色太息，播弓矢[2]。

弦章入，公曰："章[3]！自吾失晏子，于今十有七年，未尝闻吾过不善。今射出质，而唱善者若出一口。"

弦章对曰："此诸臣之不肖也。知不足以知君之不善[4]，勇不足以犯君之颜色。然而有一焉，臣闻之，君好之[5]，则臣服之；君嗜之[6]，则臣食之。夫尺蠖食黄则其身黄[7]，食苍则其身苍。君其犹有诌人言乎！"

公曰："善。今日之言，章为君，我为臣。"

是时，海人入鱼，公以鱼五十乘赐弦章。章归，鱼乘塞途，抚其御之手曰："曩之唱善者[8]，皆欲若鱼者也。昔者晏子辞赏以正君，故过失不掩。今诸臣诌谀以干利，故出质而唱善，若出一口。今所辅于君未见于众，而受若鱼，是反晏子之义，而顺谗谀之欲也。"固辞鱼不受。

君子曰："弦章之廉，晏子之遗行也。"

【注释】

〔1〕质：箭靶。

〔2〕播：舍弃。

〔3〕以下各本缺，据《说苑·君道篇》补入。

〔4〕知：通"智"。

〔5〕好之：指服饰而言。

〔6〕嗜之：指饮食而言。

〔7〕尺蠖：尺蠖蛾的幼虫。

〔8〕曩：以往，从前。

【译文】

晏子死后十七年，景公宴请众大夫饮酒。景公射箭，偏出了箭靶，但是殿堂上的人齐声喝彩，好像出自一人之口。景公变了脸色，深深叹息，丢下弓箭。

弦章进入，景公说："弦章！自从晏子死后，到今天已经十七年了，从来没有听到有人指出我的过错和不好的地方。今天我射箭偏出了箭靶，但是大家齐声喝彩，好像出之一人之口。"

弦章回答说："这是众位大臣不贤德的结果。他们的智慧不足以察知君王不好的地方，勇气不足以冒犯君王的威严。但是有一件事，我听说，君王喜好什么样的装束，臣子就穿戴什么样的服装；君王喜欢什么样的饮食，臣子就吃什么样的食物。尺蠖吃黄土身体就变成了黄色，吃黑土身体就变成了黑色。君王是不是还听信谗佞的话呢？"

景公说："说得好。今天的话，就好像您是君主，我是臣子，我应该听从。"

这时海边的人献上了鱼，景公把五十车的鱼赏赐给弦章。弦章回家的时候，看见装鱼的车子塞满了道路，于是拍着车夫的手说："先前殿堂上喝彩的，都是想要这些鱼的人。从前晏子推辞赏赐来匡正君主，所以不掩盖君主的过失。现在众位大臣为了谋求私利阿谀奉承，所以箭偏出了箭靶也会喝彩，好像出自一人之口。现在我给予君主帮助还没有让大家都看见的时候，就接受了这些鱼，这是违背晏子的道义，却顺遂了阿谀奉承者的欲望。"坚决推辞景公赏赐的鱼，不肯接受。

君子说："弦章所表现出来的廉正，是晏子留传下来的品行。"

中国古代名著全本译注丛书